GLOBAL GOVERNANCE SERIES ｜全球治理丛书｜

丛书主编 陈家刚
执行主编 闫 健

全球资源治理：对象、主题与行动
Global Resource Governance: Objects, Themes and Actions

主编◎杨 杰 陈丽萍

图书在版编目（CIP）数据

全球资源治理：对象、主题与行动 / 杨杰，陈丽萍主编. —北京：中央编译出版社，2018.3
ISBN 978-7-5117-3465-5

Ⅰ. ①全…
Ⅱ. ①杨… ②陈…
Ⅲ. ①国际政治－研究
Ⅳ. ①D5

中国版本图书馆 CIP 数据核字（2017）第 309962 号

全球资源治理：对象、主题与行动

出 版 人：	葛海彦
出版统筹：	贾宇琰
特约编辑：	智 烁
责任编辑：	朱瑞雪
责任印制：	刘 慧
出版发行：	中央编译出版社
地 址：	北京西城区车公庄大街乙 5 号鸿儒大厦 B 座（100044）
电 话：	（010）52612345（总编室） （010）52612341（编辑室）
	（010）52612316（发行部） （010）52612346（馆配部）
传 真：	（010）66515838
经 销：	全国新华书店
印 刷：	河北下花园光华印刷有限责任公司
开 本：	710 毫米×1000 毫米 1/16
字 数：	273 千字
印 张：	18.75
版 次：	2018 年 3 月第 1 版
印 次：	2018 年 3 月第 1 次印刷
定 价：	75.00 元

网 址：	www.cctphome.com 邮 箱：cctp@cctphome.com
新浪微博：@中央编译出版社	微 信：中央编译出版社(ID: cctphome)
淘宝店铺：	中央编译出版社直销店(http://shop108367160.taobao.com) （010）55626985

本社常年法律顾问：北京市吴栾赵阎律师事务所律师　闫军　梁勤
凡有印装质量问题，本社负责调换，电话：（010）55626985

目 录
Contents

总序　陈家刚 / 1

全球资源治理：对象、主题与行动　/ 1

第一部分　全球资源治理：对象与行动

全球层面的水治理：为何流域治理已不足以解决问题及为何需要全球层面的合作？　［荷］阿尔杰恩·胡克斯特拉 / 3

国际自然资源法的制定　［爱尔兰］欧文·麦金泰尔 / 37

第二部分　资源主权治理主题

限制自然资源永久主权　［德］佩特拉·古佩洛娃 / 71

第三部分　资源贸易与投资主题

国际投资法和自然资源治理　［英］乔治·比纽阿莱斯 / 93

国际贸易和投资法能保护资源领域的外国投资吗？

  ［澳］安德鲁·米切尔 ［澳］詹姆斯·芒罗 / 121

国际能源贸易与投资者—国家仲裁：可持续发展在其中起什么作用？

  ［美］苏珊·卡拉曼尼娅 / 150

第四部分 资源与人权、原住民和社区治理主题

能源治理、跨国规则和资源诅咒：探索采掘业透明度倡议（EITI）的有效性

  ［英］本杰明·索瓦库尔 ［英］高茨·瓦尔特

  ［英］泰斯·范德格拉夫 ［英］内森·安德鲁斯 / 179

冲突矿产的新旧治理方法：一起比单独好 ［美］埃米·莱尔 / 212

第五部分 资源与生态环境和气候变化治理主题

构建一个全球土壤制度 ［澳］本·波尔 ［澳］伊恩·汉南 / 239

后 记 / 265

总　序

陈家刚

　　全球化是人类历史深刻变化的过程，其基本特征是，在经济一体化的基础上，世界范围内产生一种内在的、不可分离的和日益加强的相互联系。随着全球化这种相互联系、相互影响的加深，诸多复杂的全球性问题也随之出现，例如国家间、国家与非国家行为体之间，以及各类非国家行为体之间的相互关系变化，全球经济金融危机、全球卫生和健康问题、全球性能源危机，以及气候环境问题等。全球问题的增加和积累使全球治理变得日益必要和迫切。虽然人们对"全球治理"的认识还存在分歧，并且用诸如"国际治理""世界范围的治理""全球秩序的治理"等不同概念来表述，但一般而言，"全球治理"是"治理"理念在全球层面的拓展与运用，二者在基本原则和核心内涵上是一致的，人们总是通过理解"治理"的理念来理解"全球治理"。全球治理的兴起，是全球化发展的必然趋势，也是应对全球性挑战、发展与转型的重要政治选择，是包括中国在内的所有国家必须面对的现实。

　　全球治理的兴起，既表明全球化所诱发的全球性问题的不断累积和威胁，也反映出既有全球性体制的局限和不足。全球化进程的加速及其对传统国家主权的冲击，是全球治理变得日益重要的主要原因。当武装冲突、人权问题、资源短缺、能源危机、粮食危机、生态恶化、贫困与饥荒、毒品与跨国犯罪、金融危机、传染病等越来越直接地变成全球性问题时，各个国家、机构或组织内在地需要通过采取联合的、共同的行动，通过具有约束力的国际规则或是各种非正式的安排解决全球性的问题，维护全球性的公共利益。全球问题反映了人类社会生活中共同内容，全球问题所带来的挑战就是人类面临的共同挑战，它所关涉的就是人类的共同利益。全球治理的主要目的是要避免全球体系内的危机和动荡。同时，加速发展的全球化带来的跨界和全球性问题，无法仅仅依赖具有自身利益诉求的民族国家得到解决，而是需要国家间以新形式的"超国家治理"为基础通过政治合作加以应对。全球治理中的国家、国际组织、区域组织、非政府组织等将以平等关系，共同承担对于全球性问题的责任。目前的国际体制难以有效解决当前的全球性问题，全球治理需要一系列多层次、多领域、多主体的制度安排。

全球治理超越传统的国际政治、国际关系解释模式，能够有效解决人类所面临的许多全球性问题，确立面向未来的、真正的全球秩序。全球治理超越了传统民族国家的界限，将民族国家与超国家、跨国家、非国家主体有机结合在一起，形成了一种新的合作格局。一些重要的国家集团、国际组织、国际非政府民间组织、非政府社团、无主权组织、政策网络和学术共同体等越来越多地影响全球治理规则和治理机制。全球治理在尊重差异的基础上，日益建构起"和而不同"的价值取向。有效的全球治理既要求各国遵循人类的共同价值，又要求尊重各国的文化传统和多样性需求，从而使人类因为全球化的发展而面临的共同问题有了新的解决路径。

全球治理需要创造一个包容性的结构，以应对各种不确定的预期和挑战。全球治理最大的一个挑战，就是民主超越了民族国家边界而拓展到全球层面后，如何能够更好地得到实践。其次，变革现有治理机制，完善和发展出一套新的全球治理机制，如何赢得越来越多的人们的认同？再则，全球性的治理合作面临着巨大的挑战，有效解决紧迫的全球性问题，还需要不同的行为主体进行合作，采取集体行动，不断完善治理能力。最后，全球治理的理想与现实之间的紧张关系依然存在，国家之外的其他行为者依然受到限制、全球和区域治理机制变得极其脆弱，全球性的公民参与对所有公民团体和政府都是挑战。因此，建构全球治理的长效机制，就需要在国家内的民主与全球民主之间建立起联系；推动全球范围内不同行为的透明度、责任与效率；建构具有公共协调与行政能力的新制度；在共同面对的全球性问题方面推动达成基本共识；重视协商、对话等有效协调机制和方式。推动全球治理发展，需要创造一个包容性的全球治理结构。

全球治理既是当代中国改革发展面临的严峻挑战，也是中国参与全球化进程、塑造大国形象的重要机遇。党的十八大报告明确提出"加强同世界各国交流合作，推动全球治理机制变革，积极促进世界和平与发展"。这是官方对于全球治理问题的最新理论概括和战略判断，它表明，中国正在成为全球治理的重要参与者和治理机制变革的推动者，明确了中国积极参与全球治理的战略选择。全球化的加速推进、全球问题的日益凸显，以及中国国家利益的实际需要，作为一种内在动力和外在诱因，都逻辑地要求中国积极参与全球治理。

全球治理，是一种民主的治理，国家、国际组织、区域组织、非政府组织等将以平等关系，共同承担对于全球性问题的责任；全球治理，是一种规则的治理，全球性规则是治理过程的权威来源，规则的制定与施行是各国及不同组织共同参与的结果；全球治理，是一种诉诸共同利益与价值的治理，维护全球利益是全球治理主体的共同责任；全球治理，是一种协商与合作的治理，维护全球秩序和利益必然是超越暴力和冲突，依赖于协商、对话和合作的治理。

长期以来，中央编译局世界发展战略研究部、中央编译局全球治理与世界发展战略研究中心，立足于中国特色社会主义现代化建设的实际，密切跟踪国际哲学社会科学前沿议题，深入研究全球治理和世界各国发展道路、发展战略，在诸如全球化、全球治理、社会资本、协商民主、风险社会等国际学术前沿领域，以及国家治理、廉政建设、生态文明、党内民主、基层民主、政党政治等重大现实论题等方面，始终处于学术研究前沿并发挥着引领的作用。

《全球治理译丛》总共包括8卷，出发点是结合全球治理理论的最新发展,选择若干重点领域,比较全面地收集整理重点研究成果,汇集成册,以为学术界开展深入研究提供基础性资源。本丛书的各卷主编既有中央编译局全球治理与发展战略研究中心的青年研究人员,也有合作网络的专家学者。他们系统梳理和研究全球社会组织、全球冲突与安全治理、全球金融与经济治理、全球劳动治理、全球互联网治理、全球生态治理、全球资源治理等领域,这既是他们基于自身学科实际选择的重点研究领域和方向,同时也符合研究中心密切跟踪国际学术前沿、积极拓展学术合作交流的特色。本丛书汇集的成果大部分是已经翻译并发表的,有些是各位主编联系作者获得的最新研究成果。当然,有些高质量的成果因为联系不上作者等原因未能收录,也是非常遗憾的事情。作为学术界的青年研究人员,由于水平、能力和经验的不足,在编选、翻译以及编辑过程中存在这样那样的不足,也请学术前辈谅解并不吝批评。感谢中央编译出版社贾宇琰女士的统筹协调,以及各卷责任编辑的辛苦工作。

陈家刚

2016 年 12 月 20 日于北京

全球资源治理：对象、主题与行动

全球资源治理是一个全球治理的新领域。说它新，并不是说它包含的具体内容新，而是指它是一个新的视角，从这一视角出发，我们试图将碎片化的、零散的自然资源相关的全球治理活动，纳入一个统一的框架中来看待。这么做有什么必要呢？当前全球经济处于一个增长乏力的困难时期，中国的经济发展也面临着较大的困难，这两者的相似之处在于，以往的采用危机应对式的、碎片化的治理模式，已经无法解决经济社会发展面临的系统性问题，而必须采取系统化的行动来解决。对中国来说，那就是加强改革的顶层设计，加强各方面改革的协同性，不能各自为政，各项改革只从自身的问题着眼。同样，在全球层面，许多领域的问题也需要一个能够相互协调的、具有一致性的治理模式，从而改变以往以危机应对为导向的、碎片化的模式。

从将自然资源视为一个有机整体的角度，中国从国家层面已经采取了相关行动。这主要表现为《生态文明体制改革总体方案》的制定，体现出了中国在面对国内自然资源领域的各种问题时所做出的协调、一致的努力。然而，从国际层面来看，对于全球范围内的在资源领域面临的一系列问题，目前尚未形成一个能够被广泛接受的、协调、一致的应对框架，全球资源治理有潜力成为这样一个框架。事实上，形成协调、一致的框架的过程就是一个达成共识的过程。或者说，只有形成了共识才能形成框架，因此，对全球资源治理的研究，就是要促进共识的形成。正是基于这一出发点，我们编译了本书，期望增进我们对全球资源治理这一有机整体的理解，进而在对其整体性理解的基础上，通过进一步的研究，提出能够获得广泛共识的全球资源治理理念和方案。对于当前的中国而言，这既是责任，更是机遇。

一、全球资源治理的主要对象

（一）海洋资源

海洋，不论是从科学研究、生态环境保护，还是从经济发展、社会文化的角度，一般都被作为一个独立的对象看待。因此，海洋资源尽管包含了多种类别的资源，从全球资源治理的角度，有必要也能够作为一个相对独立的对象，加以治理。

丽莎·坎贝尔（Lisa M. Campbell）等的研究[①]对全球海洋治理的行为主体、范围及知识进行了简要的梳理，并对在粮食生产、工业化、生物多样性保护、全球环境变化及污染等方面在全球海洋治理领域新的和逐渐凸显的问题进行了分析。

该研究指出，海洋治理在近年来越来越受到关注，科学界、政府、非政府组织及私营部门都越来越积极地参与到海洋治理的活动中来。对海洋的关注原因主要可以归结为以下三个：一是对海洋现实的和潜在的经济价值的关注；二是对海洋生态系统对人类健康和全球环境变化过程中的作用的关注；三是对海洋中各种未解谜团的科学解释的关注。从治理的视角来看，现有的全球海洋治理，从政治的角度是"二战"后确立的国际秩序的产物，从社会

---

① Campbell L. M., Gray N. J. &Fairbanks L., et al., "Global Oceans Governance: New and Emerging Issues," *Annual Review of Environment & Resources*, 2016（1）.

的角度是西方主流观点将海洋理解为自然界的无人区的认知，为海洋相关的治理行为划定了可行的界限，从生物物理学角度，对海洋的科学探索为治理提供了知识基础。

全球海洋治理的参与主体多种多样，其主要特点就是强调非国家主体的角色和重要性，但基于政治历史原因，国家和多边机构仍然是最重要的主体，如联合国、世界银行等，以及各国在这些框架下通过各种协议对各自海洋利益的追求。此外，各个科学工作者或团体、各种非政府组织和各种私营部门主体也越来越积极地参与到了全球海洋治理中，这些主体之间所谋求的海洋利益各不相同，且存在不少冲突之处。因此，各主体都从自身的角度出发，努力影响对全球海洋治理的一些基本概念的界定以及基本原则的确定，从而塑造符合自身期望的全球海洋治理格局。

全球海洋治理的范围也是一个重大的难题，这主要体现在三个方面：一是海洋覆盖范围的广阔，决定了在全球层面制定一项治理规则或机制所涉及的范围是极其广阔的，这无疑极大地增加了治理的难度。二是海洋的生态特征和生态过程与治理级别都需要界定范围，并在二者之间进行正确的匹配，才能保障治理行动的成功，即哪个范围的海洋的生态特征和生态过程由哪个范围，如全球、区域、国家或地方来治理。三是这些范围的界定不仅是科学问题，更是一个政治问题，各主体都倾向于有利于达成自身利益目标的范围划定。

关于海洋的科学知识构成了全球海洋治理的基础，科学技术的进步一方面增进了我们对海洋的认知，另一方面带来了新的需要通过治理加以解决的问题，但同时也为治理提供了新的方法和手段。因此，我们对海洋的科学知识的了解程度，也对全球海洋治理有着复杂的影响。

当前，全球海洋治理领域面临着一些新的和正在凸显的问题，包括随着水产养殖产业的全球化，小规模渔业和水产养殖越来越需要跨越国界的治理，海底采矿、国家主权区域外的海洋生物多样性、海洋酸化问题及海洋中的塑料垃圾等问题，已经成为全球海洋治理的前沿领域。

（二）矿产与能源资源

矿产与能源是两个有较大重合而又不完全相同的概念。其中，矿产既包括煤炭、石油和天然气等能源资源，还包括众多金属与非金属等矿物资源，而能源概念的主体长期以来主要是化石能源，同时也包括水能、风能和太阳能等非化石能源，还包括热能、电能等这样的二次能源。然而，尽管存在着较大重合，在全球资源治理层面，对矿产资源的治理和全球能源治理之间存在着明显的区分。集中体现为两者的治理目标的差别，对矿产资源的治理一般被称为全球矿业治理，其目标主要为：一是界定国家领土主权外的矿产资源的所有权与使用权；二是促进和保护国际矿产品贸易和矿业投资；三是在矿业领域反对腐败、保护人权及环境；四是构建全球性的矿业技术标准和规范；五是全球矿业信息的共享与矿业领域的合作研究[1]。而全球能源治理虽然对以上领域皆有涉及，但除促进贸易与投资外，其余四个方面的目标在全球能源治理中的地位并不突出，能源安全和气候变化才是全球能源治理关注的核心问题，也是其主要目标。

本杰明·索尔库（Benjamin K. Sovacool）与安·弗洛里尼（Ann Florini）[2]通过对全球六类，包括政府间组织、首脑会议、国际非政府组织、多边金融机构、拥有两个或以上成员国的区域性组织和混合实体，共42个全球能源治理主体的分析，指出当前的全球能源治理中存在三个错误的观念：一是有效的全球能源治理的出现是由于其能够带来收益；二是各种区域性或多边性治理的成功案例或许能够为其他区域或问题提供样板；三是相比全球能源治理，当下更加需要的是区域能源治理。其中，第一个观念的错误之处在于，忽略了成本与收益匹配的问题，即收益的获得者并不一定是相应成本的承担者，

---

[1] Chen L., YANG J. &Liu W., "Global Mining Governance Evaluation Methods," *Mineral Economics*, 2015 (3): 123 – 127.

[2] Sovacool B. K., Florini A., "Examining the Complications of Global Energy Governance," *Journal of Energy & Natural Resources Law*, 2015 (3): 235 – 63.

同时可能不存在能够采取行动的组织，以及决策者可能并没有认识到潜在的双赢前景等因素，这些都会阻碍有效的全球能源治理的出现。事实也证明，全球能源治理并非是为寻求获得广泛利益的系统性行动，而是基于各种危机应对而产生的碎片化的行为。第二个观念的错误之处在于，支撑目前的各种区域性或多边性治理的是强权，而在强权基础上制定并服务于其自身的规则，虽然可能在短时间内会起到一定的作用，却不能为维持长期的国际合作体系提供坚实的基础。第三个观念的错误之处在于，在全球的大多数区域，由于存在技术、经济、立法、政治以及环境方面的各种障碍，区域性的能源治理体系不具有可行性。因此，该研究建议：一是构建各种规模的治理之间紧密交织的多中心联网的全球能源治理结构；二是通过各种混合实体，包括公私合作的能源治理模式，产生协同作用，从而实现公共目标与满足公众需求，提高资源利用效率，改善服务提供，减少腐败并提高利益相关者的参与度；三是进一步进行监管协调与制度协同；四是大力改善能源部门的透明度与信息披露。从这四个发展方向来看，全球能源治理与全球矿业治理之间的差异将会趋于缩小。

（三）森林资源

在全球层面，关于森林，各国主要关注两个方面的问题：一是气候变化与森林的关系；二是生物多样性与森林的关系。其他一些如与森林相关的环境破坏问题或经济发展问题，则往往被视为主要是各国自身的问题，在全球层面关注较少。然而，正是因为这种差别，导致在过去的几十年中，全球在达成一个有效的森林治理框架方面几无进展。

发展中国家基于对自身自然资源永久主权原则，认为自身有权通过开发和利用森林资源来促进经济发展，而为了应对气候变化或保护生物多样性，发达国家要求发展中国家对其森林资源进行保护，这就限制了发展中国家依托其森林资源的开发和利用发展经济的能力。发展中国家据此提出，由于气候变化和生物多样性是全球共同问题，因此基于共同而有区别的责任原则，发达国家应该对此承担部分责任，而在发达国家不愿意承担适当责任的情况下，国际社会也不应强迫发展中国家为此采取行动。发达国家则认为，由发展中国家发展经济过程中对森林资源的破坏所带来的对气候变化和生物多样性的威胁的问题，应该主要由发展中国家自身承担相应的治理责任，基于此，许多发达国家拒绝为森林资源，如热带森林资源的保护提供资金。这种争论的持续，严重阻碍了全球森林治理框架的形成，从而使得森林治理，在全球层面，往往被作为气候变化治理、生物多样性治理或环境治理的一个部分而被分散地提及。如通过减少森林砍伐和缓解森林退化来减少温室气体排放计划（REDD+）就是被作为国际应对气候变化计划的一部分来进行的①。目前，较为接近一个专门的全球森林治理框架的是成立于1993年的森林管理委员会（FSC）所制定的森林认证计划，该委员会是一个非政府、非营利的组织，致力于从环境、社会和经济三个方面，综合地推进森林的可持续发展管理，其未来是否能够在全球森林治理领域发挥更大的作用，尚有待观察②。

（四）水资源

水资源的稀缺性在世界的许多区域已经在日益凸显，鉴于水资源的动态性特征，人们以往大都认同，从流域层面对水资源进行治理是一个较为合理的选择。然而，全球化的发展和科学技术的进步，使得对于水资源的治理日益成为一个全球层面而非主要是流域层面的问题，从而使得全球水资源治理逐渐被提上议事日程。

阿尔杰恩·胡克斯特拉（Arjen Y. Hoekstra）分析指出③，之所以基于流

---

① Long A., "REDD+, Adaptation, and Sustainable Forest Management: Toward Effective Polycentric Global Forest Governance," *Tropical Conservation Science*, 2013 (3).

② Marx A., Cuypers D., "Forest Certification as a Global Environmental Governance Tool: What is the Macro-Effectiveness of the Forest Stewardship Council?," *Regulation & Governance*, 2010 (4): 408-434.

③ Hoekstra A. Y., "The Global Dimension of Water Governance: Why the River Basin Approach is No Longer Sufficient and Why Cooperative Action at Global Level is Needed," *Water*, 2010 (1): 21-46.

域的水资源治理已经不再足以解决问题,而需要进行全球水资源治理,主要基于以下几个原因。一是鉴于在一些区域,水资源的稀缺性进一步加剧,且随着科学技术的进步,跨流域调水在经济上也具备了可行性,使得各种跨流域调水的项目正在不断增加,从而以维持单个流域水供需平衡的流域水资源治理模式,已经不再完全合适而需要进行多流域之间的协调;二是跨国公司正在越来越多地参与到水供应中来,水成为面向全球供应的一种商品,从而被认为需要受到国际贸易规则的规制;三是气候变化会对降水、水流量等产生较大的影响,虽然在流域层面,通过将一些有助于灵活应对气候变化的措施,纳入国际跨界水协议系统,有助于减轻气候变化对水资源的影响①,但其他如大规模跨流域调水等因素的存在,使得水资源治理如果仅停留在流域层面,显然无法对气候变化带来的水资源的变化进行充分的应对;四是经济全球化带来的农牧产品的贸易,使得由土地的过度利用及化肥的过度使用等带来的土壤问题更加严重,进而加剧了水污染问题,从而使得水污染的问题必须在一个全球协作的背景下解决;五是经济全球化下的商品的全球贸易,使得水资源以虚拟水,即生产商品时的耗水量的形式被贸易,同时消费者在消费进口商品时,并未承担商品生产过程中对水资源的负外部性,而是由商品生产地所承担,二者间的这种断层,也需要通过全球水资源治理来打通。

基于以上原因,有必要通过签订水价的国际协定、污染税和国际营养物的管理、对水密集型产品或水认证行业进行水标签、设定最低用水权、进行水足迹配额和推行水中立概念等治理行动,保障全球水供应的效率、公平、可持续和安全。

(五) 全球公域资源

全球公域主要有深海海底、南极洲、北极的一部分和太空,均属于尚未

---

① Cooley H., Gleick P. H., "Climate-Proofing Transboundary Water Agreements," *Hydrological Sciences Journal*, 2011 (4): 711-718.

充分开发,且被认为具有丰富资源的区域。之所以被称为全球公域,是因为在这四个区域,目前任何国家都不拥有主权,因此,对这四个区域资源的开发和利用,需要在国际层面进行规制。

当前,这四块区域间,在治理模式上存在显著的差异。深海海底主要受到《联合国海洋法公约》及依据该公约成立的国际海底管理局(ISA)的规制和监督,目前规制和监督的关注点主要集中在两个方面:一是在深海海底的资源开采活动;二是环境保护。深海海底目前的治理结构是在公海自由原则与人类共同继承遗产原则这两个存在一定冲突的原则间寻求共识的产物。同时,尽管有许多国家都参与了深海海底治理,但只有少数国家真正具备在深海海底进行资源勘探和开发的能力,且其中有些国家,如美国,还不是《联合国海洋法公约》的缔约国,从而其在深海海底的活动主要是依据其国内法,对于这一点,国际海底管理局也并未提出明确的异议。[①]

南极洲治理的主要依据是由美苏两个超级大国在冷战时期达成的《南极条约》及在其基础上构建的南极条约体系(ATS)。在这一治理框架下,首先,任何国家都不具有对南极洲的完全所有权和独有的勘探和开发权;其次,禁止在南极洲进行矿产资源开发。从而,当前对南极洲的治理,主要关注点为对科学研究活动的规制,包括科学合作、科学成果共享及如何将相关科学活动产生的商业利益纳入现有的治理体系中。[②] 然而,这一状况不会永久持续下去,虽然在现有的治理体系下保持了相对的沉默,但阿根廷、澳大利亚、智利、法国、新西兰、挪威和英国七国一直以来均未放弃其在南极洲的领土要求,它们通过国内立法、公开声明等宣誓其在南极洲相关区域的主权,并通过教育和媒体,增强民众对这一领土要求的认同。[③] 这一事实必将对未来南

[①] Bo M. K. , "Governance of the Global Commons: The Deep Seabed, the Antarctic, Outer Space ," *Social Science Electronic Journal*, 2014.

[②] Bo M. K. , "Governance of the Global Commons: The Deep Seabed, the Antarctic, Outer Space ," *Social Science Electronic Journal*, 2014.

[③] Blackie A. , "Sovereignty on Ice: The Status of Antarctica in International Law," *Social Science Electronic Publishing*, 2016.

极洲治理体系的发展产生重要的影响。

北极是一片非常广阔的区域，具有极为丰富的资源，且随着北极冰川的融化与破冰技术的不断进步，未来很可能出现的能够进行大规模商业利用的新航道，将对世界政治与贸易格局产生巨大的影响，从而也具有极为重要的战略价值。虽然有八个国家对北极的部分区域享有主权，严格来说，只有剩余的北极区域才能被称为全球公域，但是主权的分割并不能改变北极地区的整体性特征，从而在全球资源治理上，一般也将北极地区作为一个整体加以关注，而并不仅限于其全球公域部分。[①] 目前，专门致力于北极治理的主要机构是北极理事会，其最初是作为北极国家探讨环境问题的论坛而出现的，但后来也逐渐在一些涉及北极治理的、有法律约束力的文件的产生过程中发挥关键作用，且鉴于北极在政治、经济和环境方面的重要性的不断增加，许多国家和国际组织都希望成为其观察员。此外，一些全球性的公约或区域性的多边或双边协议，以及北极国家对其北极区域内领土的政策，也是北极治理的重要组成部分。

太空是全球公域治理方面最为薄弱的领域，目前，尚未有一个有效的治理框架或机制。关于太空治理，有三个主要问题尚在讨论之中。[②] 一是太空的定义和边界的划分，即关于空域与太空之间的边界在哪里尚存争议；二是太空资源的分配问题，如轨道资源的分配问题，太空矿产资源的归属问题等；三是太空碎片等太空活动所带来的外部性问题如何解决的问题。此外，即便确立了治理的框架，如何执行也是一个问题，太空活动主要是几个大国的领域，除非这些国家自愿并达成共识，否则当治理框架对其国家利益造成危害时，将很难被执行。一些已有的太空治理方面的努力，如《外层空间条约》《月球条约》等，即面临此类问题。有研究认为，解决这一问题的一个比较现实的途径是构建新的关于太空的国际协议，新协议的重点在于，允许私人实

[①] Geiselhart M. T., "The Course Forward for Arctic Governance," *Washington University Global Studies Law Review*, 2014.

[②] Bo M. K., "Governance of the Global Commons: The Deep Seabed, the Antarctic, Outer Space," *Social Science Electronic Journal*, 2014.

体获得太空资源的有限的私有产权,从而激励太空探索。① 而当前的现实是,美国已经通过国内立法赋予了私人实体进行太空资源开发的权利,而国际社会对此也并未做出强烈的反应,太空治理未来的发展方向尚需观察。

二、全球资源治理的主题

(一) 资源主权治理

目前,资源与主权的关系主要集中于三个方面。第一方面是自然资源在国家间的分配;第二方面是全球公共自然资源的利用;第三方面则是越来越凸显的国际法等全球资源治理行为对国内自然资源分配和利用的影响。

自然资源在国家间的分配的主要国际基准是自然资源永久主权原则。莉莲·阿庞特·米兰达(Lillian Aponte Miranda)对自然资源永久主权原则的产生进行了研究②,指出该原则起源于1952年12月21日题为"自由开发自然财富和资源的权利"的联合国大会决议。该决议的目的在于保证从殖民统治中解放的国家,获得自身自然资源开发的收益,并防止其国家主权受到外国或商业主体的侵犯。因此,该原则起源于全球的非殖民化,并应新独立国家的要求,将国家对自然资源的主权定义为"永久的"、"绝对的"和"不可剥夺的",从而使得新独立的国家能够独立地行使对自身自然资源的政治和经济权力,明确了其与原殖民者之间的自然资源分配原则。

全球公共自然资源是指那些无国家行使主权的区域的自然资源,如深海海底的资源、南极洲的资源及太空的资源等,或者无法约束在国界线内从而无法宣称主权的资源,如流动的大气、游动的鱼类及跨境迁徙的动物等。就

---

① Brehm A. R., "Private Property In Outer Space: Establishing A Foundation For Future Exploration," *Wisconsin International Law Journal*, 2015.

② Miranda L. A., "The Role of International Law in Intrastate Natural Resource Allocation," *Proceedings of the Annual Meeting-American Society of International Law*, F, 2012.

前一种资源而言,主要有以下资源主权治理行为:一是确定任何国家都不享有其主权,如南极洲;二是通过一定的划分,赋予各国在部分区域的部分主权,如深海;三是尚未有明确划定主权的边界,如太空。就后一种资源而言,各主权国家通过签订一系列的国际协定、宣言等文件,使得其在这方面的主权行使行为受到国际规则的约束,从而向国际社会让渡出部分相关主权,主要集中于资源保护方面。

国内自然资源的分配和利用也越来越受到国际法等全球资源治理行为的影响。超越国家主权的国内自然资源分配和利用是自然资源永久主权原则不断发展的结果。[①] 确立该原则的早期,在全球非殖民化的背景下,人民与国家一般被作为同义词使用,后来人们逐渐认为,国家并不等于人民,并且认为,国家对自然资源的永久主权,实质上是属于人民的。这就进一步提出了这样一个问题:那么国家内部的人民群体,如原住民群体等,如何保障其实质行使这一权利呢?这主要通过两个途径来实现:一是通过国内的民主;二是通过国际法等全球资源治理行动对国内群体,特别是原住民、少数民族、农村贫困人口等边缘和弱势群体,在自然资源开发和利用中的权利的保护,通过将这些群体确认为其赖以生存的自然资源的永久主权的实质拥有者,赋予其生存资料不得被任何人剥夺的权利,从而确保在国家利用其自然资源促进经济发展的过程中,这些群体能够从中获得公平的分配。

(二) 资源贸易与投资治理

资源领域的贸易与投资活动非常活跃,是全球贸易与投资活动的重要组成部分。对资源贸易与投资的治理可以分为两个部分加以认识:一是基于国际贸易与投资的通行规则对资源的贸易与投资进行规制,二是针对资源的贸易与投资中的特定问题进行专门的规制。

---

① Miranda L. A., "The Role of International Law in Intrastate Natural Resource Allocation," *Proceedings of the Annual Meeting-American Society of International Law*, F, 2012.

就前者而言，资源的贸易治理主要是在世界贸易组织框架下进行的。① 在这一框架下，资源的贸易又可以分为资源的实物贸易与资源相关的服务的贸易两个部分来加以认识，这两部分在治理上也存在差别。在资源的实物贸易部分，世界贸易组织成员国在市场准入方面，包括关税壁垒和非关税壁垒承担的义务均非常有限，鉴于许多原材料越来越稀缺，越来越多的国家通过出口税和数量限制来控制某些原材料的出口，且世界贸易组织的一般性规则并不限制其成员国征收出口关税，对数量限制的规定也不严格②，而在资源相关的服务贸易方面，如法律、建筑或金融等这些对资源的发现、采掘和分配具有重要作用的服务，则承担着更为广泛的义务，从而使得成员国对其入世承诺的遵守对于资源的实物贸易具有重要意义，而服务贸易的自由化则通过对资源投资的影响进而影响资源的实物贸易。此外，国际贸易的非歧视原则也被表明可适用于资源领域，例外原则在资源领域也能找到适应的情况。然而，基于国际贸易规则的争端解决机制存在一个关键问题，即只有国家才能作为提出争端解决申请的主体，这使得一个企业受到损害后，只能通过说服国家采取行动来保护自身的利益，而国家可能会基于总体的政治或经济等因素的权衡，不采取相关行动。

相比之下，由于在国际投资规则方面不存在受损者必须通过说服国家采取行动，以维护自身利益这一障碍，从而能够更加直接和相对便利地维护自身利益。国际投资法是国际投资协定（IIAs）之下的一个法律总体，其中绝大多数的投资协定都为私人投资者提供了直接向国际仲裁庭寻求帮助的途径，从而为资源领域的投资者在国家出现，如提高税收、吊销许可证或违反合同等典型的违约行为时，提供了一个私人与国家间争端解决的机制。③ 同时，国

---

① Mitchell A. D., Munro J., "Can International Trade and Investment Law Protect Foreign Investments in the Resources Sector?," *Social Science Electronic Publishing*, 2012.

② Mildner S. A., Lauster G., "Settling Trade Disputes over Natural Resources: Limitations of International Trade Law to Tackle Export Restrictions," *Goettingen Journal of International Law*, 2011 (1): 251–81.

③ Mitchell A. D., Munro J., "Can International Trade and Investment Law Protect Foreign Investments in the Resources Sector?," *Social Science Electronic Publishing*, 2012; Karamanian S. L., *International Energy Trade and Investor-State Arbitration: What Role for Sustainable Development?*, 2016.

际投资法在资源领域的适用尚存在一些问题，例如关于资源领域投资的准入与合法性问题，从监管的角度，国家将准入与合法性分开，在投资准入后，其合法性尚需通过环境影响评价等的确认，从而将合法性问题主要限定为一个国内法问题，然而事实上，资源领域的投资往往还涉及人权与环境等问题，而这些问题被认为在一定程度上属于国际法规制的范围。

此外，一些资源贸易治理和投资治理集中于特定问题，如人权问题，这方面有代表性的是对冲突矿产的治理，期望从贸易的渠道解决冲突矿产中的人权问题①，如资源开发和利用过程中的分配与"资源诅咒"问题，这方面比较有代表性的是采掘业透明度倡议（EITI）②，就试图从对投资者行为进行规制的角度来解决相关问题。

（三）资源与人权、原住民和社区治理

在全球资源治理领域，人权与原住民和社区是密切联系在一起的。当今，人权越来越体现为一种在国际层面，对国家政府与其人民之间的关系进行规范的准则。尤其是资源领域与原住民和社区相关的问题，越来越倾向于被归为人权问题而非主权问题。这一倾向主要源于国内自然资源的分配，在涉及原住民和社区时，越来越被认为是一个文化问题。③ 这就是说，原住民和社区从其祖先或前辈手中继承的自然资源，被认为是其独特文化的一个重要组成部分，为其各种自身独特的文化活动提供了物质基础。因此，对构成该物质基础的自然资源进行开发和利用的过程中，不可避免地会对这些文化活动产生影响，而在各种群体平等的准则之下，每个群体都拥有其独特文化被尊重

---

① Lehr A., "Old and New Governance Approaches to Conflict Minerals: All are Better Than One," *Havard International Law Journal*, 2010 (52).

② Sovacool B. K., Walter G., Graaf T. V. D., et al., "Energy Governance, Transnational Rules, and the Resource Curse: Exploring the Effectiveness of the Extractive Industries Transparency Initiative (EITI)," *World Development*, 2016, 83: 179-192.

③ Miranda L. A., "The Role of International Law in Intrastate Natural Resource Allocation," *Proceedings of the Annual Meeting-American Society of International Law*, F, 2012.

的基本权利,且这一权利被认为是人权的重要组成部分,从而应该受到普遍接受的人权准则的约束。但从文化角度对原住民和社区的人权的保护存在较大的局限,因为只有那些对原住民和社区文化造成极大负面影响的资源开发活动才会被视为侵犯人权的非法活动。① 此外,原住民和社区的自然资源,在传统上作为其生存资料,在人权准则上,也具有不可被任何人剥夺的权利。

基于人权准则,原住民和社区被认为在其自然资源开发和利用过程中至少应该享有两项权利。一是实质性权利,包括传统上拥有、占有、使用或获得自然资源的法律认可、划定和权利赋予,即便未获得正式赋权,由相关群体独特传统所确定的,对此类自然资源的拥有权、使用权、享有权、控制权和发展权也应得到基本的尊重;二是程序性权利,即国家在对相关自然资源进行开发的过程中,相关群体具有在事先知情、协商与同意的权利,从而使得其能够参与到对相关自然资源进行开发的决策过程中。②

资源领域在人权方面涉及全球的最显著的一个治理焦点是冲突矿产的治理。虽然该治理已经经过了许多年的发展,并且已经采取了许多切实的行动,如进行冲突矿产的认证等,但是否真正能够达到保护人权的目标,仍是一个无法明确回答的问题。③

(四) 资源与生态环境治理

生态环境与资源密切相关,在全球层面,主要关注三个方面:一是生物多样性;二是空气污染;三是水污染。其中,空气污染与水污染目前尚未形成全球性的治理框架,更多的被作为区域性或国内问题对待,水污染只有从

---

① Åhr N. M., "International Human Rights Law Relevant to Natural Resource Extraction in Indigenous Territories-An Overview," 2014.

② Miranda L. A., "The Role of International Law in Intrastate Natural Resource Allocation," *Proceedings of the Annual Meeting-American Society of International Law*, F, 2012.

③ Lehr A., "Old and New Governance Approaches to Conflict Minerals: All are Better Than One," *Havard Internatinal Law Journal*, 2010 (52).

国际贸易的角度，在考虑生产贸易商品的过程中对水污染问题，如由于生产贸易的农牧产品所带来的土壤污染引起的水污染问题时，才被作为一个全球性的问题加以认识①，鉴于目前对于将土壤污染问题作为一个全球性的问题加以应对也尚处在提议阶段②，对水污染的全球治理框架的形成就更加遥远了。总体上，两者只是在公众关注的层面获得了全球普遍的关注。因此，这两个方面的治理，从这个意义上说，主要体现在科学研究与技术开发等方面进行了初步的全球治理。

生物多样性则与这两者不同。基于《生物多样性公约》等一系列在联合国和世界贸易组织等国际组织框架下的生物与环境保护方面的国际公约和协定，生物多样性的国际治理体系已经建立，并处于不断发展之中。生物多样性是一个健康的生态系统的重要组成部分，且除生态价值外，生物多样性在人类知识的进步、经济的发展以及文化的传承和艺术的审美等多个方面具有重要的价值。然而，随着经济社会的不断发展，导致生物多样性减少的直接驱动因素越来越多，从而对这些价值造成了越来越严重的破坏，而现有的生物多样性的国际治理体系似乎并未能有效避免此类情况的发生。有鉴于此，阿尔海德尔·乔汉纳斯多蒂尔（Aalheidur Johannsdottir）等研究指出③，为避免生物多样性的进一步减少，国际社会有必要大幅改进生物多样性的国际治理，当前的治理体系存在各种相关公约和协定之间缺乏协调和交叉重叠，主要的公约和协定中缺乏从国家层面进行协调与促进参与的机制，且提供的解决方案存在很大的模糊性，从而导致国家层面信息的缺乏和执行的不力等问题。总体来看，现行的国际生物多样性保护工具并未起到保护生物多样性的作用，因此有必要对其加以改革，并探索新的治理模式。

---

① Hoekstra A. Y., "The Global Dimension of Water Governance: Why the River Basin Approach is No Longer Sufficient and Why Cooperative Action at Global Level is Needed," *Water*, 2010 (1): 21 – 46.

② Boer B., Hannam I., "Developing a Global Soil Regime," *Social Science Electronic Publishing*, 2014.

③ J. Hannsd Ttir A., Cresswell I., Bridgewater P., "The Current Framework for International Governance of Biodiversity: Is It Doing More Harm Than Good?," *Review of European Community & International Environmental Law*, 2010 (2): 139 – 149.

（五）资源与气候变化治理

在气候变化治理方面，森林与海洋被认为是对全球气候的形成具有重大影响的两类资源，而被纳入全球气候治理的讨论中[1]，除海洋与森林外，与气候变化最为直接相关的资源领域是能源利用。然而，从全球治理层面来看，长期以来，全球气候治理与全球能源治理这两个领域在政策层面的互动非常有限。当前这两大领域间出现了逐步整合的迹象。鉴于不论是全球气候治理还是全球能源治理，均存在碎片化的现象，从而两者之间的整合也呈现出错综复杂的状况，这为我们对这一整合趋势的准确把握造成了一定的困难。为解决这一问题，哈拉尔德·赫尔鲍姆（Harald Heubaum）与弗兰克·比尔曼（Frank Biermann）通过对国际能源署（IEA）近年来不断拓展其职能，以应对包括可再生能源和气候变化问题在内的全方位的能源问题的行动的梳理与分析，对全球气候治理与全球能源治理这两大领域在近年来的整合趋势进行了较为细致的刻画，为我们对这一趋势的把握提供了参考。[2]

他们的研究显示，国际能源署在全球气候治理与全球能源治理的整合中扮演了重要角色。国际能源署对能源利用与气候变化之间联系的考虑始于其于1985年7月9日发布的《关于能源与环境的声明与决议》，之后又在1993年发布的《关于能源与环境的声明与建议》中敦促各国政府批准气候变化公约，且在能源安全之外，进一步将环境保护也纳入其目标之中，并对核能和可再生能源等替代性能源进行了早期的探索。遵循这一路径，国际能源署在整合全球能源治理与全球气候治理方面主要采取了三大方面的行动。一是扩大职责范围，国际能源署设立了专门的可再生能源部门，并于2011年设立了可再生能源产业委员会，从而深化与可再生能源产业的主要利益相关者的联

---

[1] Galland G., Harrould Kolieb E., Herr D., "The Ocean and Climate Change Policy," *Climate Policy*, 2012 (6): 1-8.

[2] Heubaum H., Biermann F., "Integrating Global Energy and Climate Governance: The Changing Role of the International Energy Agency," *Energy Policy*, 2015 (2): 229-239.

系，并定期发布可再生能源方面的报告；在气候变化方面，国际能源署建立了温室气体排放相关的数据库，并就能源与气候变化之间的联系向国际社会提供了一系列的研究报告。二是与全球能源治理和全球气候治理方面的其他重要国际组织建立合作伙伴关系，这主要体现在国际能源署与《联合国气候变化框架公约》和国际可再生能源机构间日益密切的合作上，基于与二者签署的一系列合作协议和备忘录等，在能源与气候变化领域，同二者采取共同行动，并进行一定程度的分工协作，如国际能源署负责从全面视角对能源系统的分析与认识，而国际可再生能源机构则主要致力于可再生能源的推广工作。三是倡导将用其他能源代替化石能源目标与缓解气候变化目标联系起来，这一行动主要体现在国际能源署通过其领导者的言行与各种报告，对低碳经济与气候变化应对计划的支持上，这使得其从一个侧重能源数据搜集与分析的机构向一个提倡特定能源解决方案的机构转变。

三、全球资源治理的主要行动

（一）国际自然资源法立法行动

制度构建是治理行动的最主要的内容，而法律制度又处于各种制度的核心。因此，国际自然资源法的立法是全球资源治理行动最主要的内容。欧文·麦金泰尔（Owen McIntyre）对国际自然资源法的立法行动进行了梳理。[1]

据其研究，我们可以归结出国际自然资源立法行动主要体现在以下几个方面：构建和签订框架性的国际自然资源公约。这类公约在促成国家间的自然资源领域的合作同时，实现了合作的制度化，为敦促对规则的遵守和对违反规则的行为采取集体行动提供了基础，且框架性公约一般只是为进一步的

---

[1] Mcintyre O., "The Making of International Natural Resources Law," *Research Handbook on the Theory and Practice of International Lawmaking*, Edward Elgar, 2016, pp. 442 – 465.

具体制度提供关键准则、目标及机制等的宽泛的提纲，为具体的协议或协定和详细的技术细节留下了空间，从而在为具体的协议或协定的签订和技术细节的制定和实施方面提供指导和支持的同时，允许其顺应政治、科学或经济发展的情况，进行修订或变更，从而保持了灵活性，这种灵活性也鼓励了国际社会对自然资源国际制度构建的积极参与，以实现尽可能广泛的参与和共识。

自然资源领域惯例规则的创设。对于公约所未能覆盖或未能清晰覆盖的领域或主体，各国普遍会求助于惯例规则。在国际自然资源立法中，惯例规则的创设行动主要体现为对重复出现的条约条款的收录，由国际组织提出建议，国际会议做出决议及其他能够对国家在自然资源领域的实践产生影响的文件。具体来看，自然资源领域惯例规则的创设行动，主要是以一些现有的国际惯例规则为基础，将其延伸至自然资源领域的行为。例如，各国负有防止严重跨境损害的义务这一国际惯例规则，是多条国际自然资源惯例规则的基础。这些惯例规则包括在共享的自然资源相关的环境问题上合作的义务，采取通行措施保护海洋环境免受损害的义务，采取措施保护濒危动植物物种的义务等。

自然资源领域一般法律原则的创设。自然资源领域一般法律原则的来源主要有两个：一是各种国际法一般原则；二是文明国家在其国内法中认可和接受的一般原则。将这两个来源的一般原则延伸至国际自然资源法的领域的行为，即为自然资源领域一般法律原则的创设行动。就前者而言，有在环境法领域、在国际协议性或宣言性的实践中确立的预警原则、污染者付费原则和共同而有区别的责任原则等；就后者而言，则有被各国法庭所普遍接受的一般原则，如禁止权利滥用原则和诚实信用原则等。

自然资源领域公约、惯例规则和一般法律原则效力的确认。国际法院和仲裁法庭不仅通过参与原则和法规的制定介入国际自然资源法的立法行动中来，还通过依据这些原则和法规的执法行动，发挥着巨大的作用。就前者而言，国际法院和仲裁法庭主要是给出适用的法律原则，从而为自然资源领域的争端各方寻求有效的解决方案提供指导，这属于前述的自然资源领域一般法律原则的创设行动。就后者而言，则主要通过其判决和裁决的积累，对一些已经确立的公约、惯例规则和一般法律原则的效力进行了确认，从而为国际自然资源法的立法指明方向。在这一过程中，法学家发挥着重要的作用，国际法院和仲裁法庭会大量参考国际法委员会、相关法学会及国际法学会制定的特定法典。

除以上方面外，还有许多行动，如国家间的非约束性的宣言，多层次的非传统参与者在不同层次上所创设的规则、标准及程序等，以及从人权、环境等不同角度对国际自然资源法的立法通过各种复杂的程序的参与等，也对国际自然资源法的立法有着较大的影响，从而也属于国际自然资源立法行动的一部分。下文关于全球资源治理主体的行动的介绍中，将有部分内容会对这一部分的行动进行简要描述。

（二）全球资源治理主体的行动

在传统意义上，全球资源治理的行动主体主要是主权国家。然而，近几十年来，由于资源问题的全球化，越来越多的其他行为主体开始直接参与全球资源治理。本·波尔（Ben Boer）从自然资源的国际法的制定的角度，对这些行为主体及其主要行动进行了梳理。[①]

全球资源治理的首要行为主体当然还是主权国家，国家主要通过两个渠道来采取全球资源治理行动。一是签署国际协议或为特定主题提供行为惯例；二是通过在国内推行资源治理方面的特定的原则和概念，如公众参与、信息获取、司法救助及各类环境评估等，来影响全球资源治理的行动。

主权国家之外的全球资源治理行为主体主要为各种国际组织。首先是联合国及其各种附属机构，在全球资源治理过程中发挥着重要作用。鉴于环境问题与资源问题的高度相关性，以及许多环境问题事实上主要是通过资源治

---

① Boer B., "Actors in International Law-Making on Natural Resources," *Social Science Electronic Publishing*, 2016.

理的形式才能够得到解决,联合国环境规划署(UNEP)就成为联合国各机构中最为广泛地参与到全球资源治理中的机构。所采取的全球资源治理行动主要体现为启动、起草和执行多边环境协议,与联合国其他机构及其他国际组织,如联合国粮食与农业组织(FAO)、国际自然及自然资源保护联盟(IUCN)及世界银行等,对落实边环境协议及各国环境政策和法规的有效执行进行指导,并提供环境法方面的信息服务。近年来,该机构还通过促进绿色经济的各种举措,将自然资源保护、管理和可持续利用明确列为其关注的焦点之一,尤其是在淡水和海洋领域,该机构发挥了极其重要的作用。

联合国教科文组织(UNESCO)负责管理的多项公约与自然资源的保护和开发有直接的联系。其中最为重要的一个是1972年通过的《保护世界文化和自然遗产公约》,对承载着不可替代的文化和自然遗产的地区起到了保护作用,使得其不因自然资源的开发和利用而遭到破坏。2003年通过的《保护非物质文化遗产公约》中也涉及对特定自然资源的保护,即那些特定的非物质文化知识、实践或工艺等相关的天然材料,如果相关的自然资源无法再获取,也必将危及这些非物质文化遗产的存在。可以看出,该组织主要是从将自然资源作为文化的载体从而加以保护的角度,采取的全球资源治理行动。

联合国粮食及农业组织(FAO)是从促进农业、渔业和林业发展的角度,参与到全球资源治理中来的。其参与全球资源治理的行动主要是,从上述角度参与起草自然资源相关的公约的工作,并为成员国相关法律法规的制订提供直接的技术支持。

联合国森林问题论坛(UNFF)致力于森林的管理、保护和可持续发展。该论坛目前参与全球资源治理的行动还主要限于举办政府间会议,并形成了一系列不具有法律约束力的决议。

联合国人权理事会(The Human Rights Council)通过一系列国际公约和宣言,从人权的角度对人民自由利用自然资源的固有权利给予了保护。此外,一些区域性的组织,如欧盟,或区域性的国家间,如美洲国家,也以制定人权宪章或签订人权公约的形式,对人民关于自然资源的权利进行了规定。

联合国国际审判法院(ICJ)是国际自然资源和环境法领域最重要的行为

主体之一。其参与全球资源治理的主要行动表现为：一是为自然资源相关条约的缔约方进行纠纷调解；二是审理涉及自然资源开发利用相关的国际案件；三是通过判例为更好地保护和利用各种自然资源制定法律。此外，常设仲裁法庭（PCA）也是自然资源相关纠纷的仲裁机构，国际海洋法法庭（ITLOS）也基于《联合国海洋法公约》而具有仲裁权力。

联合国体系外，世界贸易组织（WTO）与《北美自由贸易协定》等贸易方面的国际组织和协定，一方面致力于通过促进贸易来推动自然资源的充分利用；另一方面对利用过程中产生的环境问题予以了关注，从投资和商品贸易的角度，为环境保护标准、技术和信息等方面提供建议。政府间金融机构，如世界银行和区域性的开发银行等，通过提供贷款支持，来推动一些自然资源相关的国际法与国内法的立法，以及为相关国际公约的执行提供资金。混合型政府间组织，如国际自然及自然资源保护联盟（IUCN），也通过促成区域性和全球性的公约的立项和起草，而参与到全球资源治理中来。区域性的政府间组织，如东盟，在全球资源治理领域也在发挥越来越大的作用。此外，一些国际倡议，如采掘业透明度倡议（EITI）、金伯利进程（Kimberley Process）等，也分别从特定问题的解决出发，通过制订一系列的制度和机制，从国际层面对自然资源开发和利用的行为进行规制，从而也构成了全球资源治理行动的重要组成部分。

四、结论

全球资源治理是一个非常广阔的领域。在这一领域，各种主体针对不同的对象，从不同的主题切入，采取着各类行动，都力图将世界塑造成自身期望的模样。作为本文的作者和本书的编译者，在此我们也有自己的期望。我们期望本文的梳理和本书的编译能犹如一幅简笔画，为从自然资源角度出发、关心世界与中国发展的人们，勾勒出全球资源治理的轮廓，从而使我们在面对自然资源领域的一些具体问题时，能够从全球资源治理这一更加宽广的视野对其加以审视。相信通过这样的审视，我们都会更加乐于同意这样一个事实，那就是我们的世界是多元的，多元之间是普遍联系的，任何单独的主体，从单独的主题切入，采取单独的行动，都无法解决我们在自然资源领域面临的任何一个重要问题，唯有通过多主体的参与，从多主题共同切入，采取共同行动，即唯有治理，也即唯有在尊重多元价值的基础上的共同协作，才是通往我们期望的未来的唯一路径。对世界如此，对今天的中国更是如此。

第一部分 | **全球资源治理：对象与行动**

全球层面的水治理：为何流域治理已不足以解决问题及为何需要全球层面的合作？*

[荷] 阿尔杰恩·胡克斯特拉**

一、引言

集水区和流域范围内，上下游之间存在着一些联系，经常导致许多水问题超出了当地社区的边界。因此，现在的普遍认识是，如果有必要上升到更高的空间层面，那么流域便是最适当的分析、规划与制度安排单位。本文认为，水问题并非总能在流域层面上解决。事实表明，当今许多看似地方性的水问题本质上都已上升到（次）大陆甚至全球层面，因此，亟须制定出一种具有协调性的，由超越流域层面的某种制度性安排组成的治理方案。

本文是以这样一个前提为基础的，那就是任何水系都是整个环境系统中不可分割的一部分，并且社会系统与环境系统密不可分。有充分证据表明，

---

* 原文载于 *Water*，2011 年第 3 期。
** 作者简介：阿尔杰恩·胡克斯特拉（Arjen Y. Hoekstra），荷兰特温特大学教授。

水系统的利用与改变，必须结合土地利用[①]、空间规划[②]、土壤管理[③]、气候变化[④]、人口发展[⑤]、经济消费与生产[⑥]、公共健康[⑦]、环境管理[⑧]、国际贸易[⑨]、政治[⑩]、开发合作[⑪]和国家安全[⑫]方面的因素才能被理解。根据这一认

[①] Foley, J. A., DeFries, R., Asner, G. P., et al., "Global Consequences of Land Use," *Science*, 2005 (309), pp. 570 – 574. Nicholson, S., "Land Surface Processes and Sahel Climate," *Reviews of Geophysics*, 2000 (38), pp. 117 – 139. Gallart, F., Llorens, P., "Catchment Management under Environmental Change: Impact of Land Cover Change on Water Resources," *Water International*, 2003 (28), pp. 334 – 340.

[②] Mitchell, B., "Integrated Water Resource Management, Institutional Arrangements, and Land-Use Planning," *Environ&Plan. A*, 2005 (37), pp. 1335 – 1352. Terpstra, J., Van Mazijk, A., "Computer Aided Evaluation of Planning Scenarios to Assess the Impact of Land-Use Changes on Water Balance," *Physics&Chemistry of the Earth Part B: Hydrology, Oceans and Atmosphere*, 2001 (26), pp. 523 – 527.

[③] Syvitski, J. P. M., Vorosmarty, C. J., Kettner, A. J., Green, P., "Impact of Humans on the Flux of Terrestrial Sediment to the Global Coastal System," *Science*, 2005 (308), pp. 376 – 380.

[④] Kundzewicz, Z. W., Mata, L. J., Arnell, N. W., et al., Doll, P., Rabat, P., Jimenez, B., Miller, K. A., Oki, T., Sen, Z., "Shiklomanov, I. A., Freshwater resources and their management," in Parry, M. L., Canziani, O. F., Palutikof, J. P., van der Linden, P. J., Hanson, C. E., Eds. *Climate Change* 2007: *Impacts, Adaptation and Vulnerability. Contribution of Working Group II to the Fourth Assessment Report of the Intergovernmental Panel on Climate Change*, Cambridge: Cambridge University Press, 2007, pp. 173 – 210.

[⑤] Vorosmarty, C. J., Green, P., Salisbury, J., Lammers, R. B., "Global Water Resources: Vulnerability from Climate Change and Population Growth," *Science*, 2000 (289), pp. 284 – 288.

[⑥] Duarte, R., Sanchez-Choliz, J., Bielsa, J., "Water Use in The Spanish Economy: An Input-Output Approach," *Ecological Economics*, 2002 (43), pp. 71 – 85.

[⑦] World Health Organization (WHO), *Water for Life: Making It Happen*, Geneva, 2005.

[⑧] Postel, S. L., Daily, G. C., Ehrlich, P. R., "Human Appropriation of Renewable Fresh Water," *Science*, 1996 (271), pp. 785 – 788. Smakhtin, V., Revenga, C., Doll, P., "A pilot Global Assessment of environmental Water Requirements and Scarcity," *Water International*, 2004 (29), pp. 307 – 317.

[⑨] Oki, T., Kanae, S., "Global Hydrological Cycles and World Water Resources," *Science*, 2006 (313), pp. 1068 – 1072.

[⑩] Allan, J. A., *The Middle East Water Question: Hydropolitics and the Global Economy*, London: I. B. Tauris, 2001.

[⑪] World Bank, *Water Resources Sector Strategy: Strategic Directions for World Bank Engagement*, Washington, D. C., 2004.

[⑫] Organisation for Economic Co-operation and Development (OECD), *Emerging Risks in the 21st Century: An Agenda for Action*, Paris, 2003. World Meteorological Organization, The Cooperative Programme on Water and Climate, Japan Water Forum, *Risk Management, Thematic Document*; In 4th World Water Forum, Mexico, 16 – 22 March, 2006; World Meteorological Organization: Geneva, 2006.

识,"水治理"(人们处理水的方式)应当被视作更广泛治理行动中一个必不可少的部分。一般而言,"治理"指的是社会运转的过程和体系。它与广泛的社会管理体系相关,包括但不限于将政府视作主要负责决策的政治实体这一较为狭隘的观点。治理指的是所有正式与非正式的架构、程序与过程。根据全球水伙伴组织(Global Water Partnership)的解释,"水治理"指的是在社会各个层面服务于水资源开发与管理的政治、社会、经济与行政体系及水服务的提供。[①] 在这里,"水治理"一词更像是"水管理"一词的升级版,因为后者主要用于政府管理水系统、水供应与水需求的传统背景,而我们显然希望采取更广泛的视角。

要想有效地开展水治理行动,就需要采取更广泛的措施,从根本上说,就是要与其他形式的治理进行协调。在这里,我们将水治理情境下的"外部协调"理解为与更广泛的社会运转过程和体系的协调。要实现有效的水治理,解决当前以及未来所面临的水问题,就不能仅仅探究水管理者拥有哪些手段或者水管理者能做出哪些制度安排。我们需要解决的是一个更加广泛的问题,即各社会群体如何能够作为一个整体对其所拥有的水资源进行明智的管理。这一"良好的水治理"方案必须有比水管理者的方案更广更远的视角。本文将以"外部协调"的现实意义作为切入点进行论述。

本文的中心论点是,外部协调对有效的水治理的现实意义决定了必须在更高空间层面而非流域层面开展协调工作,讨论忽视水治理的全球性将带来的风险,即水治理领域外的开发行动可以改变甚至抵消水治理领域内的良好意图。

在下一部分中,我将回顾一系列有关良好的水治理需要全球性解决方案来补充流域方案的讨论。第三部分将明确并讨论需要在全球层面予以解决的四大问题:在全球化背景下,水供应的效率、公平性、可持续性以及安全性。第四部分将对可能的全球性水治理安排进行探索性分析。这里的探索性指的

[①] Rogers, P., Hall, A. W., *Effective Water Governance*: *TEC Background Papers No.*7, Stockholm: Global Water Partnership, 2003.

是不以详尽无遗为目标，并且，对可能的安排类型的识别优先于对其政治可行性的评估。

二、为何流域治理已不足以解决问题

（一）跨流域调水项目的数量不断增加

在全球许多地区，水短缺现象已经成为一个非常突出的问题，以至于决策者们不再认为长距离调水在经济上不具备可行性。目睹了中国①、印度②、南非③和

---

① Liu, C. M., Zheng, H. X., "South-To-North Water Transfer Schemes for China," *International Journal of Water Resources Development*, 2002 (18), pp. 453–471. 20. Berkoff, J., "China: The South-North Water Transfer Project—Is It Justified?," *Water Policy*, 2003 (5), pp. 1–28. 21. Wu, X. F., Liu, C. M., Yang, G. L., Fu, Q., "Available Quantity of Transferable Water and Risk Analysis: Western Route Project for South-To-North Water Transfer in China," *Water International*, 2006 (31), pp. 81–86. 22. Zhao, F. Z., Liu, W. H., Deng, H. B., "The Potential Role of Virtual Water in Solving Water Scarcity and Food Security Problems in China," *International Journal of Sutainable Development&World Ecology*, 2005 (12), pp. 419–428. 23. Yang, R. J., Liu, G. H., Zhao, F. Z., Fu, B., "Eco-environmental benefit assessment of the western route in China's South-North Water Transfer Project," *International Journal Sustainable Development &World Ecology*, 2005 (12), pp. 461–470. 24. Yang, H., Zehnder, A. J. B., "The South-North Water Transfer Project in China: An Analysis of Water Demand Uncertainty and Environmental Objectives in Decision Making," *Water International*, 2005 (30), pp. 339–349.

② Gupta, S. K., Deshpande, R. D., "Water for India in 2050: First-Order Assessment of Available Options," *Current Science*, 2004 (86), pp. 1216–1224. Jain, S. K., Reddy, N. S. R. K., Chaube, U. C., "Analysis of a Large Inter-Basin Water Transfer System in India," *Hydrological Sciences Journal*, 2005 (50), pp. 125–137. Verma, S., Kampman, D. A., Van der Zaag, P., Hoekstra, A. Y., "Going Against the Flow: A Critical Analysis of Inter-State Virtual Water Trade in the Context of India's National River Linking Programme," *Physics&Chemistry of the Earth Parts B*, 2009 (34), pp. 261–269.

③ Basson, M. S., "South African Water Transfer Schemes and Their Impact on the Southern African Region," in Matiza, T., Crafter, S., Dale, P., eds., *Water Resource Use in the Zambezi Basin: Proceedings of a Workshop Held at Kasane, Botswana*, Gland: International Union for Conservation of Nature (IUCN), 1995, pp. 41–48. Nel, E., Illgner, P., "Tapping Lesotho's 'white gold'—Inter-Basin Water Transfer in Southern Africa," *Geography*, 2001 (86), pp. 163–167.

西班牙①制订的跨流域调水计划,虽尚未实施,但从土耳其向以色列运送水的计划也已制订。跨流域调水工程并非最近才兴起,不过,就调水量和调水距离而言,当前所提调水计划的规模超越了以往任何时候。目前,全世界的跨流域调水项目数量达到了 155 个,涉及 26 个国家,总调水量达到每年 4900 亿立方米②,另有 60 个项目处于规划阶段,总调水量达到每年 11500 亿立方米。

显然,各国政府不再认为水的需求和供应必须在流域范围内相匹配。现有观点是,区域水短缺问题,如在中国的华北地区,可以通过长距离的跨越传统流域的人工调水加以解决。大规模跨流域调水项目的技术、经济和政治可行性似乎在不断提高,但大规模调水的本质决定了其将对供水地和受水地的自然环境和社群产生巨大影响。因此,实际的政治问题不再局限于如何解决某一特定流域的水短缺问题,而是覆盖多流域的不同区域间应当如何合作发展。问题不再仅仅是一个供水问题,也不再停留在单个流域层面。认识到跨流域调水是一种可行的方案,就意味着水资源规划与管理的范围必须得到扩展。一般认为,跨流域调水中的受水地区会从水供应中获益,而供水地区则必须以某种方式获得补偿,无论是以金钱,还是以能源、食品或其他形式。随着空间规模的扩大,以及问题定义的拓宽,水管理的范围也随之扩大。

(二) 跨国企业在水务行业内的重要性与日俱增

过去十年间,跨国企业在饮用水行业内的作用与日俱增。越来越多的市政机构接受私营企业的服务,而这些私营企业往往在全球都有水服务业务。

---

① Ballestero, E., "Inter-Basin Water Transfer Public Agreements: A Decision Approach to Quantity and Price," *Water Resources Management*, 2004 (18), pp. 75 – 88.

② International Commission on Irrigation and Drainage (ICID), *Experiences with Inter Basin Water Transfers for Irrigation, Drainage and Flood Management*, Revised Draft Report of the ICID Task Force on Inter Basin Water Transfers, New Delhi, 2006.

与此同时，瓶装水产量稳步增长①，巴洛（Barlow）和克拉克（Clarke）②认为，饮用水正逐步从公共资源转变为一种面向全球的商品。佩特雷拉（Petrella）③称之为"水的商品化"。如今，应当将水视作一种资源还是一种商品，水是否应当受到世界贸易组织规则的约束等问题已成为许多国际性水论坛上的热点话题。

过去二十年间，多国在供水部门推进了私有化进程，结果是大型跨国企业越来越多地参与到水供应中来。在世界银行所提供的贷款的推动下，如今，世界上70%的私营供水系统由三家最大的水务公司所有，即威立雅、苏伊士和泰晤士水务。有人认为这是一个明显的进步，将确保规模的扩大能够带来供水效率的提高，同时将确保发展中国家的供水标准得到提升，达到北半球国家的普遍标准。也有一些人认为，这将导致可怕的结果，对于每个人而言都是基本需求的水资源④成为一种可交易的商品，只有能够负担得起相关费用的人才能够获得。⑤希瓦（Shiva）⑥进一步表示，在许多情况下，水资源私有化导致企业能够从水资源的过度开发中获益，因为它们仍然可以在不承担负外部性成本的情况下自由获得并开发稀缺的水资源。

（三）全球气候变化对地方水状况的影响

当地可利用的水资源量与最大流量取决于当地气候条件，而当地气候条

---

① Gleick, P. H., *Bottled and Sold*: *The Story behind Our Obsession with Bottled Water*, Washington, D. C. : Island Press, 2010.

② Barlow, M., Clarke, T., *Blue Gold*: *The Battle against Corporate Theft of the World's Water*, New York, N. Y, : The New Press, 2002.

③ Petrella, R., *The Water Manifesto*: *Arguments for a World Water Contract*, London: Zed Books, 2001.

④ Gleick, P. H., "The human right to water," *Water Policy*, 1998 (1), pp. 487 – 503.

⑤ Barlow, M., Clarke, T., *Blue Gold*: *The Battle against Corporate Theft of the World's Water*, New York, N. Y, : The New Press, 2002.

⑥ Shiva, V., *Water Wars*: *Privatization*, *Pollution*, *and Profit*, Cambridge, M. A. : South End Press, 2002.

件则会受到全球气候条件的影响。① 证据表明,人类已经并将继续通过加剧温室气体②和悬浮微粒③的排放以及改变土地的用途④对气候变化产生影响。尽管土地用途的变化一般仍局限于(次)大陆层面⑤,但悬浮微粒和温室气体所带来的影响却显然具有全球性。⑥ 因此,超越地方、国家或流域层面运作的水管理者的治理领域之外的机制会妨碍或损害对地方水系统的良好治理。水管理者能够利用手中的权力影响水资源利用,但无法影响土地或能源的利用,更不要说,他们的权力不能超越流域范围。以良好水治理为目标的安排,应当包括能够对水管理以及更广泛环境中的土地管理与全球能源资源管理进行协调的制度。在有些情况下,忽视水治理的这一外部条件可能会导致极端情况的出现,即外部的、全球性的发展可能会令地方水管理者的努力变得毫无价值。以荷兰三角洲为例,该地区水管理者在未来几十年的工作成果将不断

---

① Kundzewicz, Z. W., Mata, L. J., Arnell, N. W., et al., Doll, P., Rabat, P., Jimenez, B., Miller, K. A., Oki, T., Sen, Z., "Shiklomanov, I. A., Freshwater resources and their management," in Parry, M. L., Canziani, O. F., Palutikof, J. P., van der Linden, P. J., Hanson, C. E., Eds., *Climate Change* 2007: *Impacts, Adaptation and Vulnerability. Contribution of Working Group II to the Fourth Assessment Report of the Intergovernmental Panel on Climate Change*, Cambridge: Cambridge University Press, 2007, pp. 173 – 210. Milly, P. C. D., Wetherald, R. T., Dunne, K. A., Delworth, T. L., "Increasing Risk of Great Floods in a Changing Climate," *Nature*, 2002 (415), pp. 514 – 517.

② Karl, T. R., Trenberth, K. E., "Modern Global Climate Change," *Science*, 2003 (302), pp. 1719 – 1723.

③ Bellouin, N., Boucher, O., Haywood, J., Reddy, M. S., "Global Estimate of Aerosol Direct Radiative Forcing from Satellite Measurements," *Nature*, 2005 (438), pp. 1138 – 1141.

④ Kalnay, E., Cai, M., "Impact of Urbanization and Land-Use Change on Climate," *Nature*, 2003 (423), pp. 528 – 531. Pielke, R. A., "Land Use and Climate Change," *Science*, 2005 (310), pp. 1625 – 1626. Feddema, J. J., Oleson, K. W., Bonan, G. B., Mearns, L. O., Buja, L. E., Meehl, G. A., Washington, W. M., "The Importance of Land-Cover Change in Simulating Future Climates," *Science*, 2005 (310), pp. 1674 – 1678.

⑤ Savenije, H. H. G., "New Definitions for Moisture Recycling and the Relationship with Land-Use Changes in the Sahel," *Journal Hydrology*, 1995 (167), pp. 57 – 78.

⑥ Solomon, S., Qin, D., Manning, M., Chen, Z., Marquis, M., Averyt, K. B., Tignor M., Miller, H. L., eds., *Climate change* 2007: *The Physical Science Basis, Contribution of Working Group I to the Fourth Assessment Report of the IPCC*, Cambridge: Cambridge University Press, 2007.

受到海平面上升、当地气候变化、河道流量峰值不断增长（这三个因素全部是由全球气候变化引起的）以及地基沉降（由土地利用和天然气开采导致）的挑战。① 同样，如果在减少水需求方面取得进展的同时，可获得水资源量因气候变化而减少，那么在弥补供需缺口方面，专门针对地中海地区所制定的水需求战略所起到的作用就微乎其微了。

（四）全球经济对地方水污染产生的影响

一些地方对土地的过度开发、另一些地方对肥料的过度使用、长途转运食品与动物饲料及全球人口密集地区对营养丰富的废物的集中处理，都对营养物的自然循环造成了干扰，比如氮和磷。② 这已经并将进一步导致有些地区出现的土壤耗竭问题③以及其他地区出现的水体富营养化问题④。比如，荷兰出现的营养物过量问题在一定程度上就是因为向荷兰出口食物与饲料的地区

---

① van den Hurk, B., Klein, T. A., Lenderink, G., van Ulden, A., van Oldenborgh, G. J., Katsman, C., van den Brink, H., Keller, F., Bessembinder, J., Burgers, G., Komen, G., Hazeleger, W., Drijfhout, S., *KNMI Climate Change Scenarios 2006 for the Netherlands*: *KNMI Scientific Report WR* 2006 – 01, De Bilt: Koninklijk Nederlands Meteorologisch Instituut (KNMI), 2006. Crutzen, P., Komen, G., Verbeek, K., van Dorland, R., Van Ulden, A., *Veranderingen in het klimaat*, De Bilt: KNMI, 2005. Middelkoop, H., Daamen, K., Gellens, D., Grabs, W., Kwadijk, J. C. J., Lang, H., Parmet, B. W. A. H., Schadler, B., Schulla, J., "Impact of Climate Change on Hydrological Regimes and Water Resources Management in the Rhine Basin," *Climatic Change*, 2001 (49), pp. 105 – 128.

② Grote, U., Craswell, E., Vlek, P., "Nutrient Flows in International Trade: Ecology and Policy Issues," *Environment Science&Policy*, 2005 (8), pp. 439 – 451.

③ Sanchez, P. A., "Soil Fertility and Hunger in Africa," *Science*, 2002 (295), pp. 2019 – 2020. Stocking, M. A., "Tropical Soils and Food Security: The next 50 years," *Science*, 2003 (302), pp. 1356 – 1359.

④ Mclsaac, G. F., David, M. B., Gertner, G. Z., Goolsby, D. A., "Eutrophication: Nitrate Flux in the Mississippi River," *Nature*, 2001 (414), pp. 166 – 167. Tilman, D., Fargione, J., Wolff, B., D'Antonio, C., Dobson, A., Howarth, R., Schindler, D., Schlesinger, W. H., Simberloff, D., Swackhamer, D., "Forecasting Agriculturally Driven Global Environmental Change," *Science*, 2001 (292), pp. 281 – 284.

存在乱砍滥伐、侵蚀和土壤退化问题。比如，荷兰从巴西进口大量大豆用于喂养本国的猪和鸡。这意味着荷兰的营养物过量问题不可能只由荷兰单方面着手解决，荷兰的水污染问题是全球经济的一部分。

干扰营养物循环并不是全球经济影响全球水资源质量的唯一途径。海尔默（Helmer）[①] 以及梅贝克（Meybeck）[②] 解释了其他物质如何分散到全球环境之中并改变世界各地河流水质。恩里亚古（Nriagu）和帕西纳（Pacyna）[③] 列出了全球经济发展过程中痕量金属的利用对全球水资源产生的具体影响。定期发布的有关全球污染的新报告表明，这一现象并不新鲜。相对新鲜的是如今正逐步暴露出来的事实，即污染的"全球性"不仅是因其"影响范围广"，更在于其与全球经济的运转方式相关，因此，污染是一个真正的全球性问题。水污染与全球经济体系密切相关，因此，在处理水污染问题时，必须考虑到全球经济这一因素。事实上，通过在污染所在地及其附近采取末端治理的措施能够应对污染问题，但是，更具针对性的方案是以元素的闭合循环为目标调整全球经济结构。调整全球经济结构显然需要国际协作。

（五）全球经济对地方水资源利用与短缺的影响

出口水密集型商品意味着，相较于没有出口时，出口国将以更高的强度消耗本国水资源。因此，该国将面临更大的水资源压力和更严重的水资源短缺问题。反过来，进口水密集型产品国家则缓解了本国的水资源压力。

1. 寻求通过虚拟水进口节约本国水资源的国家

某一产品的虚拟水含量是指在该产品的实际产地计量的生产该产品的

[①] Meybeck, M., Helmer, R., "The quality of rivers: From pristine stage to Global Pollution," *Palaeogeography Palaeoclimatology Palaeoecology*, 1989（75），pp. 283 – 309.

[②] Meybeck, M., "The Global Change of Continental Aquatic Systems: Dominant Impacts of Human Activities," *Water Science Technology*, 2004（49），pp. 73 – 83.

[③] Nriagu, J. O., Pacyna, J. M., "Quantitative Assessment of Worldwide Contamination of Air, Water And Soils by Trace Metals," *Nature*, 1988（333），pp. 134 – 139.

耗水量。之所以使用"虚拟"这一形容词，是因为生产过程中所消耗的大部分水最终都不包含在产品本身之中。相较于虚拟水含量，产品的实际水含量通常是微不足道的。比如，小麦的（全球平均）虚拟水含量大约是每吨1500—1600立方米，而小麦的实际水含量每吨明显不足1立方米。① 长距离调水的成本非常高，通常在经济上不具备可行性，因此在水资源稀缺的地方，以虚拟水形式调水可以成为获得水密集型产品的一种有效方式。"虚拟水进口"是缓解本国水资源压力的一种方式，这一概念是阿兰（Allan）② 在研究中东地区水短缺状况时提出的。虚拟水进口可被视作内生水源之外的一种替代性水源。因此，虚拟水进口也被称作"外生水"或"内含水"。③

越来越多的缺水国家，尤其是北美和中东地区的缺水国家，力图通过虚拟水进口来保护本国水资源，具体而言就是进口水密集型商品（每一美元产品的水投入量相对较高），出口需水量较少的商品。以约旦为例，该国每年进口50亿至70亿立方米虚拟水④，远高于其每年从本国水源获取的10亿立方米水资源。甚至在政治议程中高度重视水资源自给自足，且每年从国内获取

---

① Siebert, S., Doll, P., "Quantifying Blue and Green Virtual Water Contents in Global Crop Production as well as Potential Production Losses without Irrigation," *Journal of Hydrology*, 2010（384），pp. 198 - 207. Mekonnen, M. M., Hoekstra, A. Y., "A Global and High-Resolution Assessment of the Green, Blue and Grey Water Footprint of Wheat," *Hydrology & Earth System Sciences*, 2010（14），pp. 1259 - 1276.

② Allan, J. A., *The Middle East Water Question: Hydropolitics and the Global Economy*, London: I. B. Tauris, 2001. Allan, J. A., "Watersheds and Problemsheds: Explaining the Absence of Armed Conflict Over Water in the Middle East," *Middle East Review of International Affairs*, 1998（2），pp. 49 - 51.

③ Hoekstra, A. Y., Chapagain, A. K., *Globalization of Water: Sharing the Planet's Freshwater Resources*, Oxford: Blackwell Publishing, 2008.

④ Haddadin, M. J., "Exogenous Water: A Conduit to Globalization of Water Resources," in Hoekstra, A. Y., ed., *Virtual Water Trade: Proceedings of the International Expert Meeting on Virtual Water Trade*, *Value of Water Research Report Series No. 12*, Delft: Institute for Water Education of the United Nations Educational, Scientific and Cultural Organization（UNESCO-IHE），2003, pp. 159 - 169. 61. Chapagain, A. K., Hoekstra, A. Y., *Water Footprints of Nation'*, *Value of Water Research Report Series No. 16*, Delft: UNESCO-IHE, 2004.

的用水总量高达650亿立方米的埃及,据估算,其年度净虚拟水进口量仍高达100亿至200亿立方米。①

正如对未来所设想的那样,进一步消除贸易障碍,尤其是农产品领域,将推动水密集商品国际贸易的发展。作为一种缓解本国水资源压力的途径,虚拟水进口因此受到越来越多缺水国家的青睐。② 如果不考虑可能与之背道而驰的政治目标,根据国际贸易理论,一国国民会用消耗本国相对丰富的资源生产的产品交换需要消耗本国相对稀缺的资源才能生产的产品,并从中谋取利益。这一理论称作"比较优势理论",被认为是研究虚拟水进口对较缺水国家以及虚拟水出口对水源较丰富国家的经济吸引力的有用分析工具。③

过去若干年间,霍克斯特拉(Hoekstra)和亨(Hung)④、奇默(Zimmer)和雷诺(Renault)⑤、奥基(Oki)和卡纳(Kanae)⑥、查帕干(Chapagain)

---

① Chapagain, A. K., Hoekstra, A. Y., *Water Footprints of Nation*', *Value of Water Research Report Series No.* 16, Delft: UNESCO-IHE, 2004. Zimmer, D., Renault, D., "Virtual Water in Food Production and Global Trade: Review of Methodological Issues and Preliminary Results," in Hoekstra, A. Y., ed., *Virtual Water Trade: Proceedings of the International Expert Meeting on Virtual Water Trade*, *Value of Water Research Report Series No.* 12, Delft: UNESCO-IHE, 2003, pp. 93 – 109.

② Zehnder, A. J. B., Yang, H., Schertenleib, R., "Water issues: The Need for Action at Different Levels," *Aquatic Sciences*, 2003 (65), pp. 1 – 20.

③ Wichelns, D., "The Policy Relevance of Virtual Water Can Be Enhanced by Considering Comparative Advantages," *Agricultural Water Management*, 2004 (66), pp. 49 – 63.

④ Hoekstra, A. Y., Hung, P. Q., *Virtual Water Trade: A Quantification of Virtual Water Flows between Nations in Relation to International Crop Trade*, *Value of Water Research Report Series No.* 11, Delft: UNESCO-IHE, 2002. 66. Hoekstra, A. Y., Hung, P. Q., "Globalisation of Water Resources: International Virtual Water Flows in Relation to Crop Trade," *Global Environ Change*, 2005 (15), pp. 45 – 56.

⑤ Zimmer, D., Renault, D., "Virtual Water in Food Production and Global Trade: Review of Methodological Issues and Preliminary Results," in Hoekstra, A. Y., ed., *Virtual Water Trade: Proceedings of the International Expert Meeting on Virtual Water Trade*, *Value of Water Research Report Series No.* 12, Delft: UNESCO-IHE, 2003, pp. 93 – 109.

⑥ Oki, T., Kanae, S., "Virtual Water Trade and World Water Resources," *Water Science Technology*, 2004 (49), pp. 203 – 209.

和霍克斯特拉（Hoekstra）[①]以及德弗莱图尔（De Fraiture）等[②]进行了各类旨在量化国家间实际虚拟水流量的全球性研究。所有研究都表明，南北美国家、澳大利亚、大部分亚洲国家以及中非各国都是虚拟水净出口国。相对的，虚拟水净进口国主要是欧洲国家、日本、南北非各国、中东各国、墨西哥和印度尼西亚。显然，应当在不同背景下理解各地区的虚拟水进口，例如欧洲各国和北非中东各国的背景各不相同。如扬（Yang）等人[③]所示，后者进口虚拟水至少在某种程度上是因为本地区国家实际存在水资源短缺的状况。在北非和中东的大部分国家，每人每年可得到的水资源量低于1500—2000立方米的门槛，在这种背景下，随着人均水资源可利用量的下降，谷物净进口量呈指数级增长。但这并不意味着，所有虚拟水净进口国都是为了节约本国水资源才大量进口虚拟水。通过进口虚拟水，它们的确能够节约本国水资源，但这并不意味着节水一定是虚拟水进口背后的主要推动力。除了水之外，农产品国际贸易还受到许多其他因素的影响，比如，土地、劳动力、知识和资金的可得性，特定地区无法种植特定农作物或实现农作物多样性，在特定类型的生产方面的竞争力（比较优势），国内补贴、出口补贴及进口税。因此，在大多数情况下，水资源的相对丰富或短缺完全不能，或仅能部分解释国际虚拟水贸易。[④]

如表1所示，国际农产品贸易可以帮助各国（有意或无意）节约大量水资源。如果阿尔及利亚人不得不在国内生产该国进口的所有产品，那么该国

[①] Chapagain, A. K., Hoekstra, A. Y., *Water Footprints of Nation'*, *Value of Water Research Report Series No.16*, Delft: UNESCO-IHE, 2004. Chapagain, A. K., Hoekstra, A. Y., "The Global Component of Freshwater Demand and Supply: An Assessment of Virtual Water Flows between Nations as a Result of Trade in Agricultural and Industrial Products," *Water International*, 2008 (33), pp. 19 - 32.

[②] De Fraiture, C., Cai, X., Amarasinghe, U., Rosegrant, M., Molden, D., *Does international Cereal Trade Save Water? The Impact of Virtual Water Trade on Global Water Use*, Comprehensive Assessment Research Report 4, Colombo: International Water Management Institute (IWMI), 2004.

[③] Yang, H., Reichert, P., Abbaspour, K. C., Zehnder, A. J. B., "A Water Resources Threshold and Its Implications for Food Security," *Environment Science Technology*, 2003 (37), pp. 3048 - 3054.

[④] De Fraiture, C., Cai, X., Amarasinghe, U., Rosegrant, M., Molden, D., *Does international Cereal Trade Save Water? The Impact of Virtual Water Trade on Global Water Use*, Comprehensive Assessment Research Report 4, Colombo: International Water Management Institute (IWMI), 2004.

用水量会增至目前的3倍。

表1 各国通过国际农产品贸易实现的净节水量举例（1997—2001年）

单位：10^9 立方米/年，%

国家	农业领域国内水资源总消耗量[1]	因农产品进口节约的水量[2]	因农产品出口损耗的水量[2]	农产品贸易带来的净节水量[2]	节水量与用水量之比
中国	733	79	23	56	7.6
墨西哥	94	83	18	65	69
摩洛哥	37	29	1.6	27.4	73
意大利	60	87	28	59	98
阿尔及利亚	23	46	0.5	45.5	198
日本	21	96	1.9	94.1	448

[1] 资料来源：Chapagain, A. K., Hoekstra, A. Y., *Water Footprints of Nation'*, *Value of Water Research Report Series No.16*, Delft: UNESCO-IHE, 2004.

[2] Chapagain, A. K., Hoekstra, A. Y., Savenije, H. H. G., "Water Saving through International Trade of Agricultural Products," *Hydrology&Earth System Sciences*, 2006 (10), pp. 455 – 468. 农产品既包括农作物，又包括畜产品。

国际虚拟水贸易研究说明，水应当被视作一种全球性资源（全球层面供需匹配）而非流域资源（流域内供需匹配）。为了对全世界的水资源进行有效治理，需要针对全球"水市场"进行某种协调。比如，就具体区域"可持续水平"的耗水量和水价结构达成共识。

2. 外化本国水足迹的国家

个人或社区的水足迹是指用于生产个人或社区所消费商品和服务的淡水总量。一个国家的水足迹不仅涵盖了该国境内的用水量，还涵盖了该国边界之外的用水量。① 比如，在中国生产的棉花和在西班牙生产的柑橘类水果被出口至荷

---

① Hoekstra, A. Y., Chapagain, A. K., *Globalization of Water: Sharing the Planet's Freshwater Resources*, Oxford: Blackwell Publishing, 2008. Hoekstra, A. Y., Chapagain, A. K., "Water Footprints of Nations: Water Use by People as a Function of Their Consumption Pattern," *Water Resources Management*. 2007 (21), pp. 35 – 48.

兰并在荷兰境内被消费，那么生产这些商品的用水也属于荷兰的水足迹。① 考虑到国际贸易量的增长，人类的水足迹也越来越多地外化至世界其他地区。一般情况下，消费者并没有为其水足迹带来的负面影响付出代价，因为供水价格通常被严重低估，另外污染产生的负面影响也未计入产品价格中。② 因此，地方的水问题与其他地方的廉价消费有着密切的关系，这里的"廉价"指的是水密集消费品的价格通常既不包含水稀缺租金也不包含生产过程中产生的外部性。

据估计，全球每年消耗的包括绿水和蓝水在内的水资源总量为74500亿立方米。每年与国际商品贸易相关的全球虚拟水流量为16250亿立方米，其中，国产产品出口每年要消耗12000亿立方米的水资源；剩余耗水量则涉及进口产品（以进口时的形式或加工后的形式）的再出口③。通过这些数据可以看到，全球用水量的16%（12000/74500）是用于生产出口产品而非本国消费产品。假定以出口为目的的农业生产平均而言不会比以国内消费为目的的生产明显造成更多或更少水相关问题（比如缺水或污染），那么世界上六分之一的水问题是可以追溯至出口型生产的。

生产与消费间存在着物理距离，通常，许多有关产品原产地与生产环境的消费者信息充其量也只局限于原产国信息以及主要原料相关的一些数据，这就意味着消费决定与生产导致的不利影响之间的脱节。只有全球性方案才能够将生产所带来的影响与消费重新联结在一起。在地方或国家层面采取举措，将外部性与水稀缺租金融入水密集型产品，并不会取得令人满意的效果，

---

① Van Oel, P. R., Mekonnen M. M., Hoekstra, A. Y., "The External Water Footprint of the Netherlands: Geographically-Explicit Quantification and Impact Assessment," *Ecological Economics*, 2009 (69), pp. 82 – 92.

② Hoekstra, A. Y., *The Relation between International Trade and Freshwater Scarcity*; Working Paper ERSD – 2010 – 05, Geneva: World Trade Organization, 2010. Available online: http://www.wto.org/english/res_e/reser_e/ersd201005_e.pdf (accessed on 5 July 2010).

③ Hoekstra, A. Y., Chapagain, A. K., *Globalization of Water: Sharing the Planet's Freshwater Resources*, Oxford: Blackwell Publishing, 2008. Hoekstra, A. Y., Chapagain, A. K., "Water Footprints of Nations: Water Use by People as a Function of Their Consumption Pattern," *Water Resources Management*. 2007 (21), pp. 35 – 48.

因为此类地方性产品在以还没有采取这些措施者为主导的全球市场上会面临售价过高的风险。通过过去几年参与这一话题的辩论,笔者发现,人们对揭示消费者与生产影响之间的联系的作用有不同的看法,这里的生产影响指的是在生产地区对水系统产生的影响。特别是经济学家们,他们似乎并没有认识到这种举措的作用。事实上,笔者的一份文稿曾收到这样一份匿名评论:"说一国消费者应为通过自愿性国际贸易机制导致的另一国的资源消耗负责具有误导性。"不过,在笔者看来,消费者和生产者都与生产导致的问题有关联,并且至少应当对这些问题负有部分责任。如何划分消费者和生产者的责任是一个仍存在争议的问题。[1] 当某一地区某一特定商品的消费与另一地区的缺水或水污染问题有关联时,比如欧洲的棉花消费者与咸海干涸有关[2],这是一个对责任和可能缓解环境问题机制进行分析的有趣切入点。事实上,贸易是一种自愿行为,从而在经济学家们看来,其总是对交易双方都有益,但并不意味着消费者和生产者可以免于承担责任。贸易正日益变成一个全球性的问题,这意味着化解生产对缺水和水污染产生的不利影响越来越需要全球层面的解决方案。

三、需要在全球层面加以解决的几大问题

(一)全球水资源利用效率

淡水资源的需求在增加,但增加供应的可能性有限,所以急需提高水资

---

[1] Lenzen, M., Murray, J., Sack, F., Wiedmann, T., "Shared Producer and Consumer Responsibility—Theory and Practice," *Ecological Economics*, 2007 (61) pp. 27–42. 105. Rodrigues, J., Domingos, T., "Consumer and Producer Environmental Responsibility: Comparing Two Approaches," *Ecological Economics*, 2008 (66), pp. 533–546.

[2] Micklin, P. P., "Desiccation of the Aral Sea: A Water Management Disaster in the Soviet Union," *Science*, 1988 (241), pp. 1171–1176. Chapagain, A. K., Hoekstra, A. Y., Savenije, H. H. G., Gautam, R., "The Water Footprint of Cotton Consumption: An Assessment of the Impact of Worldwide Consumption of Cotton Products on the Water Resources in the Cotton Producing Countries," *Ecological Economics*, 2006 (60), pp. 186–203. Aldaya, M. M., Munoz, G., Hoekstra, A. Y., *Water Footprint of Cotton, Wheat and Rice Production in Central Asia*, Value of Water Research Report Series No. 41, Delft: UNESCO-IHE, 2010.

源利用效率，即用更少的水生产出同样多的产品和服务。所幸，提高水资源利用效率的途径有很多。正如霍克斯特拉（Hoekstra）和亨（Hung）所指出的①，可以通过地方、流域和全球这三个层面的行动提高水资源利用效率。

在地方层面，从消费者处入手，可以通过以下途径提高水资源的利用效率：按照全额边际成本定价②；在农业领域推广节水技术，比如循环用水、滴灌和采用耐旱作物品种③；在工业和家庭领域内推动节水设备的使用；并使用水者认识到水资源利用可能产生的负面影响④。灌溉是世界上用水量最大的领域，取水量和植物实际吸水量之间的差距，即水资源浪费量，非常大：在拉美，76%的取水都没有为植物所吸收，在撒哈拉以南非洲，这一数据为68%，在东亚为66%，在近东和北非为60%，在南亚为56%⑤。减少这些水资源浪费，就能够在不降低植物可用水量从而不影响作物产量的情况下减少水需求。在集水区或流域层面，可以向边际效益最大的用途再分配水资源以提高用水效率⑥，这可能意味着将水资源从农业领域再分配至家庭或工业领域，或将水资源由水资源利用效率低的作物再分配至水资源利用效率更高的作物或品种。最后，在全球层面，如果各国能够根据各自在水资源可用量方面的比较优势或劣势，鼓励或抑制利用国内水资源生产出口商品（分别鼓励虚拟水的出口或进口），那么水资源利用效率便能够得到提高。如果各国之间

---

① Hoekstra, A. Y., Hung, P. Q., "Globalisation of Water Resources: International Virtual Water Flows in Relation to Crop Trade," *Global Environ Change*, 2005 (15), pp. 45 – 56.

② Rogers, P., De Silva, R., Bhatia, R., "Water is an Economic Good: How to Use Prices to Promote Equity, Efficiency and Sustainability," *Water Policy*, 2002 (4), pp. 1 – 17.

③ Food and Agriculture Organization (FAO), *Unlocking the Water Potential of Agriculture*, Rome, 2003. Deng, X. P., Shan, L., Zhang, H., Turner, N. C., "Improving Agricultural Water Use Efficiency in Arid and Semiarid Areas of China," *Agricultural Water Manage*, 2006 (80), pp. 23 – 40.

④ Wilson, C., "Schools Water Efficiency and Awareness Project," *Water SA*, 2004 (30), pp. 641 – 642.

⑤ AQUASTAT Database, Food and Agriculture Organization (FAO), Available online: http://www.fao.org/nr/water/aquastat/main/index.stm (accessed on 5 July 2010).

⑥ Beaumont, P., "The Quest for Water Efficiency—Restructuring of Water Use in the Middle East," *Water Air Soil Pollut*, 2000 (123), pp. 551 – 564.

的虚拟水贸易可以朝着正确的方向发展（即虚拟水从水生产率较高的地区被贸易至水生产率较低的地区），便可成为提高全世界水资源利用效率的一种途径。①

尽管很多研究致力于调查地方和流域层面的水资源利用效率（有时分别称为生产效率和分配效率），但很少有研究会从全球层面去分析水资源利用效率。不过，有充分证据表明，当前的全球贸易模式促进了全球节水，因为在许多水密集型商品贸易中，是由水生产率高（单位产品价值高）的国家向水生产率低的国家输出商品。迄今为止，已有四项独立研究估算了国际贸易所带来全球实际节水量。第一项研究中，奥基（Oki）和卡纳（Kanae）② 估计，目前全球因稻谷、小麦、大豆、玉米、大麦、鸡肉、猪肉和牛肉国际贸易所节约的水资源总量达到了 4550 亿立方米/年。根据他们的研究，相关出口国家的用水量为 6830 亿立方米/年，而如果进口国在本国生产所进口的这些产品，则需要消耗 11380 亿立方米/年。两者之间的差值便是全球节水量。奥基（Oki）和卡纳（Kanae）③ 解释了不同国家的不同产出，但假设了一个恒定的全球平均作物需水量（稻米：15 毫米/日，玉米、小麦和大麦：4 毫米/日）。这样，对某种作物水需求具有重要作用的气候因素被忽视了。德弗莱图尔（De Fraiture）等人④在第二项研究中考虑到了气候差异，他们估计，1995 年，得益于国际谷物贸易，作物层面的全球用水量下降了 1640 亿立方米/年，灌溉用水减少量为 1120 亿立方米/年。在第三项研究中，查帕干（Chapagain）

---

① Oki, T., Kanae, S., "Virtual Water Trade and World Water Resources," *Water Science Technology*, 2004 (49), pp. 203 – 209. Chapagain, A. K., Hoekstra, A. Y., Savenije, H. H. G., "Water Saving through International Trade of Agricultural Products," *Hydrology&Earth System Sciences*, 2006 (10), pp. 455 – 468.

② Oki, T., Kanae, S., "Virtual Water Trade and World Water Resources," *Water Science Technology*, 2004 (49), pp. 203 – 209.

③ Oki, T., Kanae, S., "Virtual Water Trade and World Water Resources," *Water Science Technology*, 2004 (49), pp. 203 – 209.

④ De Fraiture, C., Cai, X., Amarasinghe, U., Rosegrant, M., Molden, D., *Does international Cereal Trade Save Water? The Impact of Virtual Water Trade on Global Water Use*, Comprehensive Assessment Research Report 4, Colombo: International Water Management Institute (IWMI), 2004.

等人[①]采用了更加全面的方法,着眼于所有农产品国际贸易带来的全球水资源节约量,包括农作物和畜产品。他们估计,1997—2001 年,全球水资源节约量为 3520 亿立方米/年,其中 63% 与国际谷物和谷物制品贸易相关,19% 与油料作物相关,13% 与畜产品相关,5% 与豆类及其他作物相关。最后一项研究中,扬(Yang)等人[②]计算得出与最重要的农作物国际贸易相关的全球节水量达 3370 亿立方米/年。由于时间和范围的差异,很难对上述研究结果进行比较,但是这些研究都表明,和农业用水总量相比,国际贸易带来的全球节水量是非常可观的。查帕干(Chapagain)等人[③]认为,通过农产品贸易实现的全球水资源节约量相当于全球农业生产用水量的 6%。

虽然全球贸易显然与水资源利用效率有关,但目前尚无国际机构在贸易政策或水政策中体现出这一联系。世界范围内的淡水不足问题日益严重,而通过在水资源相对丰富的地区生产水密集型商品并将这些商品销往水资源并不丰富的地区,便有可能实现节水,所以,需要在这一领域内开展国际研究与政策协调。

(二) 水资源利用的公平性和可持续性

世界上有些人的水足迹相对更高,人们就会对这是否公平并具有可持续性产生疑问。在目前的生产条件下,不可能让全世界所有人的水足迹与美国人目前的平均水足迹完全相同。按照平均值来看,美国的人均水足迹是全世界最高的,为 2480 立方米/年,中国的人均水足迹为 700 立方米/年,而世界

---

① Chapagain, A. K., Hoekstra, A. Y., Savenije, H. H. G., "Water Saving through International Trade of Agricultural Products," *Hydrology&Earth System Sciences*, 2006 (10), pp. 455 – 468.

② Yang, H., Wang, L., Abbapour, K. C., Zehnder, A. J. B., "Virtual Water Trade: an Assessment of Water Use Efficiency in the International Food Trade," *Hydrology&Earth System Sciences*, 2006 (10), pp. 443 – 454.

③ Chapagain, A. K., Hoekstra, A. Y., Savenije, H. H. G., "Water Saving through International Trade of Agricultural Products," *Hydrology&Earth System Sciences*, 2006 (10), pp. 455 – 468.

的人均水足迹值为1240立方米/年。① 公平性与可持续性问题在这一虚构的增长情景中显得非常突出，但如今，这两者已经相互关联。

目前，全球约有10亿人无法"可持续地获得经过改善的水源"②，而其他人却在用水浇灌花园、清洗汽车、填充游泳池或将可获取的水资源用于其他奢侈享受。此外，许多人消费了大量肉类，这大大扩大了他们的水足迹。比如，美国人平均肉类消费量为120公斤/年，比世界平均水平的3倍还多。这在某种程度上解释了为什么美国的人均水足迹是世界上最高的。为富人提供肉类的动物所需的饲料，其生产过程中消耗的水资源无法用于其他目的，比如，用于满足无法承担相关费用群体的更基本的需求。关于当前水足迹分配是否公平这一问题的答案不仅具有政治性，还具有全球性。在个体间重新分配福利一般是在某一民族国家领土内进行，但是，因为全球范围的水资源和密集型产品分配非常不平均，再分配问题也成为一个全球性问题。全球层面的一个规范性问题是，水资源丰富的富裕国家是否应当在支持水资源贫乏的发展中国家方面发挥作用，比如，帮助他们以有效且可持续的方式利用他们稀缺的水资源。

鉴于地球上现居住着70亿人口和世界上可利用水资源总量有限这一事实，那么什么是"可持续水足迹"呢？当前全球水足迹是74500亿立方米/年③，如已报告的缺水和水污染案例所示④，这显然在许多地方导致不可持续的情况。

---

① Hoekstra, A. Y., Chapagain, A. K., *Globalization of Water: Sharing the Planet's Freshwater Resources*, Oxford: Blackwell Publishing, 2008. Hoekstra, A. Y., Chapagain, A. K., "Water Footprints of Nations: Water Use by People as a Function of Their Consumption Pattern," *Water Resources Management*. 2007 (21), pp. 35-48.

② World Health Organization (WHO), *World Health Statistics* 2009, Geneva, 2009.

③ Hoekstra, A. Y., Chapagain, A. K., *Globalization of Water: Sharing the Planet's Freshwater Resources*, Oxford: Blackwell Publishing, 2008. Hoekstra, A. Y., Chapagain, A. K., "Water Footprints of Nations: Water Use by People as a Function of Their Consumption Pattern," *Water Resources Management*. 2007 (21), pp. 35-48.

④ United Nations Educational, Scientific, and Cultural Organization (UNESCO), *Water for People, Water for Life: The United Nations World Water Development Report*, New York, N. Y.: UNESCO Publishing, Paris, France and Berghahn Books, 2003. UNESCO, *Water, A Shared Responsibility: The United Nations World Water Development Report* 2, New York, N. Y.: UNESCO Publishing, Paris, France and Berghahn Books, 2006. UNESCO, *Water in A Changing World: The United Nations World Water Development Report* 3, New York, N. Y.: UNESCO Publishing, Paris, France and Berghahn Books, 2009.

尽管陆地年降水总量大体是可知的，但是很难给出一个全球性的最大"可持续水足迹"量作为全球用水量上限。造成这一困难的原因有很多，其中一点便是，并非所有降水都能够得到有效利用，因为降水在时间和空间上分布不均，所以在有些地方和时段内，降水会不可避免地流入海洋。根据波斯特尔（Postel）等人[1]的说法，大约20%的总径流变成了无法利用的远流，50%变成了无法获取的洪水，因此只有30%的径流得到了利用。尽管研究人员从这一方向着手进行了研究，但是，关于剩余流量中有多少应当得到保留以满足环境流量需求，尚无明确结论[2]。陆地土壤水分蒸发蒸腾损失总量中有多少具有潜在生产力也不得而知。最后，我们所认为的全球最大"可持续水足迹"取决于对技术水平所做的假设。我们可以采用当前实际操作中的水生产率（地区间存在差异），或者采用基于现有技术的潜在水生产率。后一种方法得出的数据将比前一种更加乐观，但更不现实。目前，尚未有人对世界最大"可持续水足迹"进行过估算，但是普遍的看法是，目前的全球水足迹即便没有超过最大可持续值，也不会远低于最大可持续值，因此，有必要广泛推行水需求管理与水资源利用效率改进行动[3]。至此，我们又回到了公平性的问题

---

[1] Postel, S. L., Daily, G. C., Ehrlich, P. R., "Human Appropriation of Renewable Fresh Water," *Science*, 1996 (271), pp. 785 – 788.

[2] Smakhtin, V., Revenga, C., Doll, P., "A pilot Global Assessment of environmental Water Requirements and Scarcity," *Water International*, 2004 (29), pp. 307 – 317. Acreman, M., Dunbar, M. J., "Defining Environmental River Flow Requirements—A Review," *Hydrology&Earth System Sciences*, 2004 (8), pp. 861 – 876. Poff, N. L., Richter, B. D., Aarthington, A. H., Bunn, S. E., Naiman, R. J., Kendy, E., Acreman, M., Apse, C., Bledsoe, B. P., Freeman, M. C., Henriksen, J., Jacobson, R. B., Kennen, J. G., Merritt, D. M., O'Keeffe, J. H., D. Olden, J., Rogers, K., Tharme, R. E., Warner, A., "The Ecological Limits of Hydrologic Alteration (ELOHA): A New Framework for Developing Regional Environmental Flow Standards," *Freshwater Biology*, 2009 (55), pp. 147 – 170.

[3] Postel, S. L., Daily, G. C., Ehrlich, P. R., "Human Appropriation of Renewable Fresh Water," *Science*, 1996 (271), pp. 785 – 788. Food and Agriculture Organization (FAO), *Unlocking the Water Potential of Agriculture*, Rome, 2003. United Nations Educational, Scientific, and Cultural Organization (UNESCO), *Water for People, Water for Life: The United Nations World Water Development Report*, New York, N. Y.: UNESCO Publishing, Paris, France and Berghahn Books, 2003. UNESCO, *Water, A Shared Responsibility: The United Nations World Water Development Report 2*, New York, N. Y.: UNESCO Publishing, Paris, France and Berghahn Books, 2006. UNESCO, *Water in A Changing World: The United Nations World Water Development Report 3*, New York, N. Y.: UNESCO Publishing, Paris, France and Berghahn Books, 2009.

上，因为如果有些人的用水量超出了自己在全球年度可用水资源最大值中应有的份额，这公平吗？北美和南欧的人均数值无疑便是如此。

（三）水安全：水作为一种地缘政治资源

各国可通过两种不同的方式"依赖于水"。它们可以依赖自邻国流入的水，也可以依赖虚拟水进口。第一种类型的水依赖程度可通过一国外部的与总的可再生水资源之比得出。联合国粮食及农业组织（FAO）[1]将一国的"外部可再生水资源"定义为该国可再生水资源中非产自本国的部分。这包括了从上游国家流入的水（地下水和地表水）以及边境湖泊或河流中的部分水。"自然"与"实际"外部可再生水资源之间存在着一个区别：第一个术语是指来自一国之外的自然流入水流；实际外部资源可能少于自然外部资源，因为在这种情况下，需要减去上游取水量，还有依据正式或非正式协议或条约，为上游和下游国家保留的水流。一国的"内部可再生水资源"涉及年均河道水流量以及源自内生降水的含水层补给。一国的可再生水资源总量是内部和外部可再生水资源的总和。表2显示了一些下游国家的"外部水资源依赖度"。像埃及这样的国家，依赖度非常高，因为该国几乎没有降水，从而主要依赖流入境内的尼罗河水。还有一些国家与埃及的情况类似，但依赖度低于埃及，比如，巴基斯坦非常依赖印度河的水流，柬埔寨依赖湄公河，伊拉克依赖底格里斯河和幼发拉底河。在这些国家中，水是一种非常重要的地缘政治资源，影响着共享同一流域各国相互间的力量关系。像荷兰这样的国家，其对外部水资源依赖度较高，但外部水资源的重要性不高，因为相较于前面所举例的几个国家，荷兰的水资源稀缺程度较低。不过，这里同样存在依赖性的问题，因为上游国家内的活动肯定会影响下游的枯水流量、峰值流量和水质。

---

[1] *Review of World Water Resources by Country*: Water Reports 23, Rome: FAO, 2003.

表2 一些国家对所流入河流水的依赖度

单位：10^9 立方米/年，%

国家	内部可再生水资源[1]	外部（实际）可再生水资源[1]	对外部水资源依赖度[2]
伊拉克	35	40	53
柬埔寨	121	356	75
巴基斯坦	52	170	77
荷兰	1.1	80	88
埃及	1.8	56.5	97

[1] 来源：*Review of World Water Resources by Country*：*Water Reports 23*，Rome：FAO，2003.
[2] 对外部水资源依赖度为外部可再生水资源与可再生水资源总量之比。

各国"外部水资源依赖度"的政治相关性导致水在一些流域成为一种区域地缘政治资源。另一种类型的水依赖，即虚拟水进口依赖，使得水成为一种全球性地缘政治资源。造成这种情况的根本原因在于：水资源不足问题越来越严重；水的不可替代性；水在世界各地分布的不均性。过去，水资源丰富地区没有全力开发其水资源潜力，但如今，通过虚拟水甚至实体水出口，这些地区在日益加大发掘自身水资源潜力的力度。而硬币的另一面是，缺水国家对食物或水资源供应的依赖程度不断增加，这一点在政治上能被掌握水资源的国家利用。

从水资源的角度出发，一国可能希望在缺水和虚拟水进口依赖之间建立起积极的关系，特别是在水资源严重短缺的情况下。水资源稀缺度可以被定义为一国的水足迹，即生产该国人民所消费的商品与服务所需的水资源总量，除以该国可再生水资源总量。虚拟水进口依赖度可以定义为一国外部水足迹与其总的水足迹之比。如查帕干（Chapagain）和霍克斯特拉（Hoekstra）[①] 所示，水资源稀缺程度非常高的国家，比如科威特、卡塔尔、沙特阿拉伯、巴林、约旦、以色列、阿曼、黎巴嫩和马耳他，虚拟水进口依赖度的确非常高（高于50%）。这些国家的水足迹在很大程度上被外化。约旦每年进口的虚拟

---

① Chapagain, A. K., Hoekstra, A. Y., *Water Footprints of Nation', Value of Water Research Report Series No.16*, Delft：UNESCO-IHE, 2004.

水量是其本国可再生水资源量的5倍。尽管约旦节约了国内的水资源，却对其他国家产生了严重的依赖，比如美国。其他虚拟水进口依赖度较高（25%—50%）的缺水国家包括希腊、意大利、葡萄牙、西班牙、阿尔及利亚、利比亚、也门和墨西哥。表3显示了一些国家的数据。即便是一些并不缺水的欧洲国家，比如英国、比利时、荷兰、德国、瑞士和丹麦，其虚拟水进口依赖度也处于高位。这些国家拥有丰富的水资源，但进口了大量虚拟水，显然，这样的进口与缺水无关，必须通过其他因素加以解释。

表3 一些国家对虚拟水进口的依赖度（1997—2001年）

单位：10^9 立方米/年，%

国家	内部水足迹[1]	外部水足迹[1]	水自给率[2]	虚拟水进口依赖度[3]
印度尼西亚	242	28	90	10
埃及	56	13	81	19
南非	31	9	78	22
墨西哥	98	42	70	30
西班牙	60	34	64	36
意大利	66	69	49	51
德国	60	67	47	53
日本	52	94	36	64
英国	22	51	30	70
约旦	1.7	4.6	27	73
荷兰	4	16	20	80

[1] 来源：Chapagain, A. K., Hoekstra, A. Y., 'Water Footprints of Nation', Value of Water Research Report Series No.16, Delft: UNESCO-IHE, 2004.
[2] 水自给率的定义为内部水足迹与总水足迹之比。
[3] 虚拟水进口依赖度的定义为外部水足迹与总水足迹之比。

大多数缺水国家的选择是要么（过度）开发国内水资源以提高水资源自给率（显然，埃及采取的就是这一战略），要么以水依赖为代价进口虚拟水（约旦）。中国和印度作为世界上人口最多的两个国家，仍具备非常高的水资源自给率（分别为93%和98%）。不过，这两个国家的人均水足迹相对较低

(中国为700立方米/人/年，印度为980立方米/人/年)。如果这些国家的消费模式变成美国或者一些西欧国家那样，它们将在未来面临严重的水资源不足问题，并且很有可能将无法维持其高水平的水资源自给率。一个相应的问题是中印两国将来如何去养活自己①，如果它们决定通过食品进口来在某种程度上获得食物保障，就会对世界其他地方的土地和水资源产生极大的需求。

四、应对全球水问题可能安排的探索性分析

前面各个部分提出了一个问题，即可以进行何种制度安排以应对全球范围内的水问题。下文将探究性地列出一些潜在方向，不会深入探讨推行笔者所提出的全球性安排的政治意义，只会勾勒出应对上述全球问题的可能安排的轮廓。

(一) 一个有关水价的国际协议

首先，需要在全球层面就覆盖全部水资源利用成本的水价结构达成协议，包括投资成本、运营和维护成本、水稀缺租金和水资源利用负外部性成本。这样一个协议需要覆盖所有用水领域，包括农业。自1992年都柏林会议②起，全成本定价的必要性就已经得到了认可。定期召开的世界水资源论坛（摩洛哥1997年、海牙2000年、日本2003年、墨西哥2006年、土耳其2009年）中确实有旨在就此达成协议的全球部长级论坛，但在面临与执行水应当被视为一种稀缺的经济商品这一原则相关的国际协议达成方面的挑战时，这些论

---

① Hoekstra, A. Y., Chapagain, A. K., *Globalization of Water: Sharing the Planet's Freshwater Resources*, Oxford: Blackwell Publishing, 2008. Liu, J., Savenije, H. H. G., "Food Consumption Patterns and Their Effect on Water Requirement in China," *Hydrology&Earth System Sciences*, 2008 (12), pp. 887 - 898.

② *The Dublin Statement on Water and Sustainable Development*, in proceedings of the International Conference on Water and the Environment (ICWE); Dublin: United Nations, 1992.

坛并未发挥作用。如果没有执行方面的国际协议，就不能够仅仅依靠各国政府来执行这一原则，因为单边执行很可能会损害这些国家的发展。[1] 单方面执行严格水价政策的国家，其水密集型产品生产者的竞争力将会受到影响，此外，国内消费者对本土产品价格更高的现象存在着天然抵触，这些都将降低单边执行严格水价战略的可行性。

如果某一有关全成本水价的国际性协议得到推进，将会对本文所描述的一系列全球性水问题的解决产生积极影响。该协议将主要提高资源利用效率，因为恰当的边际成本定价是制定高效分配方案的前提。这将进一步推动世界水资源的可持续利用，因为水的稀缺性将转化稀缺租金，从而影响消费者的决定，即便这些消费者生活在距离生产地很远的地方。恰当的水定价将为大规模跨流域调水计划的经济可行性带来新的曙光，因为它将迫使各国将负外部性和机会成本纳入考虑范围。最后，水价协议将通过让生产者和消费者为他们所造成的水资源消耗和水污染付出代价而促进公平。在制定全成本水价时，应当考虑到最低水权的保障事宜，以防止贫困人群无法满足自身基本需求。

（二）污染税和国际营养物管理

为了预防产品在废弃阶段产生水问题，可能也需要另一个全球性的安排（国际性水价协议将覆盖产品在生产阶段的水资源利用和污染成本，但不会覆盖产品在废弃阶段的成本）。这种安排可以是对将在废弃阶段引发水污染问题的商品征收"污染税"或"处置税"。税款应由消费者支付，税收可用于推动污染防控。此类征税应当能够鼓励生产者调整生产流程，激励消费者改变消费行为。这种安排可以在一国范围内单方面地推行。不过，很难通过单边

---

[1] Hoekstra, A. Y., *The Relation between International Trade and Freshwater Scarcity*; Working Paper ERSD – 2010 – 05, Geneva: World Trade Organization, 2010. Available online: http://www.wto.org/english/res_e/reser_e/ersd201005_e.pdf (accessed on 5 July 2010).

污染税来抑制与全球经济中产品贸易相关的污染类型。为了应对本文第二部分第四点所描述的，与国际食品与饲料贸易相关的土壤耗竭和水体富营养化进程，必须制定一个全球性的安排。此类全球性的安排将应对出口国土壤耗竭问题的举措与应对进口国水体富营养化的举措结合起来。事实上，只有两个可持续性解决方案：要么停止营养物的单向贸易流动，要么以肥料或其他形式的食品或饲料将蕴含在来自流入的食品或饲料中的营养物带回其产生的地方。两个解决方案都将对贸易国的经济产生影响。虽然当前（至少从长远来看）要求在国际贸易领域内促进各国贸易平衡，但需要制订另一个限制性的要求，即应促进国家之间的营养物贸易平衡。荷兰已在农场层面引入并执行了这一原则，但若在国家层面引入该原则，则会更加复杂，且需要国际合作的支持。

（三）为水密集型产品贴上水标签或对行业进行水认证

第三个可能的全球性安排可以是为水密集型产品贴上水标签，相当于森林管理委员会（FSC）为木材制品贴上的标签，或者由海洋管理委员会（MSC）为海产品贴上的标签。此类标签将让消费者了解某一消费品与其生产期间对水系统产生的影响之间实际存在的但目前不为人知的联系。水标签意味着向消费者保证贴上该标签的产品是在一些定义清晰的条件下进行生产的。可以首先将这一标签制度引入一些一般会对水系统产生较大影响的商品中，比如稻米、棉花和甘蔗。考虑到稻米、棉花和食糖市场的全球特质，在贴标标准设定和水标签实际应用方面展开国际合作便成为前提条件。可以考虑将水标签纳入一个更为广泛的环境标签的范围内，但是这可能将导致在实施过程中遇到新的瓶颈，所以，单独就水标签达成共识可以作为第一步。

除了为产品贴上消费者导向型水标签外，引入生产者导向型的行业或零售商水认证也是一个选择。在这样的安排中，行业或零售商在自身及其供应商活动符合高效、可持续和公平利用水资源相关的特定具体标准时，便可以获得水认证。水认证可以是自愿的（比如在起步阶段），也可以是强制性的（后期）。水资源利用并不局限于行业活动；为行业生产投入资源也同样需要水，比如农业和矿业。因此，零售商和行业应当利用自身的权力对生产链上游施加影响，令其水资源利用朝着可持续的方向迈进。根据霍尔（Hall）[1]的观点，所谓渠道领导者是有可能做到这一点的，因为它们掌握了技术能力，并且能够激发供应链的动态变动。世界可持续发展工商理事会内的一些大型跨国公司预期，"水足迹报告"可能很快会成为一种惯例，甚至成为各国企业需要承担的强制性义务。[2]

近年来，在水标签、认证和报告方面，国际社会采取了一系列行动计划，包括水资源管理联盟、欧洲水资源合作联盟的水管理计划、ISO水足迹工作组、以及水信息披露项目。水足迹网络（The Water Footprint Network）为水足迹评估制定了全球性标准[3]，以确保不论制定出什么样的标签、认证或报告计划，它们都会遵循一个共同的定义与计算框架。2011年初，水足迹网络会公布一个新版的水足迹评估全球性标准。[4]

（四）最低水权

要确保水资源利用中的公平性和可持续性，就需要设定最低水权和水资源最大可利用量。后者很少受到国际社会的关注，将在下一部分中进行讨论。

---

[1] Hall, J., "Environmental supply chain dynamics," *Journal of Cleaner Production*, 2000 (8), pp. 455 – 471.

[2] World Business Council for Sustainable Development (WBCSD), *Business in the World of Water*: *WBCSD Water Scenarios to 2025*, Geneva, 2006.

[3] Hoekstra, A. Y., Chapagain, A. K., Aldaya, M. M., Mekonnen, M. M., *Water Footprint Manual*: *State of the Art 2009*: *Water Footprint Network*: Enschede, the Netherlands, 2009, Available online: http://www.waterfootprint.org/downloadsAVaterFootprintManual2009.pdf (accessed on 5 July 2010).

[4] Hoekstra, A. Y., Chapagain, A. K., Aldaya, M. M., Mekonnen, M. M., *The Water Footprint Assessment Manual*: *Setting the Global Standard*, London: Earthscan, 2011.

最低水权问题受到了更多关注。① 在国际层面，国际社会正在努力使能够获取清洁饮用水成为一项公认的基本人权。1948年通过的《世界人权宣言》并未把获取水资源视为一项人权，但是第25条第一段写道："人人有权享受为维持他本人和家属的健康和福利所需的生活水准，包括食物、衣物、住房、医疗和必要的社会服务……"因此，乐观一点来看，人们可以说获取特定最低量水的权利也隐含在内。1976年通过的《经济、社会与文化权利的国际公约》向明确最低水权为人权迈出了一步，在其第12条确认"人人享有能达到的最高生理和心理健康标准的权利"。2000年，联合国经济、社会和文化权利委员会在其《第14号一般性意见》中接受了对该公约的补充，表示"健康权包括多方面的社会经济因素，这些因素有利于创造使人民可以享有健康生活的条件，并扩展至影响健康的基本决定因素，如食物和营养、住房、使用安全饮水和得到适当的卫生条件、安全而有益健康的工作条件及有益健康的环境"。2002年，该委员会在《第15号一般性意见》中对作为人权的水权进行了详细说明："作为人权的水权保证人人能得到充足、安全、可接受、便于汲取、价格合理的水供个人和家庭使用。足够量的安全水是防止缺水死亡，减少与水有关的疾病，满足消费、烹饪、个人与家庭卫生需要所必需的。"2010年7月，联合国大会通过了一项决议，确认享用饮用水和拥有卫生设施是一项人权。同年9月，人权委员会确认了这项决议，并解释称，作为人权的水权和享有卫生设施的权利源自享有适当生活水准的权利，若干现有的人权条约都包含了这一点，包括《经济、社会和文化权利国际公约》和《儿童权利公约》。

至此，作为人权的水权得到了正式认可，但缺少相关执行机制。此外，该权利具体指的是满足家庭基本需求的用水而非食物生产用水。享用食物权本身也是一项人权，《世界人权宣言》第25条对此已做出了明确规定。尽管

---

① Gleick, P. H., "The human right to water," *Water Policy*, 1998 (1), pp. 487 – 503. World Health Organization (WHO), *The Right to Water*, Geneva, 2003. Salman, S. M. A., McInerney-Lankford, S., *The Human Right to Water: Legal and Policy Dimensions*, Washington, D. C.: The World Bank, 2004.

没人能否认食物权等同于对生产食物所需的特定量的水的需求，但食物权从未被等同于"对用于生产食物的水的权利"。在个人层面，这也是无用的，因为这将错误假定每个人都为其自己生产食物。不过，食物权意味着每个人都有权"主张"拥有世界水资源中，用以生产其根据现有食物权所享有的特定数量食物所需要的水资源的特定部分。由于全球水资源分布不均，一个重要问题随之产生：如何将目前涉及水和食物的人权转换为拥有丰富水资源的社区对水资源严重不足社区所负有的道德义务？国际社会对此采取了一系列具体举措，其中之一便是 2000 年在纽约联合国千年峰会期间制定了"千年发展目标"。具体目标包括：饥饿人口比例减半和无法持续获得安全饮用水的人口比例减半（两个目标都是针对从 1990 年到 2015 年这一时段）。"千年发展目标"的一个不足之处便是缺少一个清晰的行动方案和执行机制，因此，无法确保这些良好意愿能够实现。

（五）水足迹配额

实现水资源公平分配和可持续用水需要针对水资源最大可利用量做出一些全球性安排。[1] 如前文所述，全球淡水可获取量有限，使得人类全球水足迹

---

[1] Hoekstra, A. Y., Chapagain, A. K., *Globalization of Water: Sharing the Planet's Freshwater Resources*, Oxford: Blackwell Publishing, 2008. Hoekstra, A. Y., *The Relation between International Trade and Freshwater Scarcity*; *Working Paper ERSD - 2010 - 05*, Geneva: World Trade Organization, 2010. Available online: http://www.wto.org/english/res_e/reser_e/ersd201005_e.pdf（accessed on 5 July 2010）. Hoekstra, A. Y., *The Global Dimension of Water Governance: Nine Reasons for Global Arrangements in Order to Cope with Local Water Problems: Value of Water Research Report Series No. 20*, Delft: Institute for Water Education of the United Nations Educational, Scientific and Cultural Organization (UNESCO-IHE), 2006. Available online: http://www.unesco-ihe.org/content/download/2714/27847/file/Report20-Global_Water_Govemance.pdf（accessed on 5 July 2010）. Verkerk, M. P., Hoekstra, A. Y., Gerbens-Leenes, P. W., *Global Water Governance: Conceptual Design of Global Institutional Arrangements: Value of Water Research Report Series No. 26*, Delft: UNESCO-IHE, 2008. Available online: http://www.unescoihe.org/content/download/2720/27865/file/Report26-Verkerk-et-al2008GlobalWaterGovernance.pdf（accessed on 5 July 2010）.

面临一个上限。需要根据各个流域和一年之中各个时段的具体情况来定义最大可利用水足迹。某一流域在一年之中某一具体时段的最大可利用水足迹显然取决于该时段内该流域可获取的自然水资源和环境水需求。全球层面的年度最大可利用水足迹是各具体流域在一年之中各个时段最大可利用水足迹之和。国际社会所面临的问题是如何将全球最大水足迹细化至国家甚至个人层面。或者换言之，每个国家和个人在全球水资源中的"合理"份额是多少？有关该问题的国际协议应与有关温室气体排放的《京都议定书》（1997年起草，2005年生效）相类似，《京都议定书》基于这样一个认识，为防止人为原因导致气候变化，需在全球系统能够承受的范围内，为人类活动所导致的温室气体排放量设定上限。尽管尚未得知这一上限的确切值，但显然，这并未妨碍国际社会针对温室气体减排设定政治目标。同样，如果国际社会愿意就水足迹最高值设定目标，相同的情况必然会出现，因为就像前文所释，目前也没有确定水资源利用量的确切上限。在《京都议定书》案例中，最高可排放量许可已经以可交易排放量许可（配额，信用）的形式签发。而有关水资源利用的协定，可以采取相似的可交易水足迹配额形式，但是可交易性并不是必需的，而且很可能导致很多问题，因为尽管水是一种全球性资源，但是其本身表现出来的却是地方性，这就意味着水足迹单位不像排放单位那样具有可交换性。温室气体排放领域设置了全球上限值，而不论排放发生的位置。在水足迹方面，目前也存在一个全球上限值，但是这个上限值是各流域在一年各时段内上限值的总和。

向各国分配全球水足迹配额时，依据的是公平共享理念，而非天然水资源禀赋，在这种情况下，需要就一国的公平水足迹份额进行协商。作为各国公平水足迹份额谈判的起点，可以用一国人口除以全球人口再乘以全球可获取淡水总量减去全球环境水需求总量。每一个国家政府都有义务推动生产者和消费者朝着与国家配额相符的模式改进。为此，各国政府可以利用一些传统手段，比如补贴、税收、监管、提高意识及与企业签订合同。一个拥有特定年水足迹配额的国家，其水足迹将不能够超过配额规定的数量。此外，其水足迹的时空分布应当与最高可用水足迹的时空格局相适应。

（六）推行水中立概念

各类活动需要很多的水资源。水中立（或水抵消）概念的提出旨在鼓励进行耗水活动的个人和企业通过同时投资于节水举措或贫困群体供水，以使得其活动"水中立"。换言之，水中立型消费或生产能够抵消消费或生产相关的水足迹对环境和社会产生的负面影响。水中立概念由潘乔·德贝莱（Pancho Ndebele）在2002年的约翰内斯堡世界可持续发展峰会（WSSD）上提出，并由霍克斯特拉（Hoekstra）[①]进行了科学详尽的阐释。峰会期间，这一理念旨在量化大会召开期间各代表团所消耗的水资源，并将其换算为真实的货币。各代表团、企业、民间团体被鼓励通过购买水中立证书抵消其在为期十天的峰会期间所消耗的水资源，从而实现峰会的水中立，而该抵消投资专门用于南非缺水社区的水泵安装以及各类节水活动。作为后续行动，南非的水中立基金会开展了一项在旅游领域推广水中立概念的行动，这是针对热心缓解当前无法获取清洁饮用水的非洲人所面临的缺水问题的个人、企业和组织所开展的意识培养与节约行动的核心组成部分。2007年，可口可乐公司承诺将使其业务实现水中立，这一行动已引起了新闻界的关注。[②] 同年，英国住房建设部官方公布了将是水中立的大规模重建的"泰晤士河口"计划的一些细节，根据该计划，即便该地区将来面临在建住宅和涌入人口过剩的情况，其水资源利用量也不会增加。

水中立或水抵消概念与碳中立或碳抵消概念类似，后者旨在应对在处理气候变化问题过程中所遭遇的挑战。该概念的原则是，个人为他/她对全球水

[①] Hoekstra, A. Y., *Water Neutral*: *Reducing and Offsetting the Impacts of Water Footprints*: *Value of Water Research Report Series No.* 28, Delft: UNESCO-IHE, 2008. Available online: http://www.waterfootprint.org/Reports/Report28-WaterNeutral.pdf（accessed on 5 July 2010）.

[②] Lewis, L., *World Economic Forum*: *Is "Water Neutral" the Real Thing?*, Times Online, 25 June 2007. Available online: http://timesonline.typepad.com/urban_dirt/2007/06/world-economi-l.html（accessed on 5 July 2010）.

资源造成的压力支付合理数额的水足迹费用。这可以成为提高人们的节水意识和为淡水资源的可持续和公平利用筹集资金的一种方式。水中立概念提供了一个巨大的机遇,将水足迹影响转变为在社区和企业范围内缓解这些影响的行动。不过,对一些重要问题的明确回答是水中立概念获得成功的一个前提条件。比如,一个活动在何种情况下能够被称为水中立?如何定义水系统的边界?对水足迹减少的合理预期应该是多少?合理的水抵消价格应该是多少?何种类型的举措才能算作抵消行为?

在谈论水中立前,需要满足一些条件,而在探究实现这些条件的方法以及有关这些条件的清晰(通过协商达成的)指导时,需要科学严谨的态度。[1] 毫无疑问,水中立和水抵消市场很大,可以与碳中和抵消市场相提并论,但这一市场在推动更有效、持续和公平地利用全球水资源方面能发挥多大的作用将取决于市场规则。如果没有就什么是水中立达成一致定义和指导,该术语就很有可能最终沦为水资源领域内慈善项目筹款的一个标语。在这种情况下,该术语也能够发挥积极作用,但是"水中立"将以最弱势的形式存在。只有在能够依据清晰标准衡量水中立主张时,它才能够成为一个强有力的概念。

(七) 前进之路

为了有助于实现良好的水治理,上文探究了一些可能的全球性安排,但显然仍不是全部。比如,未提及为缓解气候变化必须做出的全球性安排(地方和区域调整型安排也有待观察),但是国际社会已经在这方面采取了一些举措,比如政府间气候变化专门委员会所做的工作和《京都议定书》。同样没有提及的还有针对水资源领域跨国企业制定国际性业务准则的必要性,以确保

---

[1] Hoekstra, A. Y., *Water Neutral: Reducing and Offsetting the Impacts of Water Footprints*: Value of Water Research Report Series No. 28, Delft: UNESCO-IHE, 2008. Available online: http://www.waterfootprint.org/Reports/Report28-WaterNeutral.pdf (accessed on 5 July 2010).

当政府管控无法发挥作用时，国际规范能够对其形成补充。此类规范能够提供有关供应义务的准则，以及专为无法负担一般费用的贫困群体制订的定价结构。

上文所讨论的各种可供选择的全球安排有一个共同点，即旨在针对淡水利用建立某种全球性管理制度，以提高水资源利用效率，确保水资源得到可持续利用，并鼓励公平共享有限的淡水资源。在提出此类安排建议的过程中，笔者对实施此类安排的可行性和相关交易成本持有非常乐观的看法。这一方案能够很好地契合自由制度主义观点，该学派相信超越各国利己主义范畴的国际合作的潜力。这与传统的政治现实主义观点相悖，后者将世界政治描述为国与国之间力量的较量，其中的每一个国家都试图实现自身利益最大化。因此，从现实主义观点出发，所提议安排的政治可行性可能存在争议。

无法预测上文所讨论的各类潜在全球性安排将在未来数十年内执行到什么程度。面临争议的执行相关问题，至少将和缓解气候变化过程中所面临的执行问题同样突出。从《京都议定书》的达成与实施到后来的哥本哈根谈判，让我们有理由对为国际社会的利益进行国际合作的潜力和其中一些体现困难、成本和无效性的关键点持乐观态度。

五、讨论

一般而言，石油被视作一种全球性资源，而水则被视作一种地方性资源，我们可以理解这样的观点，但这并不意味着这样的观点是正确的。中东地区的石油归相关中东国家"所有"，就像巴西的水资源归巴西"所有"一样。从这个意义上说，两种资源都具有地方性。与此同时，中东的石油和巴西的水都是整个国际社会作为一个整体所必需的。从这个意义上说，这两种资源都具有全球性。中东国家出口石油，巴西出口水（以虚拟形式）。

本文有关在全球层面进行协调的观点似乎与辅助性原则产生了冲突，而后者是如今在水治理领域内广泛认可和推行的一个原则。这一原则意味着水问题应当在尽可能低的社会层面加以解决。这是否会引起紧张局势取决于如何解释辅助性原则。本文认为，所讨论的这些问题都是真正的全球性问题，无法在比全球层面更低的社会层面得到解决，所以与辅助性原则并不存在冲突。不过，水治理领域内的全球性安排确实会导致更低社会层级所获授权的减少。在各治理层面的制度性安排间找到平衡确实极具挑战。

国际自然资源法的制定*

［爱尔兰］欧文·麦金泰尔**

一、引言

  和国际法律论述中几个正在迅速发展的领域一样，与国际环境法密切相关的领域、与共享自然资源的利用和保护相关的国际法并不是一个定义明确、清楚或者具有系统性架构的国际法规集。相反，它源于"古典"国际法的一般规则和原则的应用，是由各种约束性和非约束性的正式国际文书，已经确立的和正在演变的国家实践，各种跨国治理框架、论坛和机构，以及各个国际法庭和仲裁法庭在处理各国对于或与自然资源相关的争端做出的判决及其他相关事物构成的一个特别汇集。同时，许多不同种类的自然资源日益稀缺，从而在经济和战略上更具价值，国际上出现了几个不同的法规体系来处理特定跨境自然资源开采权的和谐分配问题、保护资源本身以及更广泛的环境免受自然资源利用或开采所带来的影响。这一国际立法领域显然值得进一步关注。比如，援引"来自水、生物多样性或是能源的例子表明，

---

* 原文载于 *Research Handbook on the Theory and Practice of International Lawmaking*。
** 作者简介：欧文·麦金泰尔（Owen McIntyre），爱尔兰考克大学教授。

全球或区域性的管理能提供更好的保护"，然而，知名评论员们最近称，在仔细审查全球化现象给自然资源治理带来的特殊挑战的过程中，他们发现"在共享自然资源领域，现有的国际性、区域性或双边协议并不总能提供足够的保护"①。因此，与"自然资源"相关的国际立法的范围广泛而带有不确定性，它们界限模糊，并且经常与那些规定自然环境和人权保护立法的范围相重叠。

自然资源国家主权的概念对自然资源的国际立法非常重要，它给我们就任何特定类别的自然资源进行任何国际立法方面的讨论提供了明显的出发点。长期以来，人们认为国家主权包括一个国家利用和享受自然出现在其领土内的自然资源的权利，战后国际社会的去殖民化运动强化了这一立场。②联合国大会对国家自然资源主权领土权利的承认在联大1962年颁布的第1803号决议即《关于自然资源永久主权的宣言》时达到了顶峰。第1803号决议宣布，"自然资源永久主权……是一个……自决权的基本组成部分"，此外，"各国必须在主权平等原则的基础上互相尊重，以促进各民族和各国自由地、有益地行使其自然资源主权"。③然而，涉及其自然资源的开采时，求助主权概念并不是国家享受权利的唯一决定性因素，且《国际环境自然资源保护法》和《国际人权法》等国际法相关领域的发展继续为国家的单方面国内管理带来限制。正如最近指出的，"如果全球措施要生效，那么主权的建立和自然资源的所有权应接受评估考量……全球急需针对可持续资源利用达成一个广泛接受的协议和备忘录"④。1978年，联合国环境规划署正式承认这一现实，并通过了《关于两国或多国共享自然资源保护及和谐利用的环境领域国家指导性行

---

① E. Blanco and J. Razzaque, *Globalisation and Natural Resources Law*, Edward Elgar, 2011, p.4.

② 如见"Right to Exploit Freely Natural Wealth and Resources" United Nations General Assembly (UNGA) Res 626 (VII) (21 December 1952) UN Doc A/RES/626 (VII), 其中呼吁所有成员国"不要采取直接或间接的旨在阻止任何国家对其自然资源行使主权的行动"。

③ "Permanent Sovereignty over Natural Resources" UNGA Res 1803 (XVII) (8 December 1962) UN Doc A/RES/1803 (XVII).

④ Blanco and Razzaque (n1), 3. E. Blanco and J. Razzaque, *Globalisation and Natural Resources Law*, Edward Elgar, 2011, p.3.

为准则》的草案。① 这种限制经常与环境保护方面的责任有关，但是在某些情况下，还可能考虑到关键的经济和社会因素。拟定上述针对不同种类的自然资源的各种法规体系时，必须在实质和程序上都包括此类对国家在利用跨境自然资源时行动自由的限制。

如上所述，国际社会正在国际法领域制定各种专门性的法规体系，以适用于不同类别的自然资源，其利用或开发具有不同的跨境影响。虽然一些自然资源可能被认为是静态的，但另一些则是易变的，会随着时间的推移，在不止一个国家的领土内同时或连续地移动。显然，后者包括跨界流域的水资源或某些生物资源，如洄游鱼类种群，在平衡几个国家的利用权利方面带来了更为复杂的问题。而前者，包括跨越国界的某些油气资源，很容易通过领土主权的办法进行划分，因为领土主权对应的是对土地的私有产权。但是，在区分不同种类的自然资源上，存在一些不同的方法，这对旨在解决和限制各国权利的国际立法有重大影响。例如，有些自然资源是有限的和不可再生的，而另一些则是可再生的。显然，对后一类别的国际立法应反映出确保持续保护资源本身的需要，而对前一别的立法应该更为直截了当。需要再一次指出的是，前一类别包括跨境油气资源，而后一类别包括跨境流域或含水层，其水文和生态功能需要强有力的保护，以确保其最佳利用。

公平的概念是调和国家在利用共享自然资源上的利益冲突的核心，尽管其实质意义，以及确定公平分配在共享自然资源上的权利的手段，将在很大程度上取决于有关资源的性质和各国对其的依赖程度。例如，在大多与油气资源开发权的分配有关的海洋划界案例中，国际法庭和仲裁法庭往往采取相当有限和相对不成熟的做法，它们认为公平就是要求领土的分配必须和每个国家毗邻海岸线的长度成比例，且为改善地理异常和偏差所造成的扭曲效果起到矫正性的作用。然而，在共享淡水资源分配的案例中，考虑到共流域国家对所讨论的水资源的社会和经济依赖的程度和紧迫性，国际法的总体原则，

---

① UN Environment Programme (UNEP) Governing Council Res UN Doc 1978/37 (21 July 1978); (1978) 17 ILM 1097.

即"公平合理利用"原则要求采取更具个别性的分配方式。这种方式源自各国在过去 100 年左右的时间里的一贯做法,已被编入很多全球和区域性的约定性和宣示性文书以及特定的水道协定中,这种方式仅仅反映了人们对水资源的直接依赖性,在许多使用水的场合,比如农业灌溉中,无法找到另外一种替代资源。相比之下,在生物多样性遗传资源的背景下,公平指的是公正地分享遗传资源利用所带来的利益。①

由于探讨每一种自然资源的国际立法不在本章的范围内,在某种程度上,本章将重点阐述《国际水资源法》制定过程中用到的立法程序。水资源能够成为一个有趣的研究案例有很多原因。首先,《国际水资源法》的发展要求对适用于自然资源分配的领土主权原则有较为深入的了解。此外,考虑到水资源的环境脆弱性和生态重要性,这些实际的分配规则往往会被具体的环境保护要求覆盖,而这些环保要求又来自更广泛的国际环境法规体系。的确,《国际环境法》和《国际水资源法》的相互联系使这两个法规体系很难分开。显然,为了让法规有效,任何平衡国家利益和相关的环保要求的公平分配的过程,都需要制定国家间沟通和信息交流的程序规则。如上所述,共享国际水资源,不管是地表水还是地下水,由于其天然的易变性这一事实而给国际立法者带来了额外的挑战,通常是可再生的,因而需要对其进行可持续的开采。同时,由于人类、社会和经济都依赖水资源,它通常代表了各国的关键战略利益。此外,没有哪两个流域从水文、生态、经济、社会或政治上来说是相同的,这使水资源国际立法变得更加困难。

因此,虽然《国际环境与自然资源保护法》的法律渊源形式上与其他国际法领域一样,但该领域的国际立法涉及多个对国际法律体系而言非常独特的挑战,需要对国际自然资源法规的制定方式以及影响相关立法程序

---

① 见 art 15 (7) of the Convention on Biological Diversity (adopted 22 May 1992, entered into force 29 December 1993) 1769 UNTS 79, http://www.cbd.int/doc/legal/cbd-en.pdf, and the Nagoya Protocol to the CBD on Access to Genetic Resources and the Fair and Equitable Sharing of Benefits Arising from their Utilization (adopted 29 October 2010, not yet in force), http://www.cbd.int/abs/doc/protocol/nagoya-protocol-en.pdf。

形成的独特力量做出解释。比如，相比在其他领域，国际社会倾向于在这一领域使用更灵活，但往往也更复杂的法律文件，如框架协议，其中只规定了总体目标和原则，但可能创造专门的制度化机制来促进更详尽规则的制定。同样的，要制定由逻辑清晰的规章和准则组成的、新颖的且包容性的法律框架，在很大程度上需要依赖所谓的"软法"。国家通过制定各种不具约束力的建议、声明、行为准则、指南和法典汇编来推进该类规则和原则。此类文件的作用在于允许那些原本犹豫的国家参与到许多国际"立法"制度的早期执行中，而不会有任何意外的和无意的损失主权自由裁量权的风险，并逐渐增强对所提议的合作计划的信心。当然，恪守此类软法准则不仅能产生始终如一的国家实践和确定新兴的习惯规则所必需的法律确信证据，而且普遍接受的软法标准常常会在全球或区域性的条约安排中正式成文。古典和非古典国际法渊源之间的复杂联系使自然资源领域出现了一种非常特别的立法文化，该文化是不断变化的，但最终集中于一些被广泛接受的一般原则上。

在保留已采用的制度的规范性演化能力的同时，另一个保证自然资源利用包容性国际立法的途径是制定和引进广泛的原则。尽管这些原则已经得到了各国的普遍接受，尤其是在全球性和地区性会议上通过的非约束性宣示性法律文件中，但就其规范内容和意义而言，它们往往有些模糊，而且界定不明。在相关国际协议和宣言中，公平利用、利益共享、可持续发展、预防、污染者/使用者付费原则以及代际和代内公平原则这些字眼随处可见，但不能高估这些原则的作用。一名评论家指出，"各国可以依靠这些原则来促进正当的期望，尽管它们的法律地位往往不能被明确地识别出来"[①]。这些原则中的每一个的设计都旨在协调不同的技术系统导致的价值观和方法上的冲突，可以被描述为"跨规范性质"的"开放结构的

[①] L. Boisson de Chazournes, "Features and Trends in International Environmental Law," in Y. Kerbrat and S. Maljean-Bubois, eds., *The Transformation of International Environmental Law*, Pedone & Hart, 2011, pp. 9, 11.

规范"①。事实上，自1992年全球普遍接受《里约宣言》以来，总体上，国际社会采用了可持续发展的总体目标，以与国家的环境、经济和社会需求相平衡的方式，来指导自然资源法领域的国际立法，并确保将环境和社会保护的考虑平衡地纳入一系列相关的国际立法领域。

在识别自然资源国际立法模式的过程中，我们有必要研究这一领域国际法规的渊源，以理解国际社会采用这些传统和非传统渊源的特殊方式。尽管对"法律制定"的研究意味着我们需要做更多的工作，而不只是对法律的"渊源"进行调查，比如，我们需要对影响国际法规的制定和应用的多种制度、文化和地缘政治因素进行研究，但讨论国际法规的渊源能为我们提供一个逻辑结构。在这个逻辑结构内，我们可以对自然资源国际立法的突出特点进行观察。因此，本文的主体部分首先将借助国际法的古典渊源，讨论自然资源国际立法。随后，我们将超越对《国际法院规约》第38条所列举的传统法律渊源的狭隘理解，通过探讨该领域的立法特征，更广泛地审视国际立法程序。

二、古典渊源的国际自然资源法立法

尽管各种对自然资源的开发法规和相关的环境法规与标准进行阐释的国际机构，包括政府间的、非政府间的、立法的、司法的和技术的机构在急剧增多以及国际法规已延伸到涵盖个人和其他非国家行为者的权利与义务，《国际法院规约》第38条第（1）款②仍然是"对国际法院所采用的法律渊源的唯一受到普遍接受的陈述"，尽管就国际自然资源法的法律渊源而言，该条款"是否做

---

① L. Boisson de Chazournes, "Features and Trends in International Environmental Law," in Y. Kerbrat and S. Maljean-Bubois eds., *The Transformation of International Environmental Law*, Pedone & Hart, 2011, pp. 9, 11.

② Statute of the International Court of Justice (adopted 26 June 1945, entered into force 24 October 1945) 961 UNTS 183.

到了穷尽性列举还有待商榷"①。第38条第（1）款只把国际公约、国际惯例和一般法律原则当作约束性国际法的主要渊源和"确定法律规则"、做出司法决定和最优秀的政论家工作的辅助手段。然而，最近这一广泛法规集的发展的狂热步伐，以及由此造成的易变性，可能会导致对任何所谓的法规或原则的渊源或出处产生一些困惑。正如最近国际常设仲裁法庭针对国际环境法指出的，"在国际环境法领域内，关于什么能构成'法规'或'原则'、什么是'软法'和哪一部环境条约法或哪些原则促成了国际惯例法的制定，还存在很大的争议"②。

（一）国际公约

鉴于国际自然资源立法是一个较新的领域，主要涉及发展和执行高度复杂的和技术性的制度，理所当然，公约尤其是多边立法公约，能为我们提供这一领域最重要的法规和原则渊源。迄今为止，在全球和区域层面大量的多边公约被商定，尽管现存的、旨在促进相邻国家在各种自然资源领域的合作的双边、三边或其他"地方化"条约的数量更多。许多条约，特别是那些得到广泛批准的、有全球适用性的和旨在创造持久的管理制度的条约，可被视为"'立法条约'，因为签订这些条约是为了在许多国家之间制定一般行为准则"③。1997年的《联合国水道公约》（UNWC）就是共享水资源领域中，全球立法文件的一个典型例子④，而生物多样性资源领域的典型例子就是1992

---

① P. Bimie, A. Boyle and C. Redgwell, *International Law and the Environment*, 3rd edn, OUP, 2009, p. 15.

② Iron Rhine Arbitration (Belgium v. Netherlands) PCA (2005) para 58, http：//www.pca-cpa.org/showpage.asp?pag_id=1155.

③ P. Sands and J. Peel, *Principles of International Environmental Law*, 3rd edn, CUP, 2012, pp. 96 - 97. 关于立法条约主要见 C. Brolmann, "Law-making Treaties：Form and Function in International Law," *Nordic Journal of International Law*, 2005, 74：383。

④ UN Convention on the Law of the Non-Navigational Uses of International Watercourses (adopted 21 May 1997, in force 17 August 2014) 36 ILM 719 (UNWC), http：//legal.un.org/avl/pdf/ha/clnuiw/clnuiw_ph_e.pdf.

年的《生物多样性公约》①，以及其后补充的2000年的《卡塔赫纳生物安全议定书》②和2010年的《获取和惠益分享名古屋议定书》③。当然，还有很多条约规定了与自然资源的利用和保护相关的义务，尽管它们的首要目的并不是解决这类问题。典型的例子包括区域贸易协定和适用于全球的1947年《关税与贸易总协定》（GATT），其中自然资源和环境问题可能会为非关税贸易壁垒的一般禁止提供一个例外④，以及1982年的《联合国海洋法公约》（UNCLOS）⑤。

在这一领域中，许多多边条约可被视为框架公约，它们仅仅为设计的管理制度的关键原则、实质目标和制度机制提供大致轮廓，详细法规需要随后制定。在相关框架公约的支持下，各缔约国进一步签订更具体的协定或议定书，或通过详细的技术指导，通常由在框架公约下建立的专门制度机制促进或协助这些过程。一系列这样的框架方法已经被采用。例如，1992年的联合国欧洲经济委员会的《跨界水道和国际湖泊保护和利用公约》⑥制订了一项国际制度的纲要。随后，1999年的《水与健康议定书》⑦以及2003年的《民事责任议定书》⑧对其进行了补充。而1979年的《保护野生动物迁徙物种波

---

① Convention on Biological Diversity (n 6).

② Cartagena Protocol on Biosafety to the Convention on Biological Diversity (adopted 29 January 2000, entered into force 11 September 2003) 2226 UNTS 208.

③ Nagoya Protocol (n 6).

④ General Agreement on Tariffs and Trade (adopted 30 October 1947, entered into force 1 January 1948) 55 UNTS 187 (GATT), art XX (b) and (g).

⑤ United Nations Convention on the Law of the Sea (adopted 10 December 1982, entered into force 16 November 1994) 1833 UNTS 3 (UNCLOS). 虽然《联合国海洋法公约》主要关注海上领土划界和海上航行权等问题，但也涉及保护和管理公海生物资源（第116—120条）和保护海洋环境（第145条）。

⑥ UNECE Convention on the Protection and Use of Transboundary Watercourses and International Lakes (adopted 17 March 1992, entered into force 6 October 1996) 31 ILM 1312 (UNECE Water Convention).

⑦ Protocol on Water and Health to the 1992 Convention on the Protection and Use of Transboundary Watercourses and International Lakes (adopted 17 June 1999, entered into force 4 August 2005) 38 ILM 1708, http://www.unece.org/env/water/pwh_text/text protocol.html.

⑧ Protocol on Civil Liability and Compensation for Damage Caused by the Transboundary Effects of Industrial Accidents on Transboundary Waters to the Convention on the Protection and Use of Transboundary Watercourses and International Lakes (adopted 21 May 2003, not yet in force), http://www.unece.org/env/civil-liabiuty/welcome.htmI.

恩公约》① 要求迁徙范围内的国家达成具体的协定②。或者，框架公约会以"保护伞"协定的形式出现，对特定问题签订附加条约。这方面的例子包括《联合国海洋法公约》③，该公约部分内容只有在执行 1995 年的《鱼类资源协定》④ 和 1976 年以及 1995 年的《巴塞罗那地中海保护公约》等协定后才能生效，其中在七项进一步的议定书中做出详细的承诺⑤。

马勒杰-都伯伊斯（Maljean-Dubois）列出了框架公约的几个优点，以解释为何此类公约是"最有效的国家间合作类型"：

> 因为它们允许国际合作建立在特定的基础上……因为它们允许合作的制度化和为激励合法行为与应对违反行为发展集体手段；最后，因为它们还可以允许初始制度通过修订条约、通过议定书，或更简单地，派生法演进。⑥

---

① Convention on Migratory Species of Wild Animals（adopted 23 June 1979, entered into force 1 November 1983）19 ILM（1980）15（CMS）.

② 迄今为止，七个相关的有约束力的协定包括，例如，the 1995 Agreement on the Conservation of African-Eurasian Migratory Waterbirds（AEWA），（2002）Second Session of the MoP（25 27 September 2002）和 18 Memoranda of Understanding have been adopted under the auspices of CMS［Convention on Migratory Species of Wild Animals（adopted 23 June 1979, entered into force 1 November 1983）19 ILM（1980）15（CMS）］.

③ United Nations Convention on the Law of the Sea（adopted 10 December 1982, entered into force 16 November 1994）1833 UNTS 3（UNCLOS）.

④ Agreement for the Implementation of the Provisions of the United Nations Convention on the Law of the Sea of 1982 relating to the Conservation and Management of Straddling Fish Stocks and Highly Migratory Fish Stocks（adopted 4 December 1995, entered into force 11 December 2001）34 ILM（1995）1542（Fish Stocks Agreement）.

⑤ Convention for the Protection of the Marine Environment and the Coastal Region of the Mediterranean（adopted 16 February 1976, entered into force 12 February 1978）15 ILM 290（1976）. 包括 the 1982 Protocol concerning Specially Protected Areas and Biological Diversity in the Mediterranean（amended 1995）; the 1994 Protocol for the Protection of the Mediterranean Sea Against Pollution Resulting from Exploration and Exploitation of the Continental Shelf and the Seabed and its Subsoil; and the 2008 Protocol on Integrated Coastal Zone Management in the Mediterranean。

⑥ S. Maljean-Dubois, "The Making of International Law Challenging Environmental Protection," in Y. Kerbrat and S. Maljean-Bubois, eds., *The Transformation of International Environmental Law*, Pedone & Hart, 2011, pp. 25, 43.

桑兹（Sands）和皮尔（Peel）指出，许多框架协定使用的是一种"三级制订方法（框架性协定、议定书、附件/附录），通过允许根据政治、科学或经济的发展做出法律修正或其他更改而带来了灵活性"①。伯尼（Birnie）、博伊尔（Boyle）和雷奇韦尔（Redgwell）则强调这种安排的优势，"把此类技术标准同条约的基本条款分离开来，以便易于根据技术或科学经验进行修改"，并认为此类标准的作用在于"详述"主要条约的条款。②

当然，自然资源公约通常与其他国际条约具有相同的格式和特征，并受制于1969年《维也纳条约法公约》规定的一般的和大体上是习惯性的条约规则。然而，关于国际自然资源法公约性文件的适用性问题，《维也纳条约法公约》第31条第（3）款第（c）项设想的有限的"进化解释"，通过在解释条约条款时应考虑"适用于各方关系的国际法相关规则"，允许我们依照目前的标准和实践对旧有的文件进行解释。③ 在处理虾-龟案（Shrimp-Turtle case）时，世界贸易组织上诉机构就采用了这种方法。该机构依据后续一系列公约，如1982年的《联合国海洋法公约》、1979年的《保护野生动物迁徙物种波恩公约》、1992年的《生物多样性公约》以及《21世纪议程》④，解释了1947年的《关税与贸易总协定》第XX条第（g）款中提到的"自然资源"的范围。更广泛地说，在加布奇科沃-大毛罗斯案中，国际法院接受了所谓的"同时代性原则"。按照此原则，国际法院在阐释和适用已存条约条款时，可以将

---

① P. Sands and J. Peel, *Principles of International Environmental Law*, 3rd edn, CUP, 2012, pp. 98.

② P. Bimie, A. Boyle and C. Redgwell, *International Law and the Environment*, 3rd edn, OUP, 2009, pp. 18 – 19.

③ 见如 Iron Rhine Arbitration (Belgium v Netherlands) PCA (2005) para s 58 – 59. 进一步见 D. French, Treaty Interpretation and the Incorporation of Extraneous Legal Rules (2006) 55 ICLQ 281; C. MacLachlan, The Principle of Systemic Integration in Treaty Interpretation and Article 31 (3) (c) of the Vienna Convention (2005) 54 ICLQ 279。

④ 见 Import Prohibition of Certain Shrimp and Shrimp Products, Report of the Appellate Body (12 October 1998) WT/DS58/AB/R, 48 – 50 paras 130 – 31; See further, P. Bimie, A. Boyle and C. Redgwell, *International Law and the Environment*, 3rd edn, OUP, 2009, pp. 19 – 22.

后来制定的规范和标准考虑在内①。因此,近几十年来,缔结多边自然资源和环境协定的狂热活动,以及这些协定的广泛的部门覆盖,允许可适用条约条款的逐渐演化,而无须对其进行正式修订。此外,尽管一些关键的立法条约由于其参与要求而未能生效②,《维也纳条约法公约》第18条规定,签署国必须制止违背已经签署的条约的目的和宗旨的行为,除非他们表示有意不成为缔约方。

确实,事实上,在这一领域谈判和缔结国际公约的过程类型的特质,反映了国际社会对鼓励尽可能多的国家参与国际自然资源制度的高度重视。比如,在争取达成全球框架协定的过程中,协商一致的谈判程序和所谓的"一揽子交易"外交手段的广泛使用发挥了重要的作用,确保了在诸如1992年的《生物多样性公约》这类关键的全球立法条约上实现最普遍的参与。③ 此外,许多关于自然资源的多边立法公约,要么不允许对特定条款的保留④,要么严格限制其使用⑤。针对这一限制保留容许性的趋势,桑兹和皮尔给出了两个原因:第一,许多此类条约"是提供一般结构和指引的框架协定,而不是涉及特定活动或做法的具体承诺",鉴于此,任何保留都似乎是多余的或过早的;第二,在一个条约涉及的是:

---

① Case Concerning the Gabtikovo-Nagymaros Project (Hungaria v. Slovakia) [1997] ICJ Rep 7, 78, para 140.

② 值得注意的是,1997年《联合国水道公约》(UNWC) (UN Convention on the Law of the Non-Navigational Uses of International Watercourses (adopted 21 May 1997, in force 17 August 2014) 36 ILM 719 (UNWC), http://legal.un.org/avl/pdf/ha/clnuiw/clnuiw_ph_e.pdf) 直至2014年8月17日尚未完成所需的35个批准并生效。

③ P. Bimie, A. Boyle and C. Redgwell, *International Law and the Environment*, 3rd edn, OUP, 2009, p. 13; S. Maljean-Dubois, "The Making of International Law Challenging Environmental Protection" in Y. Kerbrat and S. Maljean-Bubois, eds., *The Transformation of International Environmental Law*, Pedone & Hart, 2011, p. 36.

④ 例如 Convention on Biological Diversity (1769 UNTS 79, http://www.cbd.int/doc/legal/cbd-en.pdf), art 37 和 2010 Nagoya Protocol (http://www.cbd.int/abs/doc/protocol/nagoya-protocol-en.pdf), art 34。见 P. Sands and J. Peel, *Principles of International Environmental Law*, 3rd edn, CUP, 2012, p. 103。

⑤ 例如 UNCLOS [United Nations Convention on the Law of the Sea (adopted 10 December 1982, entered into force 16 November 1994) 1833 UNTS 3]), art 309。见 P. Sands and J. Peel, *Principles of International Environmental Law*, 3rd edn, CUP, 2012。

极其敏感或极具争议性的事项，尤其是在涉及重要的经济利益的情况下，那么谈判的条约文本往往代表的是一系列微妙的妥协。如果允许一国或数国选择退出某些条款，那么条约将会遭到破坏。灵活性被准备内置于条约文本自身之中。①

（二）习惯国际法

当有效且可适用的公约不存在时、当特定国家没有参与或使用了保留条款而使相关条约体系覆盖不全时，或当阐释模糊条约规定需要帮助时，各国可能会考虑"最先标出该领域界线的习惯规则"②。习惯规则的优势在于它们能普遍适用于所有国家，除非某个国家一直坚持反对有关规则。③ 尽管"当某个新规则的地位仍不确定时，一贯反对国家最多只能维持其反对立场，可一旦该规则确定下来，这些国家就必须受其制约"④。然而，鉴于这是一个相对较新的法律领域，国家实践它的历史不长，习惯国际法中牢固确立的原则相应也很少。毕竟，习惯的形成必须遵循事实和具体情况。⑤ 因此，作为习惯国

---

① P. Sands and J. Peel, *Principles of International Environmental Law*, 3rd edn, CUP, 2012, pp. 103–04.

② S. Maljean-Dubois, "The Making of International Law Challenging Environmental Protection," in Y. Kerbrat and S. Maljean-Bubois, eds., *The Transformation of International Environmental Law*, Pedone & Hart, 2011, p. 41.

③ North Sea Continental Shelf Cases (Federal Republic of Germany v. Netherlands) [1969] ICJ Rep 3; Anglo-Norwegian Fisheries Case (United Kingdom v. Norway) [1951] ICJ Rep 131.

④ D. Charney, The Persistent Objector Rule and the Development of Customary Inter national Law (1985) 56 British Yearbook of International Law 1, cited by P. Bimie, A. Boyle and C. Redgwell, *International Law and the Environment*, 3rd edn, OUP, 2009, p. 25.

⑤ G. Abi-Saab, Cours gdn6ral de droit international public (1987) Recueil des cours de l'Acad6mie de droit international, 128, cited by S. Maljean-Dubois, "The Making of International Law Challenging Environmental Protection," in Y. Kerbrat and S. Maljean-Bubois, eds., *The Transformation of International Environmental Law*, Pedone & Hart, 2011, pp. 42–43.

第一部分　全球资源治理：对象与行动

际法规则而存在的几个关键原则依然在激烈争论中。① 但是，国际社会显然已经采取了合理放松的方式来认可该领域的国际法习惯规则和原则。也许我们这样说才更恰当，就此类规则而言，与国际法的其他领域比起来，"习惯法旧有的检测变得越来越不相关，因为从传统意义上讲，更新一些的法律并不能成为习惯：'它们是最近制定的、具有创新性、涉及典型的政策决定和是争议的焦点。'"② 伯尼、博伊尔和雷奇韦尔援引了如1992年《里约宣言》等具有的强大立法效果的文件来阐述这一观点。桑兹和皮尔也表示国际法院"将以更灵活和务实的方式来理解这些习惯规则的存在"③。最后，国际自然资源法中习惯规则的存在和规范地位将通过"逐步收集重复出现的条约规定、国际组织做出的提议、国际会议结束时通过的决议以及其他可以说对国家惯例产生了影响的文本"进行定义。④

然而，有一个国际法习惯规则不仅与国际自然资源法高度相关，而且已被普遍公认为惯例，那就是各个国家都有责任防止严重跨境损害⑤。这种"防

---

① 对预防原则的习惯地位的怀疑观点参见如 D. Bodansky, Customary (And Not So Customary) International Environmental Law (1995) 3 Indiana Journal of Global Legal Studies 105。For a more optimistic view, see eg O. McIntyre and T. Mosedale, The Precautionary Principle as a Norm of Customary International Law' (1997) 9 Journal of Environmental Law 221。

② P. Bimie, A. Boyle and C. Redgwell (*International Law and the Environment*, 3rd edn, OUP, 2009) 援引了 R Jennings, What is International Law and How Do We Tell it When We See It (1981) 37 Annuaire Suisse de Droit International 59, 67, 虽然他们也引用 Bodansky [Customary (And Not So Customary) International Environmental Law (1995) 3 Indiana Journal of Global Legal Studies 105]) 作为一个更加怀疑的观点。

③ P. Sands and J. Peel, *Principles of International Environmental Law*, 3rd edn, CUP, 2012, p. 114.

④ P. M. Dupuy, "Overview of the Existing Customary Legal Regime Regarding International Pollution," in D. B. Magraw ed. , *International Law and Pollution*, University of Pennsylvania Press, 1991, p. 61.

⑤ 见 Trail Smelter Arbitration (United States v. Canada), (1941) 3 RIAA 1965 and (1941) 35 American Journal of International Law 684; Corfu Channel Case [1949] ICJ Rep 1, 4 and 22; Principle 21 of the Declaration of the UN Conference on the Human Environment (adopted 16 June 1972) 11 ILM 1416 (1972) (1972 Stockholm Declaration); Principle 2 of the Declaration of the UN Conference on the Human Environment (adopted 14 June 1992) 31 ILM 876 (1992) (1992 Rio Declaration); Legality or Threat of Nuclear Weapons (Advisory Opinion) [1996] ICJ Rep 226 para 29; Gabcikovo-NagymaroCase Concerning the Gabtikovo-Nagymaros Project (Hungary v. Slovakia) [1997] ICJ Rep 7, 78, 77 para 140; Pulp Mills on the River Uruguay (Argentina v. Uruguay) [2010] ICJ Rep 14. para 101。

49

止义务"或"不伤害原则"与很多法律格言和学说相关,在普通法法系和民法法系中都很明显,包括"行使你自己的权利,但不要损害他人的权利(sic utere tuo ut alienum non laedas)"的格言、权力滥用的理论(abus de droit, Rechtsmissbrauch)以及睦邻友好理论(droach international de voisinage, Nachbarrecht)。马勒杰-都伯伊斯的观点令人信服,在某种程度上解释了该习惯规则受到普遍认可的原因[1],他指出这种义务"之所以能成功地维护其惯例法的性质,是因为它以尊重领土主权为基础……认为尊重领土主权是……有平等主权关系的国家和谐共存和保持'良好睦邻关系'的基本原则"[2]。实际上,在最近的纸浆厂案中,国际法院似乎承认该国际法规则是其他许多国际自然资源习惯法规则的源泉,比如要求对某个提议的工业设施或活动的跨界环境(和社会)影响进行全面评估的准则,以履行预防责任所固有的尽职调查义务[3]。一位评论员甚至表示,"我们几乎可以认定(国际自然资源法和国际环境法的)其他所有习惯规则都起源于这个国际法习惯规则"[4]。

除了防止重大跨境损害的责任外,有可能成为惯例的实质性规则包括:

> 在与共享自然资源相关的环境问题上合作的义务;采取一般措施保护海洋环境免受损害的义务;采取措施保护濒危动植物物种,并防止其受到伤害的义务。[5]

---

[1] 见 S. C. McCaffrey, *The Law of International Watercourses: Non-Navigational Uses*, OUP, 2001, pp. 349 – 353。

[2] S. Maljean-Dubois, "The Making of International Law Challenging Environmental Protection," in Y. Kerbrat and S. Maljean-Bubois, eds., *The Transformation of International Environmental Law*, Pedone & Hart, 2011, p. 42.

[3] 详见 O. McIntyre, The Proceduralization and Growing Maturity of International Water Law。Case Concerning Pulp Milk on the River Uruguay (Argentina v. Uruguay) (2010) 22 Journal of Environmental Law 475。

[4] S. Maljean-Dubois, "The Making of International Law Challenging Environmental Protection," in Y. Kerbrat and S. Maljean-Bubois, eds., *The Transformation of International Environmental Law*, Pedone & Hart, 2011, p. 42.

[5] P. Sands and J. Peel, *Principles of International Environmental Law*, 3rd edn, CUP, 2012, p. 116.

另一个明显的例子是以"公平合理"的方式使用共同的国际水道，这是国际水资源法律牢固确立的基本规则。① 在更加模糊的国际法的"指导性原则"中，污染者付费原则、预防原则和共同但有区别的责任原则有可能具备习惯地位。② 国际法中，许多程序性规则具有明确的制定规范的性质。③ 并且，两个密切相关的义务，即针对那些有可能被提议的项目或活动影响到的国家，相关方有通知和咨询这些国家的义务，相关方还有就潜在跨境影响进行环境（和社会）影响评估的义务，如今这些已经被确立为惯例。④ 鉴于区域制度和全球制度一样，长期以来发挥着重要的作用，在国际自然资源法的制定中，习惯规则可能具有区域性质，且反映的是特定区域的特殊利益、需求和能力，这一点非常重要。

当然，"习惯规则和公约规则并非单独起作用，相反，它们之间有着密切的联系，能相互孕育和促进"⑤。这种密切的"相互依存"的关系体现在以下事实中，即一个条约的签订和实施可能反映了一个习惯法规则的存在，一个条约也有可能将一个习惯法规则编为法典，或进一步阐明该规则和各国在条约制定以及遵循条约义务上的实践会促进习惯法的持续发展。⑥ 要确定一个公约规则是否构成习惯规则，国际法院的建议是，"为达到此目的，在起草公约

---

① 详见 O. McIntyre, *Environmental Protection of International Watercourses under International Law*, Ashgate 2007, 53ff。

② P. Sands and J. Peel, *Principles of International Environmental Law*, 3rd edn, CUP, 2012, p. 116.

③ 详见 P. Okowa, Procedural Obligations in International Environmental Agreements (1996) 67 British Yearbook of International Law 275。

④ Pulp Mills on the River Uruguay (Argentina v. Uruguay) [2010] ICJ Rep 14. para 204. 关于这些程序规则之间的一般联系以及这些程序规则和关键的实质性规则之间的关系见 O. McIntyre, "The Contribution of Procedural Rules to the Environmental Protection of Transboundary Rivers," in L. Boisson de Chazourne; ao eds., *Freshwater and International Law: The Multiple Challenges*, Edward Elgar, 2012 p. 359。

⑤ S. Maljean-Dubois, "The Making of International Law Challenging Environmental Protection," in Y. Kerbrat and S. Maljean-Bubois, eds., *The Transformation of International Environmental Law*, Pedone & Hart, 2011, p. 41. 见 gen BB Jia. The Relations between Treaties and Custom (2010) 9 Chinese Journal of International Law 81。

⑥ P. Sands and J. Peel, *Principles of International Environmental Law*, 3rd edn, CUP, 2012, pp. 113, 115.

时,我们有必要审查相关原则的地位,因为公约规则取决于公约的效力,并且是以公约制定后各国的实践为基础"①。预防责任或"不伤害"规则至少自1941年以来就被视为惯例②,并经常被融入具有约束力的条约和宣言性文件中③,这恰当地反映了这种紧密却复杂的关系。即使一个条约还未生效,也可能"促进习惯国际法的制定,或更清楚地说,反映此前就已经存在的习惯国际法"④。事实上,据说有声望的法理学家罗伯特·詹宁斯爵士(Sir Robert Jennings)应该在一份申明中针对1992年的《联合国里约环境和发展公约》表示,"国际法院的首要任务是,通过使用确立的规则和标准,来决定多边条约中的规定是否已从纯粹的契约规则发展成为一般习惯国际法的规则"⑤。

---

① North Sea Continental Shelf Cases North Sea Continental Shelf Cases (Federal Republic of Germany v. Netherlands) [1969] ICJ Rep 3, 37 para 60. See also Case Concerning the Military and Paramilitary Activities in and Against Nicaragua (Nicaragua v. United States of America) (Judgement) [1986] ICJ Rep 14.

② 见 Trail Smelter Arbitration (United States v. Canada), (1941) 3 RIAA 1965 and (1941) 35 American Journal of International Law 684。

③ 见 Principle 21 of the 1972 Stockholm Declaration and Principle 2 of the 1992 Rio Declaration [Principle 21 of the Declaration of the UN Conference on the Human Environment (adopted 16 June 1972) 11 ILM 1416 (1972) (1972 Stockholm Declaration); Principle 2 of the Declaration of the UN Conference on the Human Environment (adopted 14 June 1992) 31 ILM 876 (1992) (1992 Rio Declaration)]. 关于一个包含"不伤害"规则的多边自然资源公约的例子,请参见 UN Convention on the Law of the Non-Navigational Uses of International Watercourses (adopted 21 May 1997, in force 17 August 2014) 36 ILM 719 (UNWC), art 7, http://legal.un.org/avl/pdf/ha/clnuiw/clnuiw_ph_e.pdf。

④ P. Sands and J. Peel, *Principles of International Environmental Law*, 3rd edn, CUP, 2012, p. 103, 援引 Gabcikovo-Nagymaros case 的例子,其中国际法院称最近通过的 1997 UNWC [UN Convention on the Law of the Non-Navigational Uses of International Watercourses (adopted 21 May 1997, in force 17 August 2014) 36 ILM 719 (UNWC), http://legal.un.org/avl/pdf/ha/clnuiw/clnuiw_ph_e.pdf] 为"国际法的现代发展"的证据,(1997) ICJ Reports 7, at 56 para 85。

⑤ 声明全文转载于 R. Jennings, Need for Environmental Court? (1992) 22 (5/6) Environmental Policy and Law 312, 313 and in (1992) 1 Review of European Community and International Environmental Law 240, 并被引用于 M. Fitzmaurice, "Environmental Protection and the International Court of Justice," in V. Lowe and Fitzmaurice eds., *Fifty Years of the International Court of Justice*, CUP, 1996, pp. 293, 300。

（三）一般法律原则

关于《国际法院规约》第 38 条第（1）款提到的"文明国家认可的一般法律原则"，目前仍无法确定此条款的目的仅仅是允许国际法院在已确立的国际法规则出现缺漏时使用普遍接受的国内法原则，还是允许其使用常见于自然资源和环境条约以及宣言性文件，尤其是 1972 年《斯德哥尔摩宣言》和 1992 年的《里约宣言》中的各种国际法"原则"。前一种情况包括所有国家本国法院接受的"自然正义"一般原则，其主要用来"在法律出现缺漏时避免任何可能出现的案情不明"①。权力滥用和诚信原则就经常被视为该类"一般原则"的例子。② 然而，伯尼、博伊尔和雷奇韦尔却警告称，国际仲裁法庭并没有机械地从国内法中引进一般原则，而仅仅是"援引了法定推理和私法类推的元素"，因此"在涉及环境的领域，来自国内法类推的一般原则只在一定程度上有用"③。马勒杰-都伯伊斯也承认，该类原则在国际自然资源法和环境法的制定中起到的作用有限，他表示"为了填补公约法或习惯法的空白，这些原则（应该）在诸如环境保护的新领域中比在更加传统的领域中扮演着先验性的，且更重要的角色"④。

后一种类型的一般原则包括各国在其公约性或宣言性实践中例行支持的环境法的指导性原则，比如预防原则、污染者付费原则和共同但有区别的责任原则。如果这些原则属于这一国际法渊源，它们就会独立地施加其习惯或公约地

---

① P. Birnie, A. Boyle and C. Redgwell, *International Law and the Environment*, 3rd edn, OUP, 2009, pp. 26 – 27.

② 见 Case of the Free Zones of Upper Saxony and the District of Gex (Switzerland v. France) PCIJ Rep Series A/B No. 46, at 167。

③ P. Birnie, A. Boyle and C. Redgwell, *International Law and the Environment*, 3rd edn, OUP, 2009, p. 27。

④ S. Maljean-Dubois, "The Making of International Law Challenging Environmental Protection," in Y. Kerbrat and S. Maljean-Bubois, eds., *The Transformation of International Environmental Law*, Pedone & Hart, 2011, p. 44。

位的影响。在加布奇科沃-大毛罗斯案中，国际法院对可持续发展原则的依赖"或许对国际社会认可的原则在国际环境法中所起的作用提供了最好的阐释"[1]。然而，大多数知名评论家对这些原则的自治性表示了怀疑。[2]

在前种一般原则中，"公平"的概念，在本文中可定义为"对公正、合理和理智地应用更稳定的法律规则时所必需的政策的考量"[3]，对国际自然资源法规则的建立、执行和应用起到至关重要的作用[4]。鉴于在许多国家法律体系中，我们都可以找到公平和特定的公平原则的概念，公平也可以作为构成国际法的规范集的一部分发挥作用。[5] 哈德森（Houdson）法官在默兹河（River Meuse）案中，确认了国际仲裁法庭在调解国家间纷争时，可以在无须获得相关方明确授权的情况下，应用公平原则。在该案中，哈德森法官表示，"长期以来，广为人知的公平原则就被视为国际法的一部分，因此，国际仲裁法庭才经常使用公平原则"[6]。长久以来，公平一语一直是国际自然资源法的核心。比如，代内公平[7]和代际公平[8]原则是在可持续发展相关的

---

[1] B. P. Bimie, A. Boyle and C. Redgwell, *International Law and the Environment*, 3rd edn, OUP, 2009, p. 28.

[2] 例如 S. Maljean-Dubois, "The Making of International Law Challenging Environmental Protection," in Y. Kerbrat and S. Maljean-Bubois, eds., *The Transformation of International Environmental Law*, Pedone & Hart, 2011, p. 44。

[3] I. Brownlie, Principles of Public International Law, (4th edn, OUP, 1990), 26. See also Lowe, The Role of Equity in International Law (1992) 12 Australian Yearbook of International Law 54.

[4] 详见 O. Mclntyre, Utilisation of Shared International Fresh waters-The Meaning and Role of "Equity" in International Water Law (2013) 38 Water International 112；也见 T. M. Franck, *Fairness in International Law and Institutions*, Clarendon, 1995, p. 56。

[5] Lowe, The Role of Equity in International Law (1992) 12 Australian Yearbook of International Law 55.

[6] Diversion of Water from the River Meuse (Netherlands v. Belgium) PCIJ Series A/B No. 70, 76–77.

[7] L. Rajamani, Differential Treatment in International Environmental Law (OUP, 2006); P. Cullet, Differential Treatment in International Environmental Law (Ashgate, 2003), D. B. Magraw, Legal Treatment of Developing Countries: Differential Contextual and Absolure Nonm (1990) 1 Colorado Journal of International Environmental Law and Policy 69.

[8] E. Brown Weiss, *In Fairness to Future Generations: International Law Common Patrimony, and Intergenerational Equity*, (United Nations University, 1989); C. Redgwell, *Intergenerational Trusts and Environmental Protection*, University of Manchester Press, 1999.

法律背景中出现的。这两个原则分别旨在确保自然资源利用时，发达国家和发展中国家以及当代人和后代人之间某种程度上的公平。同样，1978年，联合国环境规划署（UNEP）就指出公平是国家间合作的关键要求，"目的是为了控制、预防、减轻或消除（共享的自然）资源……利用可能带来的负面环境影响"①。事实上，1974年，国际法院就寻求一种"公平的解决方案，处理共享渔业资源的分配问题"②。在一些宣言性以及公约性文件中，国际自然资源法越来越依赖公平。比较知名的例子有1992年《里约宣言》的原则（3）和1992年《生物多样性公约》第1条和第15条第（7）款。当然，公平的概念绝对是可持续发展原则的核心，而可持续发展原则又是现代自然资源法的首要目标，这已经在里约联合国环境与发展会议（UNCED）上得到各国的普遍认可。这促使桑兹和皮尔认为，"就各方面来说，联合国环境与发展会议就是关于公平的"，主要是因为，"在没有详细规则的情况下，公平能提供一个方便灵活的办法，晚些时候决定权利和义务的范围。"③ 国际法委员会在2001年的《预防危险活动的跨界损害条款草案》第9条和第10条中响应了这一趋势，要求各国"在公平的平衡利益的基础上，寻找与预防重大跨境损害所采取的措施相关的解决方案"④。

（四）司法和仲裁法庭

尽管《国际法院规约》第38条第（1）款指出，司法和仲裁决策者是

---

① UNEP Draft Principles on Conduct in the Field of the Environment for Guidance of States in the Conservation and Harmonious Utilization of Natural Resources Shared by Two or More States, UNEP Governing Council Decision 6/14 17 ILM 1097 (19 May 1978).

② Fisheries Jurisdiction (United Kingdom v. Iceland) [1974] ICJ Rep 3; Fisheries Jurisdiction (United Kingdom v. Federal Republic of Germany) [1974] ICJ Reports 174.

③ P. Sands and J. Peel, *Principles of International Environmental Law*, 3rd edn, CUP, 2012, pp. 213 – 214.

④ ILC, Draft Articles on the Prevention of Transboundary Harm from Hazardous Activities, Report of the International Law Commission on the Work of its 53th Session (2001) UN Doc A/56/10.

"辅助性的"法律渊源，司法和仲裁决策者"通过参与法律原则和规则的制定及执行这些原则和规则，在自然资源法领域起着独特的作用，并使这些原则和规则产生效力"①。例如，在加布奇科沃-大毛罗斯案中，国际法院认可了可持续发展原则具有约束性的法律特性，并将其理解为"各国需调和经济发展与环境保护"②。再如，国际法院在纸浆厂案中做出裁决，在大型建筑项目中运用可持续发展原则可以理解为：

> 一般国际法要求，当提议的工业活动有可能带来严重的负面跨境影响，尤其是在共享资源领域时，相关方应进行环境影响评估。③

虽然国际法院或其他国际性法庭与仲裁法庭没有正式的先例，但司法和仲裁决策者在涉及法律的现有状态及其在实际情况中的正确应用时，能提供权威的决定。因此，这些决定提供了"一种识别和解释而不是制定法律的来源"，但只是通过"规范累积"（normative accretion）的过程来促进国际法的制定。④ 通过决定和裁决的累积，司法和仲裁决策者能帮助法律从业人员在快速发展、复杂的相互关联的国际规则体系中找准方向，而这些国际规则体系的设立是为了平衡处于争议中的各方的多维利益冲突。实际上，针对特定的争端，国际法院通常只会列出并阐述可适用的法律原则，好让相关方能自行

---

① L. Boisson de Chazournes, "Features and Trends in International Environmental Law," in Y. Kerbrat and S. Maljean-Bubois, eds., *The Transformation of International Environmental Law*, Pedone & Hart, 2011, p.17.

② Case Concerning the Gabtikovo-Nagymaros Project (Hungaria v. Slovakia) [1997] ICJ Rep 7, 78, para 140.

③ Pulp Mills on the River Uruguay (Argentina v. Uruguay) [2010] ICJ Rep 14. para83.

④ S. Maljean-Dubois, "The Making of International Law Challenging Environmental Protection," in Y. Kerbrat and S. Maljean-Bubois, eds., *The Transformation of International Environmental Law*, Pedone & Hart, 2011, p.45, quoting G. Abi-Saab, Cours gdn6ral de droit international public (1987) Recueil des cours de l'Acad6mie de droit international, 129 and 131.

合作，找出有效的解决办法。①

自1893年的海狗仲裁案②以来，国际法院和仲裁法庭一直在对自然资源案件表态，且评论家们赞同各国越来越倾向于把自然资源领域内的争端提交到国际法院进行判决或仲裁。③ 桑兹和皮尔指出④，提交到这种第三方争端解决机构的国家间争端案件，除其他外，涉及国际性河流的改道或筑坝⑤、渔业资源保护⑥、海洋环境保护⑦、生物资源保护地进口限制⑧、针对具有潜在危害的活动通知有关方或与有关方进行商讨的程序义务⑨、环境影响评估⑩、采矿后的土地恢复⑪、海床活动方面的环境义务⑫和海洋保护区⑬。在与自然资源问题直接相关的案件中，除国际法院和仲裁法庭的判决外，其他法

---

① 见例如 the Judgment of the ICJ in Gabčíkovo-Nagymaros。

② "根据1892年2月29日于华盛顿缔结的美国……和英国之间的条约，在巴黎召开的仲裁法庭诉讼，以确定两国政府间关于美国在白令海水域管辖权的问题"（Arbitral Award of 15 August 1893）。

③ 见如 P. Sands and J. Peel, *Principles of International Environmental Law*, 3rd edn, CUP, 2012, p. 137 and S. Maljean-Dubois, "The Making of International Law Challenging Environmental Protection," in Y. Kerbrat and S. Maljean-Bubois, eds., *The Transformation of International Environmental Law*, Pedone & Hart, 2011, p. 45。

④ P. Sands and J. Peel, *Principles of International Environmental Law*, 3rd edn, CUP, 2012.

⑤ Lac Lanoux Arbitration (Spain v. France) (1957) 24 ILR 101, Gut Dam Arbitration (United States v. Canada) (1969) 8 ILM 118, Gabčíkovo-Nagymaros Project.

⑥ Fisheries Jurisdiction Case, Southern Bluefin Tuna Cases (New Zealand v. Japan) (Provisional Measures, Order of 27 August 1999).

⑦ MOX Plant Case (Ireland v. United Kingdom) (Provisional Measure Order of 3 December 2001).

⑧ United States-Measures on Yellow-Fin Tuna Imports, GATT Doc. / DS21/R (1991); United States: Import Prohibition on Certain Shrimp and Shrimp Products, (1999) 38 ILM 118.

⑨ Pulp Mills on the River Uruguay (Argentina v. Uruguay) [2010] ICJ Rep 14.

⑩ Case Concerning the Gabtíkovo-Nagymaros Project (Hungary v. Slovakia) [1997] ICJ Rep 7, 78, para 140.

⑪ Certain Phosphate Lands in Nauru (Nauru v Australia), [1992] ICJ Rep 240.

⑫ Responsibilities and Obligations of States Sponsoring Persons and Entities with Respect to Activities in the Area (No. 17) (Advisory Opinion of 1 February 2011).

⑬ ITLOS Press Release, "毛里求斯对英国提出的关于与查戈斯有关的'海洋保护区'的争端的仲裁程序中仲裁庭庭长任命了三名仲裁员", ITLOS/Press 164, http://www.itlos.ore/tileadmin/itlo.s/documents/pre, ss releases english/press/pres-164-eng..pdf。

院和仲裁法庭的判决也与国际自然资源法的规则的制定有关,包括国际海洋法法庭(ITLOS)、在国际投资争端解决中心(ICSID)或北美自由贸易协定(NAFTA)/联合国国际贸易法委员会(UNCITRAL)支持下成立的国际投资仲裁法庭、区域性人权法庭以及世界贸易组织的争端解决和上诉机构。

(五)政论家

尽管国际法院和仲裁法庭会不时引用《国际法院规约》第38条第(1)款中提到的"最优秀的政论家"的理论,且国际法从业者也会基于他们的理论,来表述自己对每天都在遵守、应用和发展的规则与原则的理解,但"很难量化"这些理论的影响。① 然而,国际法院和仲裁法庭却大量参考了国际法委员会(ILC)和学术性协会,如国际法研究院(IIL/IDI)和国际法协会(ILA)制定的某些法典。例如,几乎每一份现代共享国际水道协定大大遵循或恭敬地引用了1966年国际法协会研讨会发布的《关于国际河流水域使用的赫尔辛基规则》②,而国际法院更在多个场合中大量引用了国际法委员会制定的草案条款和相关评注③。

三、第38条之外的国际自然资源法立法

解释国际自然资源法的特性时,关注自然资源领域国际立法技术进程的

---

① S. Maljean-Dubois, "The Making of International Law Challenging Environmental Protection," in Y. Kerbrat and S. Maljean-Bubois, eds., *The Transformation of International Environmental Law*, Pedone & Hart, 2011, p.45.

② 1966年8月在赫尔辛基举行的国际法协会研讨会第52次会议上通过;Report of the Committee on the Uses of the Waters of International Rivers (London, International Law Association 1967)。

③ 例如 S. Maljean-Dubois, "The Making of International Law Challenging Environmental Protection," in Y. Kerbrat and S. Maljean-Bubois, eds., *The Transformation of International Environmental Law*, Pedone & Hart, 2011, p.45,法院在很大程度上依赖委员会在加布奇科沃—大毛罗斯案[Case Concerning the Gabtikovo-Nagymaros Project (Hungary v. Slovakia)]中作出的决定,"特别是关于必要状态的概念"。

一些特点以及这一规则体系的渊源将很有帮助。在这些特性中，其中一个是非约束性"软法"文书在相关国际法规则制定中所起到的关键作用。① 马勒杰—都伯伊斯强调了与自然资源相关的现代国际法这一领域问题的复杂性。例如，他指出，与这一领域密切相关的"环境"这一概念的界线仍不固定，有时这个概念包括文化遗产和景观，并包括在人类中心和生态中心价值观之间的摇摆游移。② 其他特性还包括在自然资源领域国际、跨国和国内法传统界线的改变和随之而来的新行为体的参与，以及在其他规范性领域中融入自然资源和环境规范。

（一）对"软法"的依赖

正如许多知名评论家指出的，"环境法（同时意味着自然资源法）的一个特征是各个国家形成了各种形式的非约束性声明和准则，制定了一系列不具约束性的规则和标准"③。虽然所谓"软法"文件最早应用于国际经济法领域，但其在国际自然资源法规则制定中起到了巨大的作用。④ 博丹斯基（Bodansky）对习惯国际法中一系列所谓的准则的习惯地位表示了质疑，并称这些准则仅仅是"宣言性"的，尽管如此，博丹斯基也承认此类准则在促进自愿遵从以及双边和多边谈判中扮演着重要角色。博丹斯基在结论中称它们：

---

① 参见 D. Shelton ed., *Commitment and Compliance*: *The Role of Non-binding Norms in the International Legal System* (OUP, 2000), pp. 121 – 242。

② S. Maljean-Dubois, "The Making of International Law Challenging Environmental Protection," in Y. Kerbrat and S. Maljean-Bubois, eds., *The Transformation of International Environmental Law*, Pedone & Hart, 2011, p. 27ff. 参见国际法院对1996年7月8日关于"威胁或使用核武器的合法性（Legality or Threat of Nuclear Weapons）"第242页第29段的咨询意见中关于"环境"的人类中心观念，在加布奇科沃—大毛罗斯案 [Case Concerning the Gabtikovo-Nagymaros Project (Hungary v. Slovakia)] 第3页第53段被引用。

③ M. A. Fitzmaurice, International Environmental Law as a Special Field (1994) 25 *Netherlands Yearbook of International Law* 181, 199.

④ 关于"软法"的起源见 Fitzmaurice, ibid, 200 – 201.

能通过设置辩论措辞、提供评判标准、为批评他国行为提供基础并建立一个原则框架,供各国在这个框架内进行协商,以制定更具体的准则,通常在条约中能起到重要作用。①

迪普伊(Dupuy)指出,软法在影响国家实践从而形成习惯法上起到了重要作用。迪普伊表示这些准则:

已经逐渐渗透到当代国家实践中。在某些情况下,这些准则对相关国际标准定义的确立做出了重要贡献。而正是在这些国际标准的基础上,我们才可以期望一个"治理良好的"现代国家履行其尽职调查责任。②

迪普伊还强调了这类软法规范在阐释具有约束力的国际法"硬法"规范时所发挥的作用。③ 另一方面,霍曼(Hohmann)则认为,在识别这一领域习惯规则的过程中,软法文件的首要作用在于各国"巩固法律确信文档的各项指标"④。

(二)技术复杂性和国际机构的角色

针对自然资源的国际立法,顾名思义,包括采用技术上复杂的、能对各

---

① D. Bodansky, Customary (And Not So Customary) International Environmental Law (1995) 3 Indiana Journal of Global Legal Studies118 19.

② P. M. Dupuy, "Overview of the Existing Customary Legal Regime Regarding International Pollution," in D. B. Magraw ed., *International Law and Pollution*, University of Pennsylvania Press, 1991, p. 61.

③ 声明全文转载于 R. Jennings, Need for Environmental Court? (1992) 22 (5/6) Environmental Policy and Law 312, 313 and in (1992) 1 Review of European Community and International Environmental Law 240, 并被引用于 M. Fitzmaurice, "Environmental Protection and the International Court of Justice," in V. Lowe and Fitzmaurice eds., *Fifty Years of the International Court of Justice*, CUP, 1996, pp. 293, 300。

④ H. Hohmann, *Precautionary Legal Duties and Principles of Modern International Environmental Law*, Graham & Trotman, 1994, p. 336.

国经济政策和发展目标产生重要影响的规则，一系列广泛的国际机构在促进国家间协议的达成上发挥着重要作用。联合国及其各个专门的、区域性的机构和项目"在设立立法议程和提供谈判场所及专门知识方面一直起到举足轻重的作用"[1]。当然，许多国际机构主要关注的领域并不是自然资源和环境保护领域，但为了与可持续发展的目标保持一致，这些国际机构同样能在相关规则和标准的阐释上起到重要作用。例如，涉及自然资源时，负责国际贸易监管或解决国际投资争端的国际机构可能会影响到与它们所涉及的活动的结果。

显然，国际法自然资源领域的问题所具有的技术复杂性决定了科学专业知识在立法中起着至关重要的作用，要求在法律制定和应用的每一阶段，科学家和律师们都要进行密切的合作，就像在共享国际水资源管理上，国际机构内部进行的密切合作一样。"科学家们明确要求成熟的国际机构告知决策过程，当这方面出现意见不一时，科学与法律之间永久性的对话就成了困难的来源，就像过去发生在国际气候制度领域的一样。过去国际气候制度上产生的困难也恰恰凸显了政府间气候变化专门委员会（IPCC）工作的重要意义。[2] 然而，大多数传统自然资源制度是利用科学机构来应付其中出现的技术和科学问题，从而促进该制度逐渐演化。在政府间气候变化专门委员会经验的基础上，国际社会于2012年4月在生物多样性领域内建立了一个类似的机构，即生物多样性和生态系统服务政府间科学政策平台（IPBES）。之所以设立这个机构，是因为"在处理生物多样性、生态系统服务和人类之间复杂的关系时，决策机构需要独立的，且科学上真实可信的信息"[3]。

---

[1] P. Bimie, A. Boyle and C. Redgwell, *International Law and the Environment*, 3rd edn, OUP, 2009, p. 13.

[2] S. Maljean-Dubois, "The Making of International Law Challenging Environmental Protection," in Y. Kerbrat and S. Maljean-Bubois, eds., *The Transformation of International Environmental Law*, Pedone & Hart, 2011, pp., 29 – 30.

[3] http://www.ipbes.net/about-ipbes.html.

（三）多层治理

正如国际环境法一样，国际自然资源法立法的一个特点是多层治理。相关规则可以同时在双边、区域和全球层面上获得通过并加以运用。随着时间的推移，我们加深了对很多资源相互关联的性质以及这些资源的使用所带来的环境影响的理解，在立法中，各国的焦点已经从旨在确保邻国间最小化合作的双边协议，转移到了旨在保护各国区域性，或是全球性共同利益的多边协议。虽然，不同层面的规范性不一致制度会带来困惑，并且全球层面共享价值观的缺乏还可能会引起对西方偏见的担忧，但共同却有区别的责任原则可以在协调这些分歧上起到重要作用。虽然区域性合作依然很重要，也往往更有效，尤其是涉及离散分布的地区化资源和生态单元时，比如区域海洋或共享流域，但重点转移到全球协议意味着国际自然资源法基本目标的根本性转变，因此，"最让人信服的特性描述不再是睦邻关系，而是环境托管……（和）对全球层面集体利益，而不仅仅是国家内部利益的关注"[①]。很明显，"国际行为体和国际机构在资源管理中引入了各自的观念和优先任务"[②]。当然，这种转变必然意味着国际法这一领域的实践出现深刻的改变，"带来了技术、程序和法律概念的真正变革"[③]。实际上，马勒杰-都伯伊斯甚至称，国际自然资源和环境法的这种趋势引领着各国在全球层面的"共同体化"，即超越监管和共存功能有限且建立在相互义务基础上的传统"自由"国际法，"进入管理国家和个人生活，并可称作人类集体福祉的最

---

① P. Birnie, A. Boyle and C. Redgwell, *International Law and the Environment*, 3rd edn, OUP, 2009, p. 39. See S. Maljean-Dubois, "The Making of International Law Challenging Environmental Protection," in Y. Kerbrat and S. Maljean-Bubois, eds., *The Transformation of International Environmental Law*, Pedone & Hart, 2011, p. .33.

② E. Blanco and J. Razzaque, *Globalisation and Natural Resources Law*, Edward Elgar, 2011, p. 4.

③ S. Maljean-Dubois, "The Making of International Law Challenging Environmental Protection," in Y. Kerbrat and S. Maljean-Bubois, eds., *The Transformation of International Environmental Law*, Pedone & Hart, 2011, p. 33.

终监护人的多功能的天赐法……这种天赐法的执行不需要依赖于其他各方对法律的实施"①。

鉴于随着大量行为体加入立法过程,不断出现的各种规则、标准和程序扮演着新的、非传统的角色,一位知名评论员指出国际法这一领域"促进、伴随并指导着预期行为变化;它使新情况变得合法,对政治上接受的语言的阐释做出了贡献",就这个目的而言"所有规范的方式都是有用的"。② 布瓦松·德·沙祖尔内(Boisson de Chazournes)举例称,"ISO 26000 规范具有的规范化作用很重要,但在国际法渊源的古典结构中却找不到类似的规范"③。当然,国际标准化组织(ISO)采用的标准为我们提供了一个可以通过"全球行政法"现象来解释的非正式规则的例子,用于应对处于快速变动中的跨国管理,除其他外,包括各种形式的业界自律、私私及公私混合形式的管理、各国官员采取的网络治理以及具有直接或间接监管权力的政府间组织治理。对各种现代形式的国际自然资源和环境规则采取此种分析方法的倡导者表示,这些完全不同的监管机制,有的是自发性质,有的是强制性质,能在不同的层面上执行(特定领域、国家、区域以及全球层面):

它们一起形成了一种丰富多样的"全球行政管理空间",包括国际机

---

① 引自 E. Jouannet 多篇文章。

② L. Boisson de Chazournes, "Features and Trends in International Environmental Law," in Y. Kerbrat and S. Maljean-Bubois, eds., *The Transformation of International Environmental Law*, Pedone & Hart, 2011, p. 10; 也见 S. Maljean-Dubois, "The Making of International Law Challenging Environmental Protection," in Y. Kerbrat and S. Maljean-Bubois, eds., *The Transformation of International Environmental Law*, Pedone & Hart, 2011, p. 33, 他指出这个领域是"作为最有活力和创新的国际法领域",即作为未来国际法的"实验室"。

③ L. Boisson de Chazournes, "Features and Trends in International Environmental Law," in Y. Kerbrat and S. Maljean-Bubois, eds., *The Transformation of International Environmental Law*, Pedone & Hart, 2011. ISO 26000 规定的标准为企业和组织如何以社会责任的方式运作提供指导,协助他们以道德和透明的方式采取行动,为社会的健康和福利作出贡献。见 http://www.iso.org/iso/home/standards/iso26000.htm。

构、涉及政府和非政府行为体的跨国网络以及在国际机制内运作或是具有跨境监管效力的国内行政管理机构。①

金斯伯里（Kingsbury）解释称，确立这样一个"全球行政管理空间""标志着我们摒弃了对国际法的传统理解。在传统理解中，国际更多的是指政府间，而国际与国内之间也有着明显的分离"。"全球行政管理空间"还反映了全球治理实践，其中"规则制定机构、阐释机构和应用机构之间的跨国网络让传统国际和国内的壁垒瓦解了"②。在自然资源国际立法的特定背景中，勃朗克（Blanco）和拉扎奎（Razzaque）指出，"跨国性的社会和经济行为体（比如跨国企业、非政府组织）在全球化的背景中变得更有力了，并且在自然资源治理中扮演了关键的角色"，随后得出结论称"我们应改变非国家行为体监管薄弱或非国家行为体被排除在有关的治理机构之外的情况，代之以一个具有包容性的参与和责任体系"③。

（四）复杂的参与过程

很显然，国际法中，几乎所有相关文件的阐释和应用都需要各国通过确保有利害关系或受到影响的群体、个人或社区能通过采取特定的程序，获得相关信息，有效地参与决策并在必要的情况下，可以行使法定追索权④，在自然资源项目或政策上促进各方参与。例如，在奥贡尼案中，非洲人权委员会

---

① B. Kingsbury, N. Krisch, RB Steward and JB Wiener, Global governance as administration: national and transnational approaches to global administrative law (2004 – 2005) 68 (3 & 4) Law and Contemporary Problems 1, 3. See also C. Harlow. Global administrative law the quest for principles and values (2006) 17 European Journal of International Law 187.

② B. Kingsbury, The Concept of "Law" in Global Administrative Law (2009) 20 European Journal of International Law 23, 25.

③ E. Blanco and J. Razzaque, *Globalisation and Natural Resources Law*, Edward Elgar, 2011, pp. 3 – 4.

④ 参见 P. Cullet and A. Gowlland-Gaultieri, "Local Communities and Water Investments," in E Brown Weiss ao eds., Fresh Water and International Economic Law, OUP, 2005, p. 303。

对承认所有民族都具有享有整体满意环境权利的《非洲人权与民族权宪章》第 24 条给出了广泛参与性的解读,并在其裁定中加入了环境和社会影响评估方面的程序性保证。

类似地,泛美人权委员会在 1988 年《补充协议》第 11 条的背景下反复提议进行国内立法,为土著人提供有效、有意义的机制,让他们能参与到那些会对他们的利益产生影响的政治、经济和社会决策中来。① 在阿瓦斯廷尼土著社区诉尼加拉瓜案件中②,泛美人权法庭参考了保障财产权的《美洲人权公约》第 21 条,认可了土著人在自然资源开采活动时具有的相关参与权。

除了在人权文件中进行自然资源和环境领域程序性权力和义务的推论外,近年来,多边开发银行和其他开发机构通过应用各自的环境和社会保护政策,在执行可持续发展的程序性条款上发挥了主要作用。③ 这些政策通常会采取针对开发方案的环境、社会影响评估和同有可能被开发方案影响到的个人以及其他利益相关方进行协商的程序。④ 当然,这些环境和社会保护政策以及参与性程序都可以归为上文提及的"全球行政管理"的类别。

(五) 碎片化还是整合

尽管人们担心国际法普遍出现了"碎片化"问题,并意识到法律规则和

---

① 见 Inter American Commission on Human Rights, chapter X to the Second Report on the Situation of Human Rights in Peru; chapter IX to the Report on the Situation of Human Rights in Ecuador, Inter-American Commission on Human Rights, OEA/Ser. L/V/II. 96, doc 10 rev. 1 (Recommendations) (24 April 1997); Case 7615 (Brazil), Inter-American Commission on Human Rights, 1984 – 1985 Annual Report 24, OEA/Ser. L/V/II. 66, doc. 10, rev. 1 (1985), the Yanomami case. See Cullet and Gowlland-Gaultieri, ibid, 314 – 15。

② Awas Tingni Mayagna (Sumo) Indigenous Community v Nicaragua [2001] Inter-American Court of Human Rights Series C No. 79 (31 August 2001). 也见 Guerra and Others v. Italy (1998) 26 EHRR 357.

③ 参见 G. Handl, *Multilateral Development Banking: Environmental Principles and Concepts Reflecting General International Law and Public Policy*, Kluwer Law International, 2001。

④ 参见 the "Environmental and Social Policy 2014" of the European Bank for Reconstruction and Development (EBRD), http://www.ebrd.com/what-we-do/strategies-and-policies/approval-of-new-governance-policies.html#al。

制度中出现了专门的并且相对自治的领域①，但国际自然资源和环境规范往往是"普遍的"，并且已被证明能够找到"许多种渗入其他规范体系中的方式，不管是通过直接在其他规范体系中……插入特定规范的方式，还是通过规范阐释的技巧，甚至是通过借助为不同法规体系之间的关系做出定义的规则②。在《关税与贸易总协定》下，自然资源和环境考量是为数不多的几种仍然能被列入自由贸易规则的例外情况，并且对违反自然资源与环境规范和标准的补救往往诉诸国际人权法。实际上，世贸组织解决争端的程序及在区域性人权协议下成立的行政管理和司法执行机构，为我们执行相关国际标准和解决相关争端提供了重要途径。比如，1997年，泛美人权协会的厄瓜多尔报告发现，"原油开采活动通过污染水源供应等，给人的生命和健康带来了重大风险"③，在1969年《美洲人权公约》条款下，这可能会影响人的生命权和保护个人身体完整的义务④。

此外，按照《维也纳条约法公约》第31条第（3）款第（c）目的规定⑤，最近制定的自然资源和环境规则越来越可能通过阐释的技巧来融合进此前就已经存在的条约协议中。应用这种阐释要求，国际仲裁法庭在钢铁莱茵案中规定：

---

① ILC, Fragmentation of International Law: Difficulties Arising from the Diversification and Expansion of International Law (13 April 2006) UN Doc A/CN4/L. 682; M. Kosken-niemi, *The Politics of International Law*, Hart Publishing, 2011, pp. 67, 337; P. Webb, *International Judicial Integration and Fragmentation*, OUP, 2013.

② L. Boisson de Chazournes, "Features and Trends in International Environmental Law," in Y. Kerbrat and S. Maljean-Bubois, eds., *The Transformation of International Environmental Law*, Pedone & Hart, 2011, p. 14.

③ Inter-American Commission on Human Rights, 'Report on the Situation of Human Rights in Ecuador', OEA/Ser. L/V/II. 96, Doc 10 rev. 1 (24 April 1997).

④ American Convention on Human Rights (adopted 22 November 1969, entered into force 18 July 1978) 1144 UNTS 123, (1969) 9 ILM 673, (1971) 65 American Journal of International Law 679.

⑤ Vienna Convention on the Law of Treaties (adopted 23 May 1969, entered into force 27 January 1980) 1155 UNTS 331 (VCLT). 第31条第（3）款第（c）目规定，在解释条约时，"应该与上下文一起考虑（c）适用于双方关系的任何有关国际法规则"。

把习惯国际环境法的概念应用到了 19 世纪中期的条约中，而在那个时候，国际协定很少会考虑环境保护的原则，环境保护的原则也并不构成国际习惯法的任何部分。①

布瓦松·德·沙祖尔内指出，这种方法"通过将当代环境要求考虑在内的阐释，在某种程度上实现了条约的现代化，从而给我们带来取得重大进步的机会"②。由于意识到在某些情况中，条约条款能够演化，从而为国际法的发展留有余地，国际法院给予了这种方法有保留的支持。③ 此外，在最近的基申甘加水坝仲裁案中，国际常设仲裁法庭明确做出判决，"已经确定，即便在阐释国际环境法体系建立之前就已经达成条约时，国际环境法的原则也必须考虑进去"④。

---

① Iron Rhine Arbitration (Belgium v. Netherlands) PCA (2005) para 58, http://www.pca-cpa.org/showpage.asp?pag_id = 1155

② L. Boisson de Chazournes, "Features and Trends in International Environmental Law," in Y. Kerbrat and S. Maljean-Bubois, eds., *The Transformation of International Environmental Law*, Pedone & Hart, 2011, p. 16.

③ Dispute Regarding Navigational and Related Rights (Costa Rica v. Nicaragua) (Judgment) [2009] ICJ 213, para 64. See also Case Concerning the GabCikovo-Nagymaros Project (Hungary v. Slovakia) [1997] ICJ Rep 7, 78, para 140; Pulp Mills on the River Uruguay (n 46), para 204.

④ Indus Waters Kishenganga Arbitration (Pakistan v. India), Partial Award, 18 February 2013, para 452, http://www.pca-cpa.org/showpage.asp?pag_id =1392.

第二部分 资源主权治理主题

限制自然资源永久主权[*]

［德］佩特拉·古佩洛娃^{**}

一、引言

自然资源永久主权是一项根深蒂固的国际法准则,它赋予了国家专属管辖其国界范围内的自然资源和自然环境的所有构成要素的权利。自20世纪50年代末这一准则被引入国际法,这项准则已经为各国和原住民群体广泛接受,并将其视为基本自决权的必然经济结果。然而,自然资源永久主权受到了环保主义者和全球正义的追求者的质疑,如果不是彻头彻尾地驳斥,他们认为国家边界和国家主权阻碍了紧迫的全球性问题的解决,如气候变化、环境退化、资源耗竭、世界贫困和经济不平等。

在生态可持续性和环境保护方面,国家资源主权尤其受到质疑。日益发展的城市化和全球化社会需要越来越多的资源:土壤、水、温室气体汇集和其他废弃物等。然而,地球的生物物理系统和生态系统维持全球现代生活的能力已经接近其极限。临界环境阈值可能已经被打破。近期,以约翰·罗克

---

  * 原文载于 *Enrahonar. Quaderns de Filosofia*,2014 年第 53 期。
  ** 作者简介:佩特拉·古佩洛娃(Petra Gümplová),德国埃尔福特大学席默尔研究员(Annemarie Schimmel Fellow)。

斯特伦（Johann Rockström）为首的一批科学家确定了可衡量的九大地球限度，并且指出人类已经越过了其中的三大限度：大气中温室气体含量的限度、氮污染的限度、生物多样性减少的限度（Rockström，2012）。[①] 显而易见，如果全球化、现代化和发展不符合合理利用资源与环境保护的要求，将进一步破坏生态系统维持人类生活进而为人类提供生态系统服务的能力。

对自然资源享有永久主权，以及各国对其国土范围内的自然资源享有永久、全面、不可分割或绝对的权利的主张，显然破坏了环境保护的全球性努力，因为环境系统的运转是不会顾及已经根深蒂固且由来已久的主权国家的领土管辖权的。那么以自治和自决原则为基础的资源主权这一现代国际体系的基础，如何才能与这些问题相协调呢？鉴于当今对环境保护的迫切需求，资源主权究竟是否合理？就此而言，我们有充分的理由不拒绝将国家主权作为全球环境正义或全球正义的其他方面的框架。然而，无论是在理论还是实践上，资源主权的可行性都取决于主权概念的解释以及在行使资源主权时纳入自我限制标准的方式。一种并行关系已经存在。环境可持续性和生态管理标准可以约束资源主权的行使，就像人权可以约束国家行使对其公民的权力一样。

二、资源主权的发展：领土扩张与经济化

自然资源永久主权来自战后的努力，以加强后殖民国际秩序中的国家主

[①] 地球的生物物理系统和生态系统包括气候变化、生物多样性丧失的速度、氮循环、磷循环、平流层臭氧消耗、海洋酸化、全球淡水集约利用、土地利用变化、大气气溶胶负载、化学污染。罗克斯特伦认为，每个系统的定量地球限度指的是一个阈值，如果超过该阈值，系统将进入一种状态，在这种状态下，它们不再能为人类社会的社会发展和经济发展提供支持。例如，大气中二氧化碳含量的气候变化限度建议值为百万分之三百五十，设定该限度的目的是为防止二氧化碳含量超过该阈值，否则极有可能发生重大的气候变化。Rockström, J. and Klum, M., *The Human Quest: Prospering within Planetary Boundaries*, Stockholm: Bokforlaget Max Strom, 2012; Folke, C., "Respecting Planetary Boundaries and Reconnecting to the Biosphere," *Is Sustainability Still Possible?*, Washington: The Worldwatch Institute, 2013, pp. 19 – 27。

权平等和经济平等。关于这一集体权利的原始声明记录在 1962 年通过的联合国《关于自然资源永久主权的宣言》决议中。该决议宣布，对自然财富和资源的永久主权是固有的和高于一切的，国家控制其境内自然资源的使用权的权利，从而保护它们免受外侵。①

自然资源永久主权在一系列关于人权、国际经济秩序、社会进步、发展、环境的宪章和决议中得到了进一步的确认与发展。1966 年通过的《人权公约》、《各国经济权利和义务宪章》（1974 年）、《建立国际经济新秩序宣言》（1974 年）都是极为重要的国际法律文书，它们使得资源主权获得了广泛认可。② 这些条约和法律文书使得自然资源永久主权可以合法地保护各国无限制控制、自由开发和处置其领土范围内自然资源的权利，保护各国在不受外界干扰的情况下选择其经济制度的权利，以及保护各国监管和国有化外国投资的权利。

虽然在非殖民化进程中，自然资源的永久主权标准在其目的和起源上是相对明确的，但是标准中未能清楚地说明其赋予的国家特权，尤其未能明确说明哪些实践活动的合法性是无法通过其加以证明的。正如尼科·施里耶夫（Nico Schrijver）所指出的，在围绕自然资源永久主权而开展的评估中出现了一个明显的总体趋势，即国家只重视扩大资源主权项下合理的权利和特权的范围，却忽视了国家应承担的义务和应该对各国行使自然资源主权施加何种限制③。不幸的是，在环境可持续性和保护领域，强调限制和义务不足以应对环境问题的紧迫性。

从全球生态系统的可持续性来看，三大问题趋势在确定资源主权实践的过程中起到了关键性作用。第一个趋势是，各国已经产生了将其主权资源权

---

① 决议见 http://www.un.org/ga/search/view_doc.asp?symbol=A/RES/1803%28XVII%29。

② 国际法中，无论是多边协议还是单边协议，"对所有人的义务"标准都是各国关心的问题。所有国家都有保护这些标准实施的法定利益，这是每个国家的义务。

③ Schrijver, N., *Permanent Sovereignty over Natural Resources*, New York: Cambridge University Press, 1997, p.306.

利延伸到其国界之外的经济驱动的压力。从20世纪60年代开始，由于施加了这种压力，这种压力导致主权领土大规模地扩大到海洋地区，较小规模地延伸到太空，从而扩大了对以前是国际资源的资源的占用范围。如今，自然资源永久主权包括对自然资源和财富的要求，不仅包括对领土范围内土地的要求，还包括对陆地和海洋自然资源的要求，以及为开发上述自然资源而开展的所有经济活动①。

第二个平行趋势是，不受限制的资源权利和发展权利持续的盛行，以及对环境保护与资源的可持续利用的国际标准的优先。虽然自然资源的可持续利用是发展权、人权和经济增长等概念的基础，加强发展中国家的经济发展和减少贫困与不平等的持续努力导致可持续发展的概念具有明确的人类中心和经济实质。回顾联合国有关环境问题的会议②和宣言可以发现，国际社会针对自然资源管理和保护制定的指南越来越模糊，却越来越强调环境政策不应妨碍发展政策的观点。在2002年约翰内斯堡可持续发展世界首脑会议上，几乎没有谈及国际环境法的原则及其在促进可持续发展方面的作用。取而代之的是，峰会上提出了减贫、粮食生产、消费和生产模式以及为了社会发展和经济发展而保护自然资源的战略。③

第三个趋势是，未能从概念和法律上强化那些更加符合全球性质与生态系统综合要求的观念和原则。例如，国际法对于不受国家管辖但属于国际社会的自然资源领域没有采取任何统一的框架。这些资源有时被称为"全球公域"。气候、大气、外层空间、公海显然可以成为国界以外的全球公域，但是，国际法不承认全球公域的概念，并且没有为这些空间制定统一的管辖权。所谓的"人类共同遗产"制度，其制定旨在为促进和平而开展国际合作，并在所有国家之间分享利用海洋共同资源所带来的好处，不幸的是在概念上仍

---

① Schrijver, N., *Development without Destruction*, Bloomington: Indiana University Press, 2010, p.111.

② 三次相关会议：1971年在斯德哥尔摩召开的联合国人类环境会议，1992年在里约热内卢召开的地球峰会，2002年在约翰内斯堡召开的可持续发展世界首脑会议。

③ Schrijver, N., *The Evolution of Sustainable Development in International Law: Inception, Meaning, and Status*, Leiden and Boston: Martinus Nijhoff Publishers, 2008, pp.82, 96.

然不完善且不能统一适用。自然资源永久主权本质上是一个经济概念,"人类共同遗产"制度并没有为其提供一个真正的环境概念作为替代。

近几十年来,国际海洋法的发展可以有力地证明上述三大趋势。直到20世纪下半叶,领土主权才严格限制在国界之内的土地上。海洋国家只能占有距海岸3海里左右的一条狭窄海域,其他海洋的使用受到被称为公海自由的制度的管制。国际法的这一传统原则将海洋界定为所有国家共同所有,禁止国家或私人占有海域和资源。因此船舶可以在水域中自由航行,且各国可以从事贸易和捕鱼活动。该原则的前提假设是,海洋资源是取之不竭的,且人类无法损害海洋环境的质量。

1982年起,《联合国海洋法公约》(UNCLOS)以沿海国家的基线为标准将海洋划分为不同的法域,大大扩展了海域领土主权。领海从基线向外延伸12海里,毗邻的区域向外延伸24海里。《公约》还引入专属经济区(EEZ)的概念,专属经济区从领海基线一直向外延伸200海里,沿海国家不享有完全的领土主权(例如,国家有义务尊重航行自由)。但是,沿海国家享有勘探、开采、管理和保护自然资源,包括生物资源(渔业)和非生物资源(海底及其地下资源)的专有权利。

值得注意的是,使得国家试图占有更大的海洋领土的压力,来自实现公平分享资源和扭转殖民经济秩序带来的后果的愿望。这表现为,拉丁美洲国家和新独立的非洲国家认为,有必要制止外国石油公司对所谓"他们的"石油的大规模开采以及外国捕捞船队大量捕捞所谓"他们的"鱼群。传统的公海自由意味着可以自由进入海域,这将使得经济实力更强的国家占据先到先得的优势。这种传统标准的延续肯定会导致一股不负责任的掠夺性经济力量,无限制地利用资源,以及富有的海洋国家间的各种形式的殖民竞争。因此,需要制定新的法律制度,为海洋资源的适当的和可持续的管理确定标准,保护沿海国家的经济安全,同时确保为了所有人的利益保护海洋。[1]

---

[1] Schrijver, N., *Permanent Sovereignty over Natural Resources*, New York: Cambridge University Press, 1997, pp. 205, 228.

因此，在确认和加强海洋资源主权的同时，一项非主权海洋区域资源管理的新原则被提出：人类共同遗产原则。① 专为海洋资源的利用而设计②，这一制度设定了非主权区域和资源治理的标准和原则，其目的在于由国际社会以公平、保护和共享的名义来保护和管理公共区域。资源主权保护了国家获取资源的专属权利，人类共同遗产是一种资源管理形式，可以防止主权或私人占用。与独占相反的是，它强调的是共同的国际管理、经济合作、开发利益共享、以和平为目的的资源利用、自由进行科学研究活动和为子孙后代而进行保护。③

然而，人类共同遗产的原则并没有成为对自然资源永久主权的制衡，尤其是永久主权名义下的领土扩张和资源管理的经济化。人类共同遗产的原则只被用于海洋中的具体资源，即深海海底和洋底及其地下资源。对这些资源而言，这一原则意味着什么尚不清楚。最近的科学研究发现大海深处存在一种"大洋多金属结核"，其中富含贵重金属。随之而来的是试图研究和商业开采这些资源的尝试，显然海床将不会再被作为完全的非商业或科学研究区域，更不会被作为为子孙后代而进行保护的资源④。

专属经济区甚至会扩展到 200 海里外这一可能性，进一步动摇了有关人类共同遗产原则的环境和非经济性愿望。北极变成了一个以抢占资源为目标

---

① 通过建立距离基线 200 海里的专属经济区，大大减少了适用共同遗产原则海域的面积，并且更大限度地降低了专属经济区外部界限向外延伸至 350 海里的可能性。目前已要求的或可要求的专属经济区覆盖了约 35% 的海域，估计包括进行商业开采的大约 90% 的生物资源，其中主要例外是金枪鱼和鲸鱼。Schrijver, N., *Permanent Sovereignty over Natural Resources*, New York: Cambridge University Press, 1997, p. 228.

② 这项原则最初在 1970 年大会通过的决议中制定，即《国家管辖范围以外海床洋底及其底土的原则的宣言》；之后纳入《联合国海洋法公约》。

③ Schrijver, N., *Development without Destruction*, Bloomington: Indiana University Press, 2010, p. 9.

④ 根据国际法，全人类共同拥有所有大洋多金属结核矿产的权利。实际上，考虑到发展中国家的需要和利益，国际海底管理局（ISA）发出了授权发展中国家进行勘探和开采的合同，同时收集和分配特许权使用费。到目前为止，只有中国、印度、韩国、法国、德国和俄罗斯政府正在从事这方面的研究 Schrijver, N., *Development without Destruction*, Bloomington: Indiana University Press, 2010, pp. 76 - 78。

的各国竞相进一步扩大自己的专属经济区的战场。尽管北冰洋下的资源的科学研究数据并不完善,但北极海底的矿床估计占世界目前石油和天然气储量的25%。① 科技的发展以及近年来的冰融化,据说海冰已经减少了多达50%,引发了北极各国的领土要求和资源争夺,现在争相向100海里这一规定限度以外扩大专属经济区。北极的情况与南极②不同,针对北极没有制定具体的国际法制度来保护这片区域免受商业开发,根据《联合国海洋法公约》确立的海域划界标准进一步扩大领土范围事实上是有可能的。

这些标准允许各国将其专属经济区进一步扩大到基线以外350海里处,或者距离2500米等深线③110海里处,申请的国家可选取两者中任意一个最有利于自己的条件。沿海国必须证明其境内有一个大陆架,一直向外延伸,是其陆地领土的自然延伸。④ 俄罗斯和加拿大等国家已投入大量资源来测量和绘制其延伸后的大陆架,以确立对它们200海里的专属经济区以外的北冰洋海底和其地下资源的主权。2007年8月,俄罗斯远征队在北极极点的海底插上俄罗斯国旗,声称俄罗斯大陆架的海底地质构造延伸到此处,是俄罗斯领土版图的最顶端。

公海的生物资源(鱼类种群)并不适用于人类共同遗产原则,而是通过开放获取原则来管理。实际上,这意味着所有国家都有权以先到先得的方式在公海捕鱼。这项规定导致世界海洋中的所有生物资源(渔业)几乎都面临商业性开发。《联合国海洋法公约》关于保护和管理公海生物资源的规定限制

---

① Sonntag, M. and Lüth, F., "Who Owns the Arctic? A Stocktaking of Territorial Disputes," *Global*, 2012, p. 10.

② 南极洲被指定为只能从事以和平为目的的活动的地区,包括科学调查活动。1959年《南极条约》宣布南极洲是一个特殊的保护区,结束了各国要求获得其主权的主张。此外,1991年在马德里通过的《南极条约环境保护议定书》规定50年内不得在南极从事矿产资源开采活动。

③ 等深线在海洋测量学的定义为连接海平面以下2500米深处所有点的线。

④ 《联合国海洋法公约》提出了一种例外。如果大陆架断裂成海洋山脊,无论2500米等深线从何处算起,它从海岸线向外延伸的距离不得超过350海里。这是俄罗斯对北极部分地区争端的核心问题。俄罗斯否认洛蒙诺索夫和阿尔法门德列夫山脊是海底山脊,而声称它们是俄罗斯大陆架到达北极的自然地理部分。Sonntag, M. and Lüth, F., "Who Owns the Arctic? A Stocktaking of Territorial Disputes," *Global*, 2012, p. 10.

了捕鱼自由。为了避免过度捕捞，国家有义务将捕获的物种保持在"最大可持续产量"的水平。①

然而，绝大多数被开发的鱼类种群已经十分枯竭，远远低于常规管理指南所建议的水平。根据几个报告，大多数鱼类都在持续下降。② 世界银行2009年的报告预测，如果保持目前的捕捞率，世界上所有的渔业都将在21世纪50年代崩溃。③ 面对大量鱼类种群的崩溃，商业船队正在更深的海洋中探索，并在食物链上进一步向下寻找可行的捕捞。这种"向下捕鱼"触发了一个连锁反应，破坏了海洋生物系统的微妙平衡。然而，采用更加预防性管理的基于生态系统的方法并没有取代执迷于获得单一鱼种的最大可持续产量，而忽视了捕捞对整个生态系统的有害影响的传统的渔业管理。

正如海洋资源的示例所示，人类共同遗产原则（一种可能会产生深远影响的原则，可作为一套生态系统的保护措施，即使没有与国家领土重合）不代表对领土主权制度的一个环境替代选项，领土主权制度明确保护经济占有和开发资源的权利。这一原则在其他候选的全球公域的应用上也很模糊④，例如，大气资源不享有任何特殊的法律地位或治理制度。尽管大气资源与国际上的自然资源具有许多共同特征，但是大气资源并不是全球公域。当大气资源在国家管辖区域和专属经济区之上时，它们受国家主权的管制。剩余的大气资源属于共同财产，为各种污染物提供了一个完全自由和开放的废物处理

---

① 海洋哺乳动物受到了不同管理制度更有力的保护和养护。Schrijver, N., *Development without Destruction*, Bloomington: Indiana University Press, 2010, pp. 83 – 88.

② Pikitch, E. K., "The Risks of Overfishing," *Science*, 2012, 338 (6106): 474 – 475, http: // dx. doi. org/10. 1126/science. 1229965.

③ World Bank (2009). The Sunken Billions: The Economic Justification for Fish-eries Reform; 2009, Retrieved from: http: //sitesources. worldbank. org/ EXTARD/Resources/336681 – 1224775570533/Sunken BillionsFinal. pdf; http: //dx. doi. org/10. 1596/978 – 0 – 8213 – 7790 – 1.

④ 例如，任何条约或协定中都没有明确阐明外太空和天体是不可占有的资源。1979 年，仅 13 个国家（没有一个能够进行太空开发）参与的《月球协定》规定，国家有权在不受歧视和平等的基础上探索、使用月球。与《联合国海洋法公约》不同，该协定没有规定具体的体制结构来管理这些资源的开发。Schrijver, N., *Development without Destruction*, Bloomington: Indiana University Press, 2010, pp. 88 – 90.

系统。① 但是就在最近，臭氧层和气候系统被模糊地称为"人类共同关心的问题"，保护臭氧层和气候系统已成为若干议定书的主题，其中一些规定了处理臭氧消耗和气候变化的必要措施与控制机制。②

三、主权、领土和全球正义

自然资源永久主权标准自身是否阻碍了更广泛的环境或其他方面的全球正义的实现？笔者认为问题不是资源主权本身。应对全球性问题的关键在于正确理解主权概念和解释资源主权是由限制和义务构成的，正如国家主权今天被认为是由人权标准构成和限制的一样。同时，必须对加强管理和保护资源或生态系统的全球制度（在主权领土内和其之外）进行补充以重新诠释资源主权。

不解除自然资源永久主权的理由具有历史性和概念性。如果不在历史背景下了解其政治意义，资源主权是无法理解的。正如战后国际法的历史所表明的那样，资源主权起源于对殖民时期被殖民国家强加的不公平的安排的谈判。外国企业对资源的开发和占用，以及在新的后殖民时代坚持它们的开发资源的合同权利的连续性，是得到新的资源主权标准纠正的最显著的不公正现象之一。与殖民时期的外国投资合同条款相反，发展中国家声称拥有其资源的权利，被认为是一项更基本的自决和独立权利的必然结果。在自然资源永久主权保护下的对国家自身的自然资源的利用是经济发展的必要前提条件，是反对掠夺和帝国形式的经济权利与经济统治的堡垒，是政治独立的基础。③

---

① Schrijver, N., *Development without Destruction*, Bloomington: Indiana University Press, 2010, p. 98.

② 《蒙特利尔议定书》被批准通过，用以减少臭氧消耗物质的排放。不幸的是，尽管事实上南极臭氧层的缺口将持续超过估计值，但是对加入更有力的控制措施的最新修订的批准却严重滞后。关于气候变化，《1997年京都议定书》确定了稳定大气中温室气体浓度所必需的措施。该议定书的支持度和参与度一直都很低；而随后关于气候变化的会议也没有进一步对减少排放量做出任何具有约束力的承诺。Schrijver, N., *Development without Destruction*, Bloomington: Indiana University Press, 2010, pp. 101 – 110.

③ Anghie, A., *Imperialism, Sovereignty, and the Making of International Law*, Cambridge: Cambridge University Press, 2005; Schrijver, N., *Development without Destruction*, Bloomington: Indiana University Press, 2010.

因此，自然资源永久主权已成为被广泛接受的新国际秩序原则和战后国家主权的内在要素。从概念上来看，自然资源永久主权的出现标志着20世纪国家主权制度的深刻变化，这在很大程度上被政治理论忽视。自然资源永久主权概念的内在原则（独立、自治、不干涉和自决）传递到了经济领域。它强调由领土确定的资源权利是国家主权的一种经济表现。但是我们如何解释主权国家的经济能力和特权呢？在国家和主权的政治理论的论述中，经济主权概念和政治主权概念之间是否存在一致性？经济主权的概念可以从关于政治权威和国家对人的权力的主要法律表述中得出吗？国家的经济权利和能力及其限制的规范概念是什么？

不幸的是，关于主权的现代论述几乎没有为回答这些问题提供任何线索，所以也难怪现行的政治理论中仍然缺少一个关于国家主权和领土的经济方面的理论。这是因为对主权的政治和法律论述在很大程度上是按照其宪法的形式指明国家是什么，并集中于政治权力的形式、位置和限制的法律即政治问题。从这个法律观点来看，领土似乎只具有对位于地理边界内的人口的管辖范围的空间限制的功能意义。从而，自然资源的永久主权的概念，几乎不能成为主权的传统论述的一个必然结论，在传统论述中主权被论述为一个其管辖权被认为主要是针对人的政治权威的合法性和正当性的问题。

一个更新的与资源主权历史性地联系在一起的领土权和自决权的框架可以为自然资源永久主权的解释提供一个起点。领土权理论，其中包括人民对自然资源的集体权利的解释，确实是理解对资源的集体主权主张的适当的概念框架。领土权理论是为应对一些紧迫问题，如对找到一个领土争端解决方式或对原住居民领土宣言的回应的需要[①]，当然还有还有在国内和全球的层面

---

① Ivison, D., *Postcolonial Liberalism*, Cambridge: Cambridge University Press, 2002; Hendrix, B. A., *Ownership, Authority, and Self-determination*, University Park Pennsylvania: University of Pennsylvania Press, 2008.

解决对资源的主张及其分配问题。①

领土权理论的一个显著特征是，它将注意力从对政治权力的形式、位置和限制的法律，即政治关注这一狭隘的范围转移到了更根本的问题，即主权政治权威存在的道德正当性及其权利、义务和需求的道德正当性。在这方面，领土权理论家正在明确或隐讳地复兴早期现代自然法思想家的做法，他们曾问到是什么让对特定民众和领土的政治权威和国家主权具有正当性？自然法思想家认为，政治权威的主权和领土在实现正义的条件中发挥着至关重要的作用。主权政治权力的领土范围在这种有点被遗忘的政治思想传统中具有更广泛的意义，因为人民的领土权利（如个人财产权和集体资源权利）被认为是一个前政治的自然法和正义的问题。设定积极法律的主权权利是为了加强和维护这种自然正义，其中不仅包括和平与安全，而且包括私有财产和经济制度。② 后来，对宪政的关注使得对主权的讨论缩小到了主权政治权威的合法性问题上。③

领土权理论的一些最近的探索受到自然法理论家在主权、领土和正义之间建立的联系的启发。例如，卡拉·尼内（Cara Nine）提供了一个当代的自由集体主义者对限于领土范围内的资源权利的辩护。尼内辩护了这样一种观点，即领土权的拥有者是一个具有政治自决能力的，且能够在具体地理空间内，通过制定、裁定和执行涉及人和自然资源的法律来确立正义的集体。回顾自然法传统，她强调被承认为领土权的拥有者的集体的正当理由来自正义对于这一集体的成员的至高无上的价值。

早期现代自然法思想家强调的和平、安全和保护私有财产是实践正义观念的重要组成部分。然而，为了在当代社会实践正义，在尼内看来，这些基

---

① Beitz, C. R., *Political Theory and International Relations*, Princeton: Princeton University Press, 1990; Steiner, H., "Territorial Justice," in Caney, Simon, George, David and Jones, Peter, eds., *National Rights, International Obligations*, Boulder: Westview Press, 1996, pp. 139 – 148; Pogge, T., *World Poverty and Human Rights*, Cambridge, M. A.: Polity Press, 2002.

② Locke, J., *Second Treatise of Government*, Indianapolis: Hackett Publishing, (1689) 1980.

③ Kelsen, H., *The Pure Theory of Law*, Berkeley: University of California Press, (1934) 1970.

本的人类需求必须被扩展。依靠社会科学中结合心理学、伦理学、道德哲学和社会政策的新的跨学科研究①，尼内得以将正义观念扩展为一个关于人类福祉的新范式，在这一新范式中，人类福祉不仅取决于法治，而且依赖物质福利和经济发展。因此，领土权不仅是对领土内的人制定、裁定和执行法律规则的一个正当要求。如尼内指出的，它们也包括对领土内资源的管辖权：确定产权的权力，确定自然资源的管理、撤回和转让的权力等。②

尼内的理论有助于在经济方面改变主权的领土意义。同时，它回应了全球正义论者和世界主义者拒绝领土主权和制定领土划分的政治权力作为执行正义的条件的手段。③ 对全球正义理论的批判性考察超出了本文的范围。可以说，无论正义的范围（国内或全球）如何，都必须预先假定集体有权获得货物或资源。这种权力只有通过领土权理论才能得以解释和论证，从而解决谁是领土权的正当拥有者、这些权利到底包括哪些内容以及这一独占领土的主张的正当理由是什么④等问题。

虽然这样的领土主张可以是在全球范围内的，但是笔者认为有充分的理由维持国家主权框架。原因在于，国家涉及对一群人的管辖权力和资源权利之间的对应关系。为集体的成员确立正义有两个不可分割的方式。虽然这些权力都可被在理论上视为属于国际社会，但是主权领土国家仍然是一个涉及公共的、强制的和正当的法律秩序的，以及对个人产生直接影响的、创造明确的相互关联的义务与职责的专门机构。此外，这些权力只有在主权领土国

---

① 例如，玛莎·努斯鲍姆（Martha Nussbaum）推广的"能力方式"强调人类的基本需求不能仅仅依靠生理维持，应该延伸到积极的社会福利和政治福利，这些社会福利和政治福利是个人有效发挥能力的基础。Nussbaum, M., *Women and Human Development*, Cambridge: Cambridge University Press, 2000.

② Nine, C., *Global Justice and Territory*, Oxford: Oxford University Press, 2012, pp. 6 – 9.

③ Beitz, C. R., *Political Theory and International Relations*, Princeton: Princeton University Press, 1990; Barry, B., *Liberty and Justice: Essays in Political Theory*, Oxford: Clarendon Press, 1991; Pogge, T., *World Poverty and Human Rights*, Cambridge, M. A.: Polity Press, 2002; Caney, S., *Justice Beyond Borders: A Global Political Theory*, New York: Oxford University Press, 2005.

④ Nine, C., *Global Justice and Territory*, Oxford: Oxford University Press, 2012, p. 146.

家框架范围内,才在相对较强的程度上受到使得它们具有政治正当性的条件的约束。因此,通过领土集体的自我约束,可更好地实现全球正义目标。问题是在领土权的概念上需要加入什么限制,以阻止各集体(各国)独断地扩大其领土权、从事有争议的做法,如无限度、有害环境的自然资源开发或对全球公域的经济开发或破坏。

总的来说,自然资源永久主权是集体领土权利概念中所隐含的一个标准,它一方面强调政治自决、自治、主权和独立之间不可分割的联系,另一方面强调决定社会和经济制度的自主权。在这个框架内进行解释,自然资源永久主权是国家主权和第二次世界大战后才开始普及的主权国家的概念的必然经济结果:政治自决、国内法律秩序至上、外部独立、社会与经济自治、主权平等与不干涉。[1] 当前的主要任务是避免将资源主权解释为永远的、绝对的、不可剥夺的、完全的主权,同时避免将其解释为限制其行使的自我限制标准。

四、国际人权法和环境法

在本文的最后一部分,笔者想讨论一下关于利用环境道德标准和可持续发展的标准来限制资源主权的可能性。为使得在主权行使中制定自我限制标准的想法的实现,笔者建议以探索和运用人权的论述作为将主权资源权利非绝对化的一个模式。首先,笔者将简要总结作为一种论述和实践的人权对国家主权制度的影响。

主权在早期现代政治思想中是作为一个拥有制定法律的唯一权力的最高政治权力的概念出现的。为了突出这一新颖的、具有典型现代特征的最高政治权力的概念及其与法律制定和执行的统一,早期现代政治思想家(特别是霍布斯)将主权描述为统一、不可分割、无条件和无限制的、不受创设它的

---

[1] Cohen, J. L., *Globalization and Sovereignty. Rethinking Legality, Legitimacy, and Constitutionalism*, New York: Cambridge University Press, 2012, p. 200.

契约约束的绝对权力。① 根据主权的第一个现代理论，主权概念一般被解释为涉及以下信条：（1）主权位于国家的单一和统一的机构或体现在一个人身上的观点；（2）法律制度的一致性和统一性必须追溯到不受法律限制的主权意志上，即凌驾于法律之上的主权意志上的观点；（3）法律应该被遵守仅仅是由于它是主权的命令的观点；（4）主权与一组特定的，也包括使得主权不符合国际法、战争法（战争权）的特权相联系的观点。

关于这是否主权原始概念的正确解释这一问题超出了本文的范围。② 事实是，直到第二次世界大战，主权被理解为独立于和先于国际法而存在的绝对、不可渗透的国家权力这一政治事实。20世纪下半叶，一个重大的转变对主权概念和主权国家的实践产生了重大影响。一方面，前所未有地努力规范军事力量的使用和建立一个全球安全制度。当代主权国家不再有权进行战争、吞并或殖民外国领土。另一方面，在国际人权法的影响下，主权国家在国内领域的特权发生了变化。③

自1948年以来，国际人权制度稳步发展，这得益于多边条约的制定、国内的国家实践与国际法院和其他行为者的工作。在联合国、欧洲委员会、美洲国家组织和非洲联盟等组织的努力下，数十个人权条约已经生效。其中一些条约已被世界四分之三以上的国家批准。当代人权观念的主要来源仍然是1948年通过的《世界人权宣言》（UDHR），其中规定，不论国籍或政治取向如何，每个人都享有生活权、免受酷刑、免受奴役、获得公正审判的权利，言论自由、思想、意识和宗教自由、行动自由和参与政治活动的普遍权利。这些权利在许多国际公约和决议中得到了重申并被纳入国家宪法，使得根据

---

① Hobbes, T., *Leviathan*, London: Penguin Books, (1651) 1985.

② 笔者在另一篇论文中指出，这种解释不符合主权概念的实质，宪政是主权的原始表达。Gümplová, P., *Sovereignty and Constitutional Democracy*, Baden-Baden: Nomos, 2011.

③ 关于国际社会和旨在解决人权与安全问题的政府间网络的地缘治理新体系是如何对基于国家主权平等的二战后国际法律秩序以及基于共识的国际法加以补充的，有许多解释。Teitel, R., *Humanity's Law*, New York: Oxford University Press, 2011; Sikkink, K., *The Justice Cascade: How Human Rights Prosecutions Are Changing World Politics*, New York: W. W. Norton & Company, 2011; Fox, G. H., *Humanitarian Occupation*, Cambridge: Cambridge University Press, 2008.

《世界人权宣言》条款阐明的人权由此成为基本上被普遍接受的人类福祉和政治取向标准。①

正如所有人权理论家所赞同的那样,人权保护所有个人作为人的基本权利。这些基本权利是普遍的权利,即无论其宗教、传统或文化,它对所有个人和社会都是有效和有约束力的。人权的一个重要特征是,它旨在保护人类相对于国家的基本和普遍特征②。正如让·科恩(Jean Cohen)所强调的那样,人权是一束"联合"的权利,由具体的社会政治机构的存在和成员激活。因此,它对这些机构和以它的名义行事的人施加了约束。它的作用就像对国家政府的标准,从而为违反或不履行这些标准的国际社会采取补救措施提供了理由。因此国际人权表明,国家对待自己公民的方式是国际关注的问题(Cohen,2012:182)。

许多世界性的思想家和法律理论家认为,当今国家主权和政府的合法性应该取决于它们对外部的非侵略性,更重要的是,对内部的最低限度的公正,即尊重人权。③虽然"国家主义"思想家坚持认为国际法应该继续保护国家主权、国内自治和不干涉,但深刻的转变确实在发生。由在人权和集体安全标准的影响下已经从经典的国家主义者将主权解释为独立、不干涉和不受惩罚,转变为将主权解释为某一国家个人和公民的正义与安全,从而转变为国际社会的责任与问责以及行为人(国家官员或私人实体)在国际制裁方面的责任。④

---

① Beitz, C. R., *The Idea of Human Rights*, New York: Oxford University Press, 2001.

② 尊严、自由和平等通常被认为是人格的最基本的道德特征。我们有多种方法可以解决人权问题;这些方法的区别不仅在于如何解释人权的一般正当性,而且在于解释人权的哪些基本特征和普遍特征需要受到保护,如个人意志、人格、基本利益、能力、自主性和尊严。有关概述,请参阅 Donnelly, J., *Universal Human Rights in Theory and Practice*, Ithaca: Cornell University Press, 2013。

③ Macdonald, R. S. J. and Johnston, D. M., eds., *Towards World Constitutionalism, Issues in the Legal Ordering of the World Community*, Leiden: Martinus Nijhoff, 2005; Klabbers, J., Peters, A. and Ulfstein, G., eds., *The Constitutionalization of International Law*, New York: Oxford University Press, 2009.

④ Cohen, J. L., *Globalization and Sovereignty. Rethinking Legality, Legitimacy, and Constitutionalism*, New York: Cambridge University Press, 2012, pp. 159–162.

毫无疑问，根据这一新的全球合法性原则，主权概念随着时间的推移而改变，即尊重人权。人权为主权国家的特权和政府的权力的限制提供了一个监管来源。然而，主权并没有被人权取代。正如让·科恩所言，国际人权条约的目的并不是废除国家主权和以国际法律秩序取代它，而是鼓励各国构建和实行一个共同的国际标准，并在其国内法律和政策中遵守这一标准。① 主权和人权是同一个二元的国际政治制度的截然不同的相互关联的法律原则。这种二元政治制度由主权国家（以及它们通过同意而制定的国际法）和新的全球治理机构组成，这些机构提供了源于非派生的人权标准的全球国际性法律要素。各国仍然是自治和自决的，然而，当一个国家以极端的方式犯下种族灭绝或奴役、压迫其人民的罪行时，它会受到以人权不可侵犯这一正当理由为依据的国际社会的关注和潜在干预。②

显然国际人权制度与其他国际制度有很大的不同。尽管尚未对比较法研究中不同的国际法制度进行系统的比较分析，但是我们可以认为，正如唐纳利（Donnelly）所说，与其他制度不同的是，国际人权制度涉及权威的国际标准的制定、创造和阐述。③ 有关人权的性质、本质、范围和正当性的高深的、丰富的哲学讨论有着悠久的传统。虽然人们以各种方式解释，但人们认为人权是一个呼吁人类福祉和利益的普遍有效概念。人权标准是一致的、强有力的和被普遍接受的。禁止种族灭绝、奴役和酷刑等概念被认为是绝对法：它们是不允许克减国际法的基本的、压倒一切的原则。相对复杂和集中的全球治理基于人权的合法化和人权论述的全球化，这包括国际标准设定的、条约制定的和监督机构创造的普遍义务，国际刑法以及人道主义法的制定。

国际环境法是否享有类似的权威？尽管最近几十年来国际环境法得到了

---

① Cohen, J. L., *Globalization and Sovereignty. Rethinking Legality, Legitimacy, and Constitutionalism*, New York: Cambridge University Press, 2012, p. 162.

② 同上，pp. 201 - 207。

③ Donnelly, J., "International Human Rights: A Regime Analysis," *International Organization*, 1986, p. 608.

不断推广①［有许多活动涉及条约、协定、决议、各国际法庭与仲裁庭（但没有国际环境法庭）的决定和概述软法文书，例如环境会议和文献的宣言，特别是 1992 年在里约热内卢举行的地球峰会②之后］，国际环境保护制度与人权制度相比权威性较差。事实上，许多观察家同意，国际环境法为环境退化提供了无效的法律反应。③ 不仅紧随里约峰会之后的各项条约和宣言中设定的政策目标（特别是关于减少二氧化碳排放量）基本没有得到遵守，而且事实上国际环境法的作用在下降。正如施里耶夫（Schrijver）所指出的，2002 年在约翰内斯堡召开的可持续发展世界首脑会议主要关注于发展目标（减少贫困、可持续的粮食生产、管理作为社会和经济发展的基础的自然资源），而没有提到国际环境法在促进资源可持续性方面的作用。④

从本文一开始指出的地球重要生态系统正在接近危险的地球限度的批判性角度来看，国际环境保护制度最突出的一个失败是，没有法律和政治上相关的全球环境或生态系统（各个生态系统）概念以将地球根深蒂固的分裂覆盖和补充到主权领土上。不仅国际环境法未能为重要的地球生态系统（臭氧层、气候系统、海洋生态系统和热带雨林⑤是最明显的例子）提供系统、详细的描述性和规范性概念，而且正如已经指出的那样，对国家边界（大气、极

---

① 环境法仍是国际法的一个非常新的分支。当前，在国际环境法的范畴内，国际关心的问题包括臭氧层消耗、全球变暖、荒漠化、热带雨林破坏、空气与水污染、濒危物种（即象牙）的国际贸易、向第三世界国家运送危险废物、巴西与菲律宾的森林砍伐、湿地保护、石油泄漏、跨界核空气污染（即切尔诺贝利）、倾倒危险废物、地下水枯竭、国际农药贸易和酸雨。

② 该会议出台了重要的多边条约，即《气候变化公约》和《生物多样性公约》。这些条约用于应对 20 世纪 90 年代之后的防治土壤沙漠化、保护和管理渔业和气候变化问题。Schrijver, N., *The Evolution of Sustainable Development in International Law: Inception, Meaning, and Status*, Leiden and Boston: Martinus Nijhoff Publishers, 2008, pp. 68 – 76.

③ Leary, D. and Pisupati, B., *The Future of International Environmental Law*, Tokyo: United Nations University Press, 2010.

④ Schrijver, N., *The Evolution of Sustainable Development in International Law: Inception, Meaning, and Status*, Leiden and Boston: Martinus Nijhoff Publishers, 2008, pp. 71 – 76, 95 – 96.

⑤ 《国际热带木材协定》（ITTA）是唯一直接应对雨林砍伐问题的协议。然而，ITTA 专注于木材贸易，因此它不能完全实现保护雨林的目标。

地区域、公海）之外的领域并没有采取任何一致的框架或管辖权。不幸的是，为了促进国际合作和在所有国家之间分享经济利益而引入的人类共同遗产制度，仍然是一个含义相对模糊的资源利用和开发的制度。另一种方法，例如"生态管护"①，也许更好地回应了负责任和可持续的利用和保护环境的想法，但是尚未成为哲学和法律上辩论的关注点，因此无论是在国际环境法还是在领土权或资源权理论中，都未曾提及。

令人遗憾的是，作为对以国家为基础的自然资源永久主权原则的限制因素的来源，唯一相对成熟的标准仍然是可持续发展的标准。在相对较短的时间里，令人印象深刻的是，可持续发展的概念确实在国际和国内法中得到了牢固确立。今天，可持续发展（为子孙后代保护和节约环境与资源）与和平、安全和人权一样是国际社会的核心价值观之一②。但它是否提供了关于资源主权的有效、强大的限制和义务的目录呢？

20 世纪 80 年代可持续发展概念的引入代表了资源主权实践范式的相当大的变化，此前，这一范式受到一些标准和原则的约束，例如睦邻、不引起跨越边界的损害，以及外国投资公司的合同权利的约束。可持续发展承认资源主权和经济发展是国家的主要利益；然而，它将这种发展定义为受到后代人通过发展满足其需求的能力的限制③。自布伦特兰委员会的报告《我们的共同未来》出版以来，可持续发展已经在许多领域的全球和区域条约中成为法律依据。它已经被牢固地嵌入应对气候变化，保护生物多样性、渔业和淡水资源，海洋和跨界空气污染，荒漠化等领域的公约及议定书之中。在各个领域，该标准为人类社会提出了一个理想的未来状态，在这个社会中，利用环境和资源满足人类需要不会破坏其可持续性或满足子孙后代需求的能力。

---

① Chapin III, F. S., Kofinas, G. P. and Folke, C., eds., *Principles of Ecosystem Stewardship. Resilience-Based Natural Resource Management in a Changing World*, New York: Springer, 2009.

② Schrijver, N., *The Evolution of Sustainable Development in International Law: Inception, Meaning, and Status*, Leiden and Boston: Martinus Nijhoff Publishers, 2008, p. 29.

③ 布伦特兰委员会引入一项定义：可持续发展是既能满足当前需要，又不损害子孙后代满足其自身需要的发展。(United Nations, "Report of the World Commission on Environment and Development," *General Assembly Resolution* 42/187, 1987.)

可持续发展的概念随着时间的推移而扩大。今天，令人遗憾的是，它已成为一个包括一切对环境有益的行为的相当模糊的概念。许多批评家观察到这样一种趋势，即可持续发展的标准相对于其他一般国际法（安全与人道）的削弱和对社会、经济发展的持续的方向调整。正如施里耶夫（Schrijver）所说，可持续发展已经从可持续利用自然资源的原始意义，即将这些资源用于未来使用的用途，发展成一个具有主要社会经济实质的人类中心概念。今天，它不仅仅是为了满足环境保护的需要，而且使国际社会对世界经济体系的方向调整和持续努力解决第三世界的发展问题成为必要。[1]

通过引入"发展权"这一最新的人权概念，以及对其作为普遍的和不可剥夺的权利的基本人权目录的组成部分的确认，加强了这种趋势。[2] 这一权利的内容、性质和地位仍然在争论，并且在对其的实际解释上没有政治共识。然而，发展权代表了将不公正的国际经济秩序改革为以社会福利和社会正义为基础的国际经济秩序的努力的最新表现。因此，一个可持续性与公民的、政治的、经济的和社会的权利，但不是与国际环境法之间的重要联系获得了促进。[3] 发展权旨在将经济和人权问题纳入一个连贯一致的政策框架。没有一个限制国家经济主权的标准与人权并行发展，可持续发展通过将（社会和经济）发展转化为一种人权而失去了其环境潜力。遗憾的是，并没有可持续发展得到巩固和加强，以补偿有效的全球环境保护制度的缺乏，随着社会和经济人权日益凸显，可持续发展受到削弱。

---

[1] Schrijver, N., *The Evolution of Sustainable Development in International Law: Inception, Meaning, and Status*, Leiden and Boston: Martinus Nijhoff Publishers, 2008, pp. 217; Birnie, P., Boyle, A. and Redqwell, C., *International Law and the Environment*, Oxford: Oxford University Press, 2002, p. 45.

[2] 联合国于1986年通过了《发展权利宣言》。它将发展权定义为"一项不可剥夺的人权，据此每一个人和所有人民都有权参与、促进和享有经济、社会、文化、政治发展，在这一过程中所有人权和基本自由都可以充分实现"。自那时以来，联合国已投入大量资源来提高这一权利的重要性并促进其实施。1993年在维也纳举行的世界人权会议上，它被认为是一项普遍和不可剥夺的权利，是基本人权的一个组成部分。

[3] 联合国《发展权利宣言》（UNDRD）的文本中没有提到环境保护。Bunn, I. D., "The Right to Development: Implications for International Economic Law," *American University International Law Review*, 2000, p. 1442.

当前可持续发展在各种制度和论述中的使用强调明确的国家主义和经济取向的原则。① 这些原则包括：国家确保可持续利用自然资源的义务、平等和消除贫困原则，国家共同而有区别的责任原则，预防原则和环境影响评估、公众参与、良好治理和一体化与相互关联的原则。这些原则反映了一个事实，即各国致力于纠正全球经济制度的失败和代内正义（消除贫困），而不是代际正义，以及工业国家承担着较重的环保负担。对良好治理的强调表明，要有一个从环境保护向政府和资源管理的一般原则的转变，如效率、非腐败性、透明度、财务责任、对公民社会组织的责任和决策的合法性。

自然资源永久主权仍然是解决环境问题的任何努力中最重要的法律和政治框架。但是，由于国际环境制度未能推动非主权领土的概念和对其适用的管辖权以及在国内政策中越来越强调经济发展和社会正义，对资源主权的限制程度并没有随着时间而真正增加。就目前的情况来看，自然资源永久主权因此破坏了对于国际社会承担保护环境责任的迫切需要。

---

① 这些原则是在2002年国际法协会两年期会议上作为《与可持续发展有关的国际法原则的新德里宣言》制定的。

第三部分 | 资源贸易与投资主题

国际投资法和自然资源治理[*]

[英] 乔治·比纽阿莱斯[**]

一、引 言

对外国投资国际法的研究可以从不同的角度来考察。不管其重点是促进、保护或者正变得更加必要的监管投资,还是重要的外国投资的类型(直接投资、间接投资或特定领域,如资源开采、基础设施、工业生产、服务业等的资本流入),必须找准考察的角度以抓住与给定的分析目标最为相关的法律结构特征。本文集中论述的是自然资源的法律问题,这就要求将分析的重点进行适当的调整,使其集中于外国投资法的某些法律特征方面。具体来说,准入、主权和分配问题值得特别关注,从管理外国投资的现代国际制度的历史根源来看,我们更应该如此。

自然资源在世界各地区和各国间分布不均,这使能否准入资源成为一个非常重要的问题,无论我们考虑的是非生物资源(例如,石油、天然

---

[*] 本文是作者在 E15 采掘业贸易和投资专家组的成果,于互联网上公开发布。

[**] 作者简介:乔治·比纽阿莱斯(Jorge E. Viñuales),英国剑桥大学哈罗德·塞缪尔法律与环境政策教授(Harold Samuel Professor of Law and Environmental Policy)。

气、煤炭、高价值矿物、水或者土地），还是生物资源（例如，渔业、高价值物种、农业物种或遗传资源）。反过来，准入位于一个国家领土内的或其管辖范围内的资源，以及更一般的，有关此类资源所进行的任何活动，均受东道国监管权力的制约。虽然这种权力首先是主权问题，但仅从这一角度理解这种权力就会错失一个要点，即东道国与外国投资者的利益，不仅可以依靠公共福利，而且可能与损害公共福利有关。后一种现象被称为"资源诅咒"，即贪婪的政府为自身利益开采其国家的自然资源，而剥夺其人民应得的利益的情况。外国投资者可能因为有意（即通过密切勾结贪婪的政府），或仅仅是因为在东道国有业务活动（即让资源开采对政府有利可图而不存在任何明显的共谋）而卷入这样一种现象。因此，准入、主权和分配三者密切相关，且需要对其互相关联的方式进行持续的分析。

本文的第一部分简要综述了国际投资法的基本架构和构件。接着，论述的重点转向核心议题，即这一法律体系对自然资源治理的特定含义，特别是准入、主权和分配的含义。最后，本文提出了有关这一方面改革的可能途径的一些观察结果和建议，供大家讨论和未来研究。

二、国际投资法的架构

（一）结构视角和动态视角

从当代视角来看，构成国际投资法的一套规范和协议是外国投资者在海外经营时保护其利益的一个有力的工具。为了评估这一国际法体系的作用，我们有必要考察今天人们对其主要法源、构成和运作的理解。

这一架构的一个特征是高度依赖双边投资条约（BIT）或自由贸易协定的投资章节（这两者一起将被称为"国际投资协定"或"IIAs"）。这类条约极大地掩盖了所谓的"国家契约"的作用。可能直到在20世纪90年代前，国家契约和国内投资法一起,是外国投资法的主要关注点①。这些法律的实施带来了许多创新,包括按条约索赔要求进行的投资者—国家条约仲裁。从当代视角概述国际投资法时必须注意这些特征。

然而,如果仅限于对国际投资法所依据的现行结构的陈述上,将会忽略这样一个过程,即一项制度最初仅为自然资源永久主权的一个例外,却不成比例地发展起来,特别是从20世纪90年代开始,并最终以牺牲主权和其他考虑因素,如人权和环境保护为代价,被当作一项规则。最近,一种寻求重新调整这一制度的不同趋势在条约实践中变得日益重要。这一趋势的特点是反对投资者—国家仲裁并强烈强调国家监管权力。

为了当前的目的,上述讨论只是想说明一个人要想理解国际法,就必须同时采用结构视角和动态视角。

(二) 结构视角:国际投资法的三大支柱

国际投资法规范着外国投资者在东道国所进行的某些交易(投资),它定义了国家同意给予外国投资者的某些待遇的准则或标准,在出现争议的情况下,国际投资法使外国投资者有可能在国际仲裁法庭向东道国提出索赔。这三大因素,即对象、法律和法官,并不总是具有这样的具体内容,并且随着时间的推移,对于什么/谁有符合外国投资者持有的投资、适用的法律是否应为国际标准而不是国内标准以及适合的仲裁人的性质,即国内仲裁机构、国际仲裁机构或两者兼而有之,已经产生了很多的争议②。从当代的视角来看,要按本段开头提到的方式对外国投资的对象、法律和法官加以理解。当然,对这三大支柱进行更为详细的分析会有一些复杂,而且对这种复杂性的描述

---

① Leben, Charles, "La Theorie du Contrat d'Etat et l'Evolution du Droit International des Investissement," *RCADI*, 2003, Vol. 302: 197-386.

② Viñuales, Jorge E. and Langer, Magnus Jesko, "Foreign Investment in Latin-America: Between Love and Hatred," in Claude Auroi and Aline Helg, eds., *Latin America* 1810-2010: *Dreams and Legacy*, London: Imperial College Press, 2011.

不在本文的范围内。① 然而,一些其他意见对于阐明国际投资法的架构是必需的。

关于该制度的规范对象,它由某些类型的交易(投资)组成,且这些交易只能是由具备外国投资者资格的自然人或法人发起。虽然后一点已经在判例法中引起了一些关注,但大部分关注和争议的焦点却在对投资这一术语的定义上。② 有关这一术语的定义,首先必须从提供保护的文件中寻找,最常见的是适用的国际投资协定,或者在少数情况下采用东道国的法律。如果投资者按(ICSID)规则提出仲裁索赔,其他定义要求则可能出现在《解决国家与他国国民之间投资争端公约》(《ICSID 公约》)第 25 条第(1)款中。③ 在这一层面,一个重要的争论是交易必须对东道国的发展有贡献才有资格被称作投资。④ 此外,即使按照适用的文件,相关交易可被视作投资,它也会因各种原因被视为是不"受保护的"或"隐蔽的"投资,从而使仲裁法庭婉拒管辖或受理。因此,控制为某些交易设置的保护性条款的适用范围的"入门规定(gate provision)"实际上是由一系列主要解决定义问题的规范组合而成。有时,这些规范源自不同的文件,甚至是国际习惯法。

下面讨论与外国投资相关的法律。虽然合同和国内投资法也含有公平和

---

① 简要介绍当代外商投资法,见 Dolzer, Rudolph and Schreuer, Christoph, *Principles of International Investment Law*, Oxford: Oxford University Press, 2012;关于系统的复杂性及其基础,见 Douglas, Zachary, Pauwelyn, Joost and Vinuales, Jorge E., eds., *The Foundations of International Investment Law*, Oxford: Oxford University Press, 2014。

② 在这个问题的众多贡献中,特别见 Schreuer, Christoph; Malintoppi, Loretta; Reinisch, August and Sinclair, Anthony, *The ICSID Convention. A Commentary* (2nd edition), Cambridge: Cambridge University Press, 2009。

③ ICSID Convention, 18 March 1965, 575 UNTS 159.

④ 这一争论集中体现于 Malaysian Historical Salvors v. Malaysia, ICSID Case No. ARB/05/10, Award, 17 May 2007,独任仲裁员根据对第 25 条第(1)款投资术语的客观理解,拒绝管辖权,包括考虑到交易对东道国发展的贡献。这项裁决随后被特设委员会取消,尽管不一致;Malaysian Historical Salvors v. Malaysia, ICSID Case No. ARB/05/10, Decision on the application for annulment, 16 April 2009, paras. 62 – 63, 69, 71 – 72。

正当程序标准，今天的投资行为准则或标准的主要来源是国际投资协定，以及从某种程度上是国际习惯法。国际投资协定中包括的主要投资保护标准有防止非法征用、公平和公正待遇（FET）条款、全面保护和安全条款、非歧视标准（最惠国待遇，或简称为"MFN 和国民待遇条款"）以及所谓的"保护伞"条款。[1] 尽管在最近的学术研究和实践中，这些标准享有准垄断的地位，外国投资法在很多方面大大超越了它们。首先，条约中所包括的这些标准的实施受国际条约法以及国家对国际不当行为的责任的约束。其次，许多问题在这些条约中都未得到明确（甚至是隐含）的解决，并且要么是作为一般国际法问题，要么是作为系统的或仅仅是背景说明的问题，如提到人权或环境规范时。[2] 最后，国际投资协定与投资合同和国内法有着复杂且有时是易变的相互影响。

但同样重要的是，当前的制度建立在外国投资者有可能在为审理索赔案件而专门组建的国际仲裁法庭直接（即无须在充分用尽国内救济措施之后）对东道国提起索赔诉讼的基础上。这种可能性的产生不但与合同关系不涉及第三人原则有关，而且与 1990 年做的一个基于出现在条约或国内法仲裁条款中的持续要约的著名裁决有关。[3] 一般认识是，投资者要么明确地（通过一封简单的信函），要么隐含地（通过提出仲裁请求）接受此种要约。在过去的 30 年中，这种可能性已经导致了投资仲裁案例骤增。根据最近的估计，至今

---

[1] 关于这些标准的内容见包括 August Reinisch, ed., *Standards of Investment Protection*, Oxford: Oxford University Press, 2008; McLachlan, Campbell, Shore, Laurence and Weiniger, Matthew, eds., *International Investment Arbitration: Substantive Principles*, Oxford: Oxford University Press, 2007。

[2] 关于投资纠纷的人权与环境问题见 Kriebaum, Ursula, *Eigentumsschutz im Volkerrecht. Eine vergleichende Untersuchung zum internationalen Investitionsrecht sowie zum Menschenrechtsschutz*, Berlin: Duncker and Humblot, 2008; Dupuy, Pierre-Marie, Francioni, Francesco and Petersmann, Ernst-Ulrich eds., *Human Rights in International Investment Law and Arbitration*, Oxford: Oxford University Press, 2009; Laurence Boisson de Chazournes, Marcelo G. Kohen and Jorge E. Vinuales, eds., *Diplomatic and Judicial Means of Dispute Settlement*, The Hague: Martinus Nijhoff, 2012。

[3] Asian Agricultural Products LTD (AAPL) v. Republic of Sri Lanka, ICSID Case No. ARB/87/3, Final Award, 27 June 1990.

为公众所知的基于条约的案例累计超过 560 起①。

当前对国际投资法三大支柱的理解对应着该制度的一种状态，该状态在很大程度上是由国际投资协定的崛起和投资者——国家争端解决概念的扩展决定。如下文所讨论的，当从历史的视角来审视时，这种制度状态产生于各种渐增的且常常是计划外的措施②，且目前正在经历着变化。对一名 10 年或 20 年后写作的观察家而言，这些可能会被认为是显著的变化。

（三）动态视角：三大支柱的历史发展

国际法对在海外经营的外国投资者的保护有着悠久的历史，同时也有着至少两个世纪的争论和实践，且最初是在位于美洲的西班牙殖民地的独立运动的推动下发展起来的。③"二战"后的非殖民化过程重新点燃了资本输出国与资本输入国以及新独立国家之间的争论。因在联合国大会占有极大的数量优势，发展中国家和新独立的国家推动了一项重要决议的通过，即 1962 年"自然资源永久主权"决议（第 1803 号决议）。④ 该文件的核心在于试图让新获得的政治独立与真正的经济自由统一起来。

阅读全文，这一决议的正文似乎很清楚地说明，以下原则不适用于仲裁和外国投资协定，即人民和国家对其资源享有主权原则与公共利益高于私人利益原则（第 1803 号决议，第 1、4、8 段）。回顾历史，同样明显的是，在 20 世纪 90 年代开始的现代国际投资协定浪潮的推动下，这种例外不成比例地

---

① UNCTAD, "Recent developments in investor-State dispute settlement," *IIA Issues Note*, No.1, http://unctad.org/en/PublicationsLibrary/webdiaepcb2014d3_en.pdf, 2014.

② Douglas, Zachary, Pauwelyn, Joost and Vinuales, Jorge E., eds., *The Foundations of International Investment Law*, Oxford: Oxford University Press, 2014.

③ Viñuales, Jorge E. and Langer, Magnus Jesko, "Foreign Investment in Latin-America: Between Love and Hatred," in Claude Auroi and Aline Helg, eds., *Latin America 1810 – 2010: Dreams and Legacy*, London: Imperial College Press, 2011.

④ UN General Assembly Resolution 1803 (XVII), Permanent Sovereignty over Natural Resources, 14 Dec.1962 (Resolution, 1803).

发展起来，且在很多方面变成了一种规则。因此，从历史的角度来看，相对而言允许外国投资制度扩张的文件历史不长。为了理解这种扩张过程，更密切地考察这段时间三大支柱（对象、法律和法官）的轨迹十分重要。

从历史来看，外国投资交易的范例要么是自然资源开采（这是第 1803 号决议的目标），要么是基础设施投资。除其他原因之外，资本输入国接受对外商直接投资加强保护的原因还在于，它们期待这种投资能对其经济和社会发展做出贡献。① 随着时间的推移，特别是在过去的 15 年中，这种理解在两个过程的作用下不断遭到侵蚀。第一个过程是，国家在其国际投资协定中纳入了针对"什么构成了外国投资者持有的投资"的更广的定义。② 第二个过程也许争议更大，那就是投资仲裁法庭扩展了这一术语的解释范围，在解释中纳入了外国金融市场中出现的有价证券投资或如商业贷款、债券之类的资产。③ 在一些情况下，投资必须有助于东道国发展的要求被认为是《ICSID 公约》第 25 (1) 条中对投资的定义的一个不必要的组成部分，这一点引起了很大的争议。④

关于标准问题，如第 1803 号决议所指出的，主要的历史考量是防止无偿征用，以及防止与之相关的、可能出现的拒绝司法的行为。随着时间的推移，越来越多的投资准则或标准被纳入国际投资协定，涵盖了不符合征收或未涉及拒绝司法的对外国投资的损害。在这些准则和标准中，有两点值得注意。

---

① 见《ICSID 公约》序言部分，第 1 段："国际合作对经济发展的需要，以及私人国际投资的作用。"

② 作为例证，近期国际投资协定的投资定义中经常出现诸如"股票、股票或其他形式的股本"，"债券〔……〕其他债务工具和贷款"或"知识产权"等资产。见 US Model BIT (2012), Article 1。

③ 见例如 Ceskoslovenska Obchodni Banka, A. S. v. The Slovak Republic, ICSID Case No. ARB/97/4, Award, 24 May 1999, para. 76 – 89; Abaclat and Others v. Argentine Republic, ICSID Case No. ARB/07/5, Decision on Jurisdiction and Admissibility, 4 Aug. 2011, paras. 373 – 80. 但见 Postova banka, a. s. and Istrokapital s. e. v. Hellenic Republic, ICSID Case No. ARB/13/8, Award, 9 April 2015, paras. 308, 331。

④ 这一争论集中体现于 Malaysian Historical Salvors v. Malaysia, ICSID Case No. ARB/05/10, Award, 17 May 2007, 独任仲裁员根据对第 25 条第（1）款投资术语的客观理解，拒绝管辖权，包括考虑到交易对东道国发展的贡献。这项裁决随后被特设委员会取消，尽管不一致；Malaysian Historical Salvors v. Malaysia, ICSID Case No. ARB/05/10, Decision on the application for annulment, 16 April 2009), paras. 62 – 63, 69, 71 – 72。

第一，国家和外国投资者之间签订的投资合同天然的模糊性导致一些资本输出国如德国，在其条约中引入了所谓的"保护伞条款"。这类条款的目的是赋予东道国对外国投资者做出的承诺有一个国际性的维度，包括合同承诺。在过去的20年中，这类条款将合同"提升"或"转变"为国际义务的程度已引起广泛讨论①。这一问题在判例法中并未得到明确解决，虽然人们普遍认为，解决方案位于两种极端的可能性之间，即任何合同条款都不能提升或者所有合同条款都可提升到条约水平。②

第二，也许更为重要的是，在广泛的"公正和公平待遇"标准下，几乎任何类型的国家监管行动现在都面临着潜在的挑战。公正和公平待遇条款只是指出各国应给予公平和公正的待遇，将这种待遇的具体影响留给了仲裁庭去解释。从很多方面讲，将公正和公平待遇纳入，相当于构成一个定义代表团，其会随着时间的推移产生各种各样的解释和诸多争议也就不足为奇了。③ 公正和公平待遇，特别是与投资者的"合法预期"相关的范围的不断扩大和含义的不断增多，已经饱受批评，现在正通过各种工具在条约实践中加以具体解决④。

---

① 例如，Antony, Jude, "Umbrella Clauses Since SGS v. Pakistan and SGS v. Philippines—A Developing Consensus," *Arbitration International*, 2013, Vol. 29, Issue 4, pp. 607 – 40。

② 见 El Paso Energy International Company v. The Argentine Republic, ICSID Case No. ARB/03/15, Decision on Jurisdiction, 27 April 2006, para. 81。法庭通过参考其他三项决定支持其结论，即 SGS Societe Generale de Surveillance S. A. v. Islamic Republic of Pakistan, ICSID Case No. ARB/01/13, Decision on Jurisdiction, 27 Aug. 2003, paras. 166, 168, 173; Salini CostruttoriS. p. A. & Italstrade S. p. A. v. Hachemite Kingdom of Jordan, ICSID Case No. ARB/02/13, Decision on Jurisdiction, 29 Nov. 2004, para. 126; Joy Machinery Limited v. Arab Republic of Egypt, ICSID Case No. ARB/02/11, Award, 6 Aug. 2004, para. 81。

③ 关于解释范围，除其他贡献外，见 Tudor, Ioana, *The Fair and Equitable Treatment Standard in the International Law of Foreign Investment*, Oxford: Oxford University Press, 2008; Klager, Roland, "Fair and Equitable Treatment," *International Investment Law*, Cambridge: Cambridge University Press, 2011。

④ UNCTAD, *World Investment Report-Investing in SDGs: An Action Plan*, New York and Geneva: United Nations, 2014; Roberts, Anthea, "Power and Persuasion in Investment Treaty Interpretation: The Dual Role of States," *American Journal of International Law*, 2010, Vol. 104, No. 2: 179 – 225; Kaufmann-Kohler, Gabrielle, "Non-Disputing State Submissions in Investment Arbitration: Resurgence of Diplomatic Protection?" in Laurence Boisson de Chazournes, Marcelo G. Kohen and Jorge E. Vinuales, eds., *Diplomatic and Judicial Means of Dispute Settlement*, The Hague: Martinus Nijhoff, 2012。

至于第三个支柱，造成当前情势的主要历史发展，正如仲裁法庭在亚洲农产品有限公司诉斯里兰卡案①中所认可的，是投资者可以仅依据双边投资条约中出现的某一仲裁条款提出索赔，而不管投资者与东道国之间的任何合同相对性。此后，投资要求的数量呈指数增长。不管结果如何，仲裁法庭通过各种措施扩大了这种索赔的法律依据。这些措施包括，为司法目的扩大最惠国待遇条款的解释范围②，或解除在国家间争端解决中广受认可的规则，它们都赞成管辖权不能经推断而来，而要对其进行限制性的解释③。然而，投资者—国家仲裁已经饱受批评。目前有一股相对强大的反向趋势，倾向于控制这类诉讼的运作，甚至将它们全部排除在新的投资条约之外，甚至在发达国家的态度中也能明显感受到这一点。围绕着是否将投资者—国家争端解决纳入《跨大西洋贸易与投资伙伴关系协议》的争论就可以说明这一点④。

　　总体而言，上述从结构视角和动态视角进行阐述的国际投资法体系在涉及自然资源的开采方面起着很重要的作用，特别是在采掘业方面。在下文中，本文将分析与这一行业有关的国际投资法的主要特点。

---

① Asian Agricultural Products LTD (AAPL) v. Republic of Sri Lanka, ICSID Case No. ARB/87/3, Final Award, 27 June 1990.

② 这个重要但仍在进行的辩论的出发点是以下案件的裁决 Maffezini v. Kingdom of Spain, ICSID Case No. ARB/97/7, Decision on Jurisdiction, 25 Jan. 2000, para. 64. On this issue, see Douglas, Zachary, "The MFN Clause in Investment Arbitration: Treaty Interpretation Off the Rails," *Journal of International Dispute Settlement*, 2011, Vol. 2, Issue 1, pp. 97–113.

③ 见例如 S. S. Wimbledon, P. C. I. J., Series A, No. 1, 17 Aug. 1923, pp. 24–25; SS Lotus, P. C. I. J., Series A, No. 10, 7 Sep. 1927, p. 18; Free Zones of Upper Savoy and the District of Gex, P. C. I. J., Series A/B, No. 46, 7 June 1932, 167。最近的见 Howse, R., "The Appellate Body Rulings in the Shrimp/ Turtle Case: A New Legal Baseline for the Trade and Environment Debate," 27 *Columbia Journal of Environmental Law*, 2002, 519。

④ 例如，Krajewski, Markus, *Modalities for Investment Protection and Investor-State Dispute Settlement (ISDS) in TTIP from a Trade Union Perspective*, Brussels: Friedrich-Ebert-Stiftung, 2015, http://library.fes.de/pdf-files/bueros/bruessel/11044.pdf。

三、国际投资法与自然资源治理

(一) 国家—投资者—民众三角

上文所描述的体系对于自然资源的治理十分重要。引言中挑选了三个主要领域,准入、主权和分配,在这三个领域中,该体系的含义需要进一步的推敲。然而,在进行分析之前,首先澄清这些问题出现的背景会有所帮助,即什么可以称为"国家—投资者—民众"(SIP)三角。

自然资源的地理分布与国界不一致。事实上,从政治的角度来看,国界的定义常常受前者分布的影响。因此,从外国投资者(有时候从投资者所在国)和试图利用此类资源和投资,以促进本国发展和增长的东道国的角度来看,准入此类资源是一个关键的考虑因素。在这一层面,外国投资者和东道国的利益是一致的。但是,鉴于自然资源领域许多形式的外国投资项目的采掘性质,这种在统一利益的驱使下进行的活动可能会损害居住在项目覆盖区域的那些个人和社区的利益。视政治结构而定,外国投资者(受到东道国的支持)与受影响居民间的利益不一致可能会导致公开的对抗,而这种对抗反过来会改变反对投资者的政治力量的影响范围。

这种基本的三角关系在实践中要复杂得多。我们可以加上四个方面的细微差异以更好地反映现实。第一,国家不是一个单一的治理结构。在大多数情况下,国家被统称为东道国政府,但还可能会涉及不同政治和领土分支部门,且它们的利益不一定一致。地方政府与国家政府之间关系紧张的情况并不罕见,这种紧张情况在国家—投资者—民众三角分析当中必须加以考虑。第二,东道国的人口和受影响的社区也可以分为各种各样的类型。从发展的角度看,对人口中某个特定人群有害的项目可能对一个国家的全体居民而言是有益的。此外,在受影响的人群中,利益会因有人从项目受益和有人未从项目受益而不同。第三,虽然母国的利益经常被描绘成与其外国投资者的利益密切相关,但事实并非如此。事实上，母国作为未来投资索赔诉讼中的一个潜在被告，其对有关国际投资协定所提供的（或不提供的）保护的范围的观点可能与东道国一致。第四，重要的是，约束国家—投资者—民众三角的不同维度的法律体系并不相同，且它们可能互相冲突。确实，外国投资项目（受国际投资法保护）的实行可能会损害采掘活动影响到的居民的人权或集体权利。同时，投资项目所涉及区域的环境保护工作也可能受多边环境条约的约束。多边环境条约会引导相关国家以不符合狭隘的投资保护条款的字句或精神的方式来采取行动。不同的法庭和仲裁法庭可能不得不对同一三角表达立场，尽管它们的监管视角会各不相同。这一点下文将予以讨论。图1总结了国家—投资者—民众三角，并突出了不同国际法主体的监管重心。

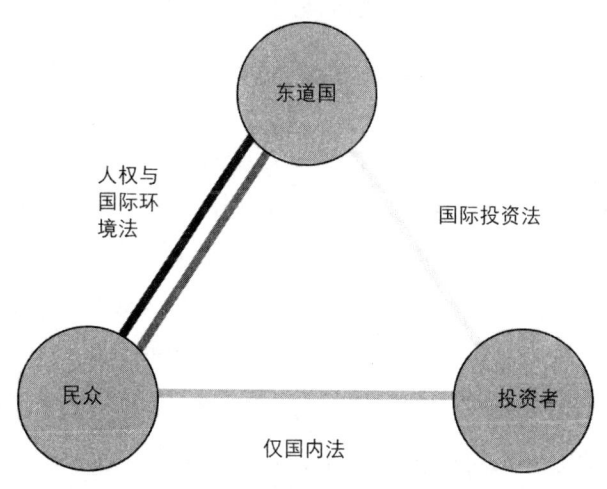

图1　国家—投资者—民众三角和相关法律

评估国际投资法在自然资源治理中的运作情况时，必须牢记国家—投资者—民众三角以及上述注意事项。简单来说，国际投资法，就目前对其对象、法律和法官的理解来看，过于强调国家—投资者—民众三角的一个维度，即对外国投资者的保护。联合国贸易和发展会议（UNCTAD）最近的一项研究显示，外国投资者在70%以上的案件于司法层面和60%的案例于功过层面中占优势①。这些数字是基于发达国家和发展中国家的大量案件（最终获得裁决的 255 件案件）。采掘业中大部分开采活动是在发展中国家进行的，这种不平衡在针对发展中国家的案例中可能更明显。这种不平衡对于解决准入、主权和分配问题的方式有重大影响。

（二）准入和投资的合法性

准入这个术语有狭义和广义之分。从严格的意义上来说（sensu stricto），准入指的是投资者进入或者获得允许进入东道国的领土和市场。从更广泛的意义上来说，准入也包括给予投资者进行资源开采活动的待遇。实际上，进入一个市场并将自然资源投入使用所涉及的活动是一个连续的整体，只是从监管的角度被分为严格意义上的准入和待遇两部分。但这种区别有助于理解国际投资法对自然资源治理的影响。

一般而言，大部分国际投资协定的重点都在待遇，而不在严格意义上的准入方面。② 基本原则是国家可以自由地控制外国投资进入其领土，除非国家同意在行使其监管权力时遵循某项限制。对外国投资许可进入的监管可以采取各种各样的形式，从简单的禁止进入到更加细化的框架，包括许可证要求、税收安排、资本化和控制要求、当地合作要求，以及与环境保护相关的要求，最为常见的是事先的环境影响评价。③ 借助这一盛行的做法，就有充分的空间在准入阶段对外国投资者进行监管。然而，各国可能会通过条约来限制其监管自由。例如，一些条约将最惠国待遇和国民待遇条款的范围扩展到准入后国民待遇之外以涵盖允许进入的问题。加拿大、美国、日本的投资条约实践，或更普

---

① Mann, Howard, "ISDS: Who Wins More, Investors or States?" *Investment Treaty News*, *Breaking News Analysis*, IISD, 2015.

② Joubin-Bret, Anna, "Admission and Establishment in the Context of Investment Protection," in August Reinisch, ed., *Standards of Investment Protection*, Oxford: Oxford University Press, 2008.

③ Sornarajah, Muthucumaraswamy, *The International Law on Foreign Investment*, Cambridge: Cambridge University Press, 2010.

第三部分 资源贸易与投资主题

遍地,许多自由贸易协定,已经遵循了这种较常见的做法。① 在这一前提下,对控制进入的权利的限制接近实际授予一项允许进入的权利。②

管理自然资源领域外国投资相关的一个重点是,在许多国际投资协定中都要求投资要"依据国内法"进行。正如在说明国家—投资者—民众三角的特点时所讲的,自然资源开采会影响周围环境,在这一环境中,对人权和环境的负外部性,在所有合理可能的情况下,必须降到最低或加以消除。对人权和环境的保护不仅是一个国内法的问题,也是一个国际法的问题。对"依据国内法"进行的交易提供外国投资保护的条款,为外部影响因素的管制提供了一个明确的切入点,因此,它们有助于在国际投资协定内容中为人权和环境的考虑开拓空间。

这些条款的实际实施情况已经在投资法学中进行了相当详尽的讨论。一般而言,初始违法(例如违反国内法对进入其市场的要求的投资)与后继违法(例如进入市场后,投资项目经营的方式违反国内法)之间是有区别的③。然而,从概念的角度看,许多重要的问题点仍未解决,导致这些条款尚未充分发挥其在投资保护制度再平衡方面的全部潜力。举几个重要的开放性问题的例子或许会有所帮助。首先,在进行投资时,目前尚不清楚必须遵守哪些国内法。国内法可能会对采掘业中的投资行为设置一些条件,从获得投资许可证(允许进入)到勘探授权,再到基于环境影响评估的环境许可证等。极具争议的是,

---

① Joubin-Bret (2008: 10, 13 – 15) referring to the following treaties— (i) investment treaties: United States/Egypt BIT (1992), art. 2 (a); United States/Georgia BIT (1994), art. 2; United States/Azerbaijan BIT (2000), art. 2; United States/Uruguay (2005), art. 2; Canada/Peru BIT (2006), art. 3; Japan/Vietnam BIT (2003), art. 2; Japan/Republic of Korea BIT (2002), art. 2; and (ii) free trade agreements: United States/Morocco FTA (2004), art. 10. 3; United States/Republic of Korea FTA (2007), art. 11. 3; United States/ Peru FTA (2006), art. 10. 3; United States/Australia FTA (2004), art. 11. 3.

② 一些条约明确规定了进入的权利。见例如 Convention Establishing the European Free Trade Association (EFTA), 4 Jan. 1960, 370 UNTS 3 (EFTA Convention), art. 23 (1), referred to in Joubin-Bret (Joubin-Bret, Anna, "Admission and Establishment in the Context of Investment Protection," in August Reinisch, ed., *Standards of Investment Protection*, Oxford: Oxford University Press, 2008, p. 14).

③ Fraport AG Frankfurt Airport Services Worldwide v. Republic of the Philippines, ICSID Case No. ARB/03/25, Award, 16 Aug. 2007, (Fraport v. Philippines), para. 345.

投资仲裁法庭已经将相关国内法的范围限制到纯粹的外国投资法上，即那些监管投资许可证的法律①，好像其他授权算不上"做出"投资的过程的一部分一样②。后者导致一个更为根本、概念上更加棘手的问题，即"做出"投资应做何理解？一旦获得投资许可证，是否就代表已经"做出"投资，而不用考虑是否已经获得进行相关活动的主要许可证（例如勘探许可证或环境许可证）？我们可以做一个与自然资源无关但非常清楚的类比，一家有意在某个国家经营的外国银行能在获得银行业执照前，仅以其已经获得了投资许可证为由，就声称其已经"做出"投资了吗？

这一明显的理论问题在实践中非常重要。如果仲裁法庭采取限制性立场，并认为投资者仅需一个投资许可证就可以"做出"投资，那么按当前对合法性条款的理解，诉讼将会继续到功过层面（这与司法层面投资者超过70%的成功率一致），这必然伴有相当大的诉讼成本，使合法性条款在司法（或可受理性）方面的运作将更符合对这些条款明确赋予的国内法的尊重。相反，在功过层面评估其影响将导致它们不再与准入相关，而与待遇相关。如下文将要讨论的当前因对国际投资法的理解而产生的不平衡也影响着准入后对外国投资的监管。

（三）主权与监管权力

鉴于自然资源开采对受影响社区和环境的重大影响，国际投资法作为保护外来投资的框架的主流理解存在问题。有时，仲裁法庭会认为促进外国投资的目标，即投资必须对东道国的发展做贡献，也是国际投资法体系的一个

---

① Saba Fakes v. Turkey, ICSID Case No. ARB/07/20, Award, 12 July 2010, para. 119.

② 对于对比的立场见 Inmaris Perestroika Sailing Maritime Services GmbH v. Ukraine, ICSID Case No. ARB/08/8, Decision on Jurisdiction. 8 March 2010, paras. 135 – 45 (reviewing a variety of domestic laws and rejecting the respondent's objection on the facts); Gustav F. W. Hamester GmbH & Co KG v. Ghana, ICSID Case No. ARB/07/24, Award, 10 June 2010, paras. 125 – 39 (reviewing a broader set of laws and rejecting the respondent's objection on the facts)。

重要部分，但一些投资仲裁法庭却质疑这种观点，支持纯粹的投资保护。① 如果国际投资法的实施"脱离"治理负外部性，如对人权和环境的不利影响，将国际投资法理解为一个纯粹的"保护性"框架会产生特别严重的不平衡效果。接下来，我们将简要讨论一下这种隔离会如何影响国家监管外国投资的能力，以及更普遍来说，公共利益并不等于东道国利益，会受到怎样的不利影响。

鉴于目前的投资保护体系很大程度上是基于投资条约，停留在这种概括性的水平上模糊了一些重要细节，理解国际投资法如何在本质上已变成保护性框架时，必须考虑这些细节。帮助投资者避免具体谈判合同条款和适用于此类合同的国内监管框架的一个重要发展是从合同级别转移到条约级别。这一转变最早出现在法国维旺迪集团诉阿根廷案中②，尤其是该案对"条约索赔"与"合同索赔"进行了区别③。投资合同与投资条约间的相互影响是复杂的、多方面的。就目前而言，我们必须注意的是，外国投资者可以绕过与东道国的合同条款（实质条款和法院管辖条款），提起一个基本类似的索赔作为条约索赔，并通过所谓的"保护伞条款"，选择性地将某些合同条款引入条约中。④

---

① 见在马来西亚历史性的 Salvors v. Malaysia 案中废除独任仲裁员的裁决；这一争论集中体现于 Malaysian Historical Salvors v. Malaysia, ICSID Case No. ARB/05/10, Award, 17 May 2007，独任仲裁员根据对第 25 条第（1）款投资术语的客观理解，拒绝管辖权，包括考虑到交易对东道国发展的贡献。这项裁决随后被特设委员会取消，尽管不一致；Malaysian Historical Salvors v. Malaysia, ICSID Case No. ARB/05/10, Decision on the application for annulment, 16 April 2009），paras. 62 – 63, 69, 71 – 72。

② 见 Compania de Aguas del Aconquija S. A and Vivendi Universal S. A v. Argentine Republic, ICSID Case No. ARB/97/3, Award, 21 Nov. 2000（Vivendi I）; Decision on Annulment, 3 July 2002; Decision on Jurisdiction, 14 Nov. 2005; Award, 20 Aug. 2007（Vivendi II）; Decision on Annulment, 10 Aug. 2010.

③ 也许这种区分的最经常的表述在该裁决（2007 年 8 月 20 日）第 7.3.10 段给出："是否违反合同或违反条约涉及两种不同的查询。双边投资条约第 3 条和第 5 条不涉及违反市政合同。相反，他们制定了独立的标准。国家可能违反条约而不违反合同；在违反合同的同时也可能违反条约。而在后一种情况下，法庭可以审议这种所谓的合同违约行为，而不是为了确定一方是否根据国内法承担责任，但在必要的范围内分析和确定是否有条约违约行为。这样做时，法庭绝对不会对合同行使管辖权，只是考虑到当事人在确定是否违反国际法的明确标准的情况下考虑到与合同条款有关的行为。

④ 见 El Paso v. Argentina 案中的讨论，Asian Agricultural Products LTD（AAPL）v. Republic of Sri Lanka, see note 7; Antony, Jude, "Umbrella Clauses Since SGS v. Pakistan and SGS v. Philippines—A Developing Consensus," *Arbitration International*, 2013, Vol. 29, Issue 4, pp. 607 – 40。

投资仲裁法庭似乎默许这种做法,导致了评论家所说的"平行诉讼骤增"①。早期为行使与这些索赔相关的司法限制的努力因所谓的维旺迪 I 案的裁决被宣告无效而受挫。② 这种细微差别所代表的国际化程度不容低估。合同安排的条款针对的是特定项目,且常常嵌在由国内法组织的监管框架中。广泛制定的投资保护标准使仲裁法庭有更广阔的运作空间,合同安排的条款则变成了次要的,需要根据该标准进行评估。

值得注意的第二个趋势与第一个趋势密切相关。与投资合同和国际投资协定间的相互影响非常相似的是,人们对国际投资协定与一般国际法之间的相互影响有不同的解释,这在外国投资监管中的主权表述方面有重大意义。这种波动在基于条约的紧急条款和习惯必要性辩护的解释与适用方面比在任何地方都更明显。最初的分歧集中体现在 CMS 天然气运输公司诉阿根廷案③和 LG&E 诉阿根廷案④中仲裁法庭所采取的不同立场上。这种分割后来导致一连串的决定,并且,更重要的是,导致有关紧急情况下国家监管权力范围的大辩论。本质上,从这一辩论中可以得出的结论是,要严格评估条约(在相关案例中,是基于条约的紧急条款)与一般国际法(在相关案例中,是可运用必要辩护的严格条件)之间的相互影响。CMS

---

① Van Harten, Gus, *Sovereign Choices and Sovereign Constraints*: *Judicial Restraint in Investment Treaty Arbitration*, Oxford: Oxford University Press, 2013.

② Decision on Annulment, 3 July 2002;这一争论集中体现于 Malaysian Historical Salvors v. Malaysia, ICSID Case No. ARB/05/10, Award, 17 May 2007,独任仲裁员根据对第 25 条第(1)款投资术语的客观理解,拒绝管辖权,包括考虑到交易对东道国发展的贡献。这项裁决随后被特设委员会取消,尽管不一致; Malaysian Historical Salvors v. Malaysia, ICSID Case No. ARB/05/10, Decision on the application for annulment, 16 April 2009), paras. 62 – 63, 69, 71 – 72。

③ CMS Gas Transmission Company v. Argentina, ICSID Case No. ARB/01/08, Award, 12 May 2005, paras. 316 – 31 (necessity), 353 – 78 (emergency clause), followed by Enron andPonderosa Assets v. Argentine Republic, ICSID Case No. ARB/01/3, Award, 22 May 2007, paras. 314 – 42; Sempra Energy v. Argentine Republic, ICSID Case No. ARB/02/16, Award, 28 Sep. 2007, paras. 356 – 91.

④ LG&E Energy Corp, LG&E Capital Corp, LG&E International Inc. v. Argentine Republic, ICSID Case No. ARB/02/1, Decision on Liability (3 Oct. 2006), paras. 194 – 200, followed by Continental Casualty Company v. Argentine Republic, ICSID case No. ARB/03/9, Award, 5 Sep. 2008, para. 85.

案的裁决以及其他效仿该案的裁决错误地得出，正如多个争端撤销委员会后来解释的那样，对必要性辩护的习惯性要求约束着基于条约的紧急条款的应用。① 鉴于投资条约被视为取代解释国家监管权力的一般习惯法，是一种支配特定主体事项（lex specialis）的法律，这一结果从系统的视角来看更加突出。事实上，投资案例对事实特别敏感，而证明结论合理的法律推理，常常隐藏着由仲裁员之间更具有事实性的推理和谈判产生的结果。然而，从法律上讲，外国投资监管的许多方面，如条约法和国家责任，均未在投资条约中提及。这不仅包括表述主权的若干习惯概念，并且，更概括地说，也包括超越了投资促进或保护且与投资的治理有关的更广的范畴②。确实，需要强调的是，对外国投资法的分析不能仅限于对投资项目的促进和保护，必须把重点也放在对外国投资的治理上。针对阿根廷③、哥斯达黎加④、厄瓜

---

① 见 CMS Gas Transmission Company v. Argentine Republic, ICSID Case No. ARB/01/08, Decision on Annulment, 25 Sep. 2007, paras. 137 – 50; Enron and Ponderosa Assets v. Argentine Republic, ICSID Case No. ARB/01/3, Decision on Annulment, 30 July 2010, paras. 396 – 417; Sempra Energy v. Argentine Republic, ICSID Case No. ARB/02/16, Decision on Annulment, 29 June 2010, paras. 159 – 223。实质上，紧急条款的要求不及管理习惯性必要性辩护的规定。此外，紧急条款（如果有的话）作为剔除，不包括存在违约行为，而必要性辩护只有在有违约行为的情况下才能行事，这可以通过参考必要性的方式予以排除。根据上述特设委员会，无视这些差异是法律上的错误，甚至是无法说明理由的。

② Viñuales, Jorge E., "Customary Law in Investment Regulation," *Italian Yearbook of International Law*, Vol. 23, Issue 1, 2013/14, pp. 23 – 48; Viñuales, Jorge E., "Sovereignty in Foreign Investment Law," in Zachary Douglas, Joost Pauwelyn and Jorge E. Viñuales, eds., *The Foundations of International Investment Law*, Oxford: Oxford University Press, 2014.

③ 见 Suez, Sociedad General de Aguas de Barcelona S. A. and InterAgua Servicios Integrales del Agua S. A. v. Argentine Republic, ICSID Case No. ARB/03/17, Decision on Liability, 30 July 2010; Suez, Sociedad General de Aguas de Barcelona, S. A. and Vivendi Universal, S. A. v. Argentine Republic, ICSID Case No. ARB/03/19, Decision on Liability, 31 July 2010。

④ Compania del Desarrollo de Santa Elena S. A. v. Republic of Costa Rica, ICSID Case No. ARB/96/1, Award, 17 Feb. 2000; Marion Unglaube v. Republic of Costa Rica, ICSID Case No. ARB/08/1, Award, 16 May 2012; Reinhard Unglaube v. Republic of Costa Rica, ICSID Case No. ARB/09/20, Award, 16 May 2012. 另见听候裁决的 Spence International Investments, LLC, Bob F. Spence, Joseph M. Holsten, Brenda K. Copher, Ronald E. Copher, Brette E. Berkowitz, Trevor B. Berkowitz, Aaron C. Berkowitz and Glen Gremillion v. Costa Rica, CAFTA Arbitration (UNCITRAL Rules)。

多尔①、墨西哥②和其他国家提出的几起索赔,在维持有关外国投资于东道国更广范围的监管责任中适当位置的争论方面发挥着重要作用③。值得特别注意的是提出水权适用性的苏伊士诉阿根廷的几个案件,以及提出了环境污染问题的雪佛龙诉厄瓜多尔的几个案例。

总的来说,这些趋势表明,将国际投资协定与合同、国内法和更广泛的国际法主体分隔开存在很大的问题,因为它意味着不仅将表述主权的主要习惯性概念排除在外,而且将保护高于国家的公共利益(人权和环境)的那些法律(国内法和国际法)排除在外。从上述国家—投资者—民众三角的角度来看,对国际投资法功能的理解从"保护"转变为"监管",不但对维护东道国很关键,更具体地说,对给公共利益充分的空间也很关键。如下文所讨论的,公共利益并不总是与东道国政府的利益相一致,并且,在这类情况下,国际法必须扮演不同的角色,即保护人民和环境不受东道国和外国投资者的影响。

(四) 分配与"资源诅咒"

米歇尔·维拉里(Michel Virally)曾经指出,尽管承认包含自然资源主

---

① 见 Chevron Corporation and Texaco Petroleum Corporation v. The Republic of Ecuador, UNCITRAL, PCA Case No. 2009 - 23,最显著的是 the Third Interim Award on Jurisdiction and Admissibility, 27 Feb. 2012; First Partial Award on Track I, 17 Sep. 2013; Decision on Track 1B, 12 March 2015。

② 见 Robert Azinian, Kenneth Davitian and Ellen Baca v. United Mexican States, ICSID Case No ARB (AF) /97/02, Award, 1 Nov. 1999; Metalclad Corp. v United Mexican States, ICSID Case No. ARB (AF) / 97/1, Award, 25 Aug. 2000; Tecnicas Medioambientales Tecmed S. A. v. United Mexican States, ICSID Case No. ARB (AF) /00/2, Award, 29 May 2003; Abengoa S. A. y COFIDES S. A. v. United Mexican States, ICSID Case No. ARB (AF) /09/2, Award, 18 April 2013。

③ Laurence Boisson de Chazournes, Marcelo G. Kohen and Jorge E. Viñuales, eds. , *Diplomatic and Judicial Means of Dispute Settlement*, The Hague: Martinus Nijhoff, 2012; Dupuy, Pierre-Marie and Viñuales, Jorge E. , "Human Rights and Investment Disciplines: Integration in Progress," in Marc Bungenberg, Jorn Griebel, Stephan Hobe and August Reinisch, eds. , *International Investment Law*, Munich/London: C. H. Beck/Hart/Nomos, 2015.

权的民族自决权有很多好处，但这一权利一旦得到行使，就会变成独裁政府压迫他们所统治的人民的工具。这种情况常常被称为"资源诅咒"，即那些自然资源丰富的国家在人力和经济发展方面，往往会比自然资源相对较少的国家做得更差①。许多对国际投资体制持批评态度的观察家似乎都忽略了一点，东道国的利益根本不能简单地等同于其民众或环境的利益，尽管应该相等。

本文使用"应该"一词有两个目的。第一，明确肯定国际法使得由专制政府统治的国家正当签订的投资条约和合同或以其他方式授予的特许权非法是不准确的。然而，使用"应该"这一词还有第二个目的，国际法通过各种手段越来越多地限制了政府对自然资源的使用和滥用，其中人权法、环境法、国际刑事法和许多打击腐败的文件占据着重要的地位。② 这一点可以通过参考世界上不同地方发生的四个案例来说明。这些案例强调了国家—投资者—民众三角的其他边，即一方面是受影响人口的利益之间的冲突，另一方面是东道国政府与外国投资者利益之间的冲突，如何能按照国际法解决。

在第一个案例中，即卢比肯湖营居群诉加拿大案③，一群卢比肯湖克里族印第安人将一纸申请交到了联合国人权委员会（HRC）面前，理由是加拿大违反了《公民权利和政治权利国际公约》（ICCPR）④。涉及加拿大阿尔伯塔省批准了几项租约给几家公司，目的是在这些社区的祖居之地进行石油和天然气勘探。而这种行为，按照申请人的说法，威胁到了他们传统的生活方式。有趣的是，这项申请提出的理由是，加拿大违反了 ICCPR 第 1 条中所述的集体自决权，虽然人权委员会将这一问题重新定义为对 ICCPR 第 27 条规定的个人享有其文化权利的潜在侵犯。

---

① Auty, Richard, *Sustaining Development in Mineral Economies: The Resource Curse Thesis*, London: Routledge, 1993.

② Viñuales, Jorge E. and Langer, Magnus Jesko, "Foreign Investment in Latin-America: Between Love and Hatred," in Claude Auroi and Aline Helg, eds., *Latin America 1810 – 2010: Dreams and Legacy*, London: Imperial College Press, 2011.

③ Bernard Ominayak and the Lubicon Band v. Canada, HRC Communication No. 167/1984, 26 March 1990 (Ominayak v. Canada).

④ International Covenant on Civil and Political Rights, 16 Dec. 1966, 999 UNTS 171 (ICCPR).

委员会重申,《公约》坚决承认并保护一个人的自决权及其处置其自然资源的权利,并称其为有效保障、遵守个人人权和促进并强化这些权利的必要条件。然而,委员会认为,根据《任择议定书》,申请人作为一个个人,不能自称是一个违反置于《公约》第1条中的自决权的受害者,因为第1条规定的是赋予给人民的权利。然而,委员会注意到,所提交的事实可能会引起《公约》其他条款,包括第27条的一些相关问题。因此,只要该申请的发起人和卢比肯湖族群中的其他人受发起人所述的事件的影响,就应该依法调查这些问题,以确定它们是否违反了《公约》第27条或其他条款。①

由于加拿大提出了纠正这种情况的措施,人权委员会几乎没有分析少数群体权利与租赁权利之间的冲突②。但是,这个案例清楚地说明,我们可从受影响社区的角度来了解国家—投资者—民众三角出现的紧张关系,以及在经济界人士看来,同样的情况会怎样通过一组事实导致投资争端。把这一特定争端描述成因资源诅咒情况而引起的紧张关系的例子会不太准确。更准确地讲,该案例显示的是国家—投资者—民众三角带来的诸多警示之一,即东道国民众中的利益分歧。安藤仁介(Nisuke Ando)委员在其附加的简短个人意见中讨论了这一点,他指出,"享受一个人自己的文化不应被理解为意味着必须不计一切代价地完整保留该族群的传统生活方式"③。对该冲突的这一更保守的看法似乎在后来的决定中占了上风。

在人权委员会受理的另一起案件中,即兰斯曼(Länsman)诉芬兰案,申请人称,国家所批准的在对某个土著民族具有文化价值的山区(本案所涉及的山脉对该社区具有精神价值,也是他们放牧驯鹿的地方)进行采矿作业的做法违反了ICCPR第27条④。人权委员会驳回该申诉,认为采矿作业的影响

---

① Ominayak v. Canada, note 35, paras. 13.3 and 13.4.
② Ominayak v. Canada, note 37, para. 33.
③ Individual opinion of Nisuke Ando, Ominayak v. Canada, above n. 38, Appendix I.
④ Ilmari Länsman and others v. Finland, HRC Communication No. 511/1992, 8 Nov. 1995, (Länsman v. Finland).

尚不足以构成对该少数民族成员享受他们自己的文化的否定。① 但人权委员会同时指出，关于未来采矿活动：

> 如果国家批准在昂厄利地区（Angeli area）进行大规模的采矿活动，或采矿活动被那些已获得开采许可证的企业大大扩大时，则被视为违反了申请人根据第 27 条所享有的权利。②

这一考虑因素成了该少数民族的另一位成员提出的另一起个人申诉的依据，这一次是关于授予某些公司伐木活动和修路许可证的问题。③ 这一申诉也被人权委员会以类似的理由驳回，但人权委员会再次指出：

> 如果未来几年中，国家批准的在所议地区伐木计划的规模大于已经约定的规模，或者如果……计划中的伐木工作所带来的影响比当前可预见的要更严重，则可能不得不考虑该伐木工作是否违反……第 27 条。④

注意到正在进行的申诉中受到挑战的采矿作业后，人权委员会进一步指出：

> 当事国必须记住，在采取影响第 27 条下的权利的措施时，虽然不同的活动本身可能不会违反本条款，但这些活动如果一起进行时，可能会侵犯萨米人享受他们自己的文化的权利。⑤

---

① Länsman v. Finland, para. 9.5 and 9.6.
② Länsman v. Finland, para. 9.8.
③ Jouni E. Länsman et al v. Finland, HRC Communication No. 671/1995, 30 Oct. 1996,（Länsman v. Finland II）.
④ Länsman v. Finland II, para. 10.7.
⑤ Länsman v. Finland II, para. 10.7.

如卢比肯湖营居群诉加拿大案一样，不能将兰斯曼（Länsman）诉芬兰的几个案件视为资源诅咒情况的例子，但它们确实说明了因自然资源开采而起的竞争性的考虑。下一个将要讨论的案例更清楚地说明了这一点，显示了国家—投资者—民众三角的不同边怎样依附于不同的国际法体系。

在斯威亚芒萨（Sawhoyamaxa）社区诉巴拉圭案中①，申请人声称，巴拉圭未能保证其社区对其祖居之地的权利，除其他权利外，还违反了他们依据《美洲人权公约》第 21 条享有的财产权②。重要的是，自具有深远意义的阿瓦斯廷尼（Awas Tingni）诉尼加拉瓜案③以来，美洲人权法院重申了其立场。法院称：

> 根据《美洲人权公约》第 21 条，必须保证土著社区成员与其传统的土地、与它们文化相关的自然资源，以及由此衍生出的非物质要素之间所具有的密切联系。④

值得注意的是，政府提出的论据观点之一是，索赔项下土地的私营业主，一位德国投资者，受投资条约的保护。⑤ 适用于国家—投资者—民众三角不同边的不同法律框架也因此而被暴露出来。虽然法庭认为自己无法决定两个不同的私人实体（申请人和投资者）的权利层级，但其推理足以说明一切，且值得详尽引用：

> 本法庭不能决定斯威亚芒萨社区对传统土地的财产权高于私人所有者的财产权，反之亦然，因为本法庭不是一个对私人当事人之间的纠纷

---

① Case of Sawhoyamaxa Indigenous Community v Paraguay, ICtHR Series C No. 146（29 March 2006）（Sawhoyamaxa v. Paraguay）.
② American Convention on Human Rights, 22 Nov. 1969, 1144 UNTS 123（ACHR）.
③ Mayagna (Sumo) Awas Tingni Community v. Nicaragua, ICtHR Series C No. 79, 31 Aug. 2001.
④ Sawhoyamaxa v. Paraguay, note 46, para. 118.
⑤ Sawhoyamaxa v. Paraguay, note 46, para. 115（b）.

有管辖权的国内司法机构。只有巴拉圭政府才具备处理这类纠纷的权力。然而，本法庭仍有能力分析是否巴拉圭确保了斯威亚芒萨社区成员的人权……

顺着这一思路，本法庭断定，当事国提出的证明其对土著民族的财产权不予执行合理性的论据，不足以免除其国际责任。该国提出了三个论据：……（3）所有者的权利"受巴拉圭与德国之间的双边协定的保护"。上述双边协定……已经成为土地法的一部分……

至于当事国提出的第三个论据，本法庭并未收到德国和巴拉圭之间的上述条约，但是，根据当事国方面的说法，公约允许合同一方所做的资本投资项目因"公共目的或利益"而被认为是不当的或国有化，这就可以证明将土地归还给土著民族是合理的。此外，本法庭认为，双边商业协定的执行否定了对不符合《美洲人权公约》下国家义务的辩护；恰恰相反，双边协定的执行应始终与《美洲人权公约》一致，《美洲人权公约》是一个独立的多边人权协定，规定了人类个体的权利，且不完全依赖于国家间的互惠关系。①

在这一案例中，法庭发现了对《美洲人权公约》第21条的违反。该违反行为不是因为国家未约束外国投资者的活动，而是因为国家未采取行动来保证相关社区的财产权。这一案例的重要性体现在其他方面，即它又一次证明，东道国与投资者之间利益的一致性，且更具体的是，它揭示了保护国家—投资者—民众三角不同边的法律体系。

我们要讨论的最后一个案例是非洲委员会受理的奥戈尼案。② 该案显然面对的是一个有外国投资者作为共谋的资源诅咒局面。该案关系到对自然资源的剥夺以及由一家国有石油公司和一个外国投资者在尼日利亚政府的批准下

---

① Sawhoyamaxa v. Paraguay, note 46, paras. 136, 137 and 140 (italics added).

② Social and Economic Rights Action Center and the Center for Economic and Social Rights v. Nigeria, ACHPR Communication 155/96, 15th Activity Report of the Acomm HRP (2001 - 2002) (Ogoni case).

进行的石油开发活动所产生的环境和健康损害。原告声称，上述石油活动已经导致他们的大片土地污染，除其他权利外，还违反了《非洲宪章》第21条（自然资源权）和第24条（合意环境权）。①委员会的结论是，尼日利亚政府违反了这两条（以及其他）规定。在其给出的做出该判决的原因中，委员会指出，第24条"要求国家采取合理的措施以及其他措施来防止污染和生态退化、促进保护和确保生态可持续发展和可持续使用自然资源"。②委员会也指出，就第21条而言：

> 尼日利亚政府没有履行其在《非洲宪章》中的义务，相反，该政府已经给私人行为体，尤其是该石油公司，极大地影响奥戈尼人的生活开了绿灯（……并且……）无论用哪套标准衡量，尼日利亚政府的做法都达不到对政府行为的最低期待，因此，违反了《非洲宪章》第21条。③

虽然在这种背景下外国投资者拒绝接受因违反投资法而需要做出的补偿措施成功的机会应该很小，但在投资法学这一易变的环境中，一切都是未知数。在雪佛龙与厄瓜多尔之间与因德士古公司大量污染厄瓜多尔丛林导致的国内诉讼有关的未决争端中，这是隐藏在一大堆由律师组织的（lawyer-built）、与和解合同和厄瓜多尔法庭（错误）操作相关的技术论证背后的一个基础性问题④。即使厄瓜多尔在最后一轮诉讼中获胜（确切地说，是投资者提出拒绝司法），对受影响的民众和环境本身而言也不一定是胜利。如前面所指出的，公共利益并不等同于国家主权或政府的利益。

---

① African Charter on Human and Peoples' Rights, 27 June 1981, 21 ILM 58 (1982) (African Charter).

② Ogoni case, note 52, para. 52. 委员会还在《经济、社会及文化权利国际公约》第12条中显示了一项未明确的义务，要求各国"采取必要措施，改善环境和工业卫生的各个方面"。

③ Ogoni case, note 52, para. 58.

④ 见 Ominayak v. Canada, note 33。

四、结论

我们分析的与自然资源外国投资有关的三个问题（准入、主权和分配）说明，在其当代动态特性下，因过分强调对投资者的保护，而将东道国的权威，甚至公共利益放在次要位置，国际投资法的三大支柱发挥了不平衡的作用。10 年甚至 5 年前，这样一个结论可能会引起争议，或者充其量被判定为一个纯理论的结论。那时无数的观察家提倡重新校准这一体系，却遭到了这一体系的许多支持者们的嘲笑。而当前的形势大为不同，重要的国际或区域性组织（如 UNCTAD①或欧盟）② 以及非政府组织（如国际可持续发展研究所、世界经济论坛和国际贸易和可持续发展中心）③ 已经在一些法典编纂机构（如联合国国际贸易法委员会④和国际法学会⑤）中做出额外的努力，并在若干国家（既有发展中国家，如印度，也有发达国家，如澳大利亚）的支持下，

---

① 贸发会议启动了可持续发展国际政策框架，其目的是为各国保留足够的政策空间，以便各国为实现可持续发展而进行规范。见 UNCTAD, *Investment Policy Framework for Sustainable Development*, New York and Geneva: United Nations, http: // unctad. org/en/PublicationsLibrary/diaepcb2012d5 _ en. pdf, 2012; UNCTAD, *World Investment Report—Towards a New Generation of Investment Policies*, New York and Geneva: United Nations, 2012。

② 在作为非争议方参与若干投资争端后，欧盟委员会采取了行动，确保违反国家援助规则的裁决不得执行，或更普遍地推动各国撤出所谓的"欧盟内"国际投资协定。这些举措已经在媒体上广泛报道，见例如 Borderlex, "Commission Launches Infringement Proceedings Against 5 EU Members for Keeping BITs," *Borderlex*, 18 June 2015, http: //www. borderlex. eu/eu-commission-launches-infringement-proceedings-members-keeping-bits。

③ 这三个组织在 E15 倡议下共同推出了采掘业专家组，倾向于改革可持续发展的贸易和投资政策，http: //e15initiative. org/。

④ 联合国国际贸易法委员会（UNCITRAL）通过了一套"基于条约的投资仲裁透明度规则"，该规则于 2014 年 4 月生效。这导致了引入第 1 条第（4）款贸易法委员会仲裁规则修正案。此外，贸易法委员会的工作导致于 2014 年 12 月 10 日通过了一项联合国《投资人与国家间基于条约仲裁透明度规则》。

⑤ 投资者根据国家间条约向东道国当局诉诸仲裁的法律方面，有 2013 年 9 月 13 日国际法学会（IDI）东京会议的决议。例如，第 6 条（透明度）、第 10 条（突出表明投资有助于东道国发展的要求）、第 13 条关于罚款（明确区分违反公平和公平待遇标准和对征用的赔偿）。

认真重新校准投资者—国家争端解决（ISDS）体系。关于将 ISDS 纳入《跨大西洋贸易与投资伙伴协议》① 机会的争论和中止所谓的"欧盟内部"投资条约的主张为这一迥然不同的政治背景提供了两个非常明显的例证②。

不幸的是，国际投资法三大支柱在意义和解释方面（而不是地位方面）的急剧波动正是造成这种政治反弹的原因。然而，主张同样极端的反方向上的钟摆式波动也是错误的。重新校准方面的努力不应导致波动加剧。这里我们必须回想一下，投资仲裁仅仅是更广泛的、总体而言积极的，旨在通过利用国际法庭和仲裁法庭在国际层面上推广法治的全球运动的一个例子③。有很多途径可以大大完善这一体系，下文会提到其中三条途径，同时承认，可供探讨的途径绝不止这三条。

第一条途径涉及获得投资仲裁。极不直观和争议很大的是，外国投资者获得临时仲裁不需要（或者被广泛地且在许多情况下错误地解释为不需要）事先用尽国内救济，但人权补偿机制却要求这样做，这一点很难理解，同时也极具争议。没有人知道外国投资者为什么应该得到比作为个体的人更好的保护，尤其到国家—投资者—民众三角所说明的那样一个程度，即对投资者的保护甚至高于对公共利益（即受影响民众的人权和环境保护）的保护。解决办法包括修改现有的投资协定（这比较困难），或者将本地救济纳入未来的投资协定中。但同样重要的是，必须确保仲裁法庭真正尊重这些要求。在许多情况下，现有的条约明确要求在国内法庭进行申诉，而个别仲裁法庭却基于一些依赖最惠国待遇中的一些条款的过度扩展的正当的理由，明目张胆地

---

① Krajewski, Markus, *Modalities for Investment Protection and Investor-State Dispute Settlement（ISDS）in TTIP from a Trade Union Perspective*, Brussels：Friedrich-Ebert-Stiftung, 2015, pp. 4 – 5, http：//library. fes. de/pdf-files/bueros/bruessel/11044. pdf.

② 见 UNCITRAL, note 60。

③ Dupuy, Pierre-Marie and Viñuales, Jorge E., "The Challenge of Proliferation：An Anatomy of the Debate," in Cesare Romano, Karen Alter and Yuval Shany, eds., *The Oxford Handbook of International Adjudication*, Oxford：Oxford University Press, 2014, pp. 135 – 157.

蔑视当事国的意图①。这就要求对投资仲裁法庭自身进行更好的控制。

第二条改革途径涉及对投资仲裁法庭的控制制度。由于不同的仲裁法庭对基本相同的要点给出的解释大相径庭，投资仲裁原本应该支持的法治反而被削弱。过去，人们可以基于以下理由，对投资仲裁裁决的上诉机制提出怀疑：随着时间的推移，投资法学会缓慢但必然地变得更加一致；投资仲裁的确切目标，就是追求快速而具体地解决争端的方法②。然而，预期的一致性并未成为现实，而投资仲裁却对公共政策事项造成极大的干预，以致争议解决的速度和具体性质，正如一位评论家大约十年前所言，现在必须视为公开审判的一种形式③。上诉机制会提供迫切需要的一致性，并帮助应对投资条约标准适用性方面的巨大波动。然而，对协调一致有利的同时可能会使投资条约制度进一步隔离与国内法和更广泛国际法体系间的必要的互动。从这一视角来看，世界贸易组织的上诉机构开了一个混杂的有时甚至让人失望的先例。

在这一背景下出现的问题具有双重性。第一，在更广泛的背景下，什么类型的投资法一体化会是有益的？第二，什么机制可以确保足够水平的一体化？第一个问题的一个方面已经讨论过了，即需要更好地整合国内法和国际法的其他规范（如表述主权的习惯概念以及人权和环境法）。这种一体化对于让投资条约仲裁变成一种双向过程也很重要，其中投资者也有义务。无论这种一体化是来自将国内法或合同，还是将国际软法标准与对投资条约的解释的整合。④

这正是第三条改革途径的目标。投资者义务可以作为投资标准的重要切

---

① Douglas, Zachary, "The MFN Clause in Investment Arbitration: Treaty Interpretation Off the Rails," *Journal of International Dispute Settlement*, 2011, Vol. 2, Issue 1, pp. 97 – 113.

② Spoorenberg, Frank and Viñuales, Jorge E., "Conflicting Decisions in International Arbitration," *The Law and Practice of International Courts and Tribunals*, Vol. 8, Issue 1, 2009, pp. 91 – 113.

③ Van Harten, Gus, *Investment Treaty Arbitration and Public Law*, Oxford: Oxford University Press, 2007.

④ 见 Protect, Respect, and Remedy: A Framework for Business and Human Rights, 7 April 2008, UN Doc. A/HRC/8/5. 这些原则影响了几个组织的做法，包括国际律师协会，它最近制定了一份 2014 年草案形式的《律师协会的商业和人权指导》，http://www.ibanet.org。

入点,将投资者期待的东道国的尽职水平与东道国在其活动中实际展示的尽职水平联系起来,而不是为私人当事人制定新的实质性义务(如国际刑法中的情况)。越是鲁莽的行为,越需要更严密的监管,事实也证明严密的监管是合理的。关于可以确保这种一体化的机制,它们有几种类型。一种是基于法律条款规定(例如,"依据国内法"),这些条款还远未充分发挥作用。其他机制包括利用由缔约国代表构成的、承担依法解释条约条款之任务的常务委员会。这类常务委员会也可以根据法律条款要求投资仲裁法庭移交案件,这与欧盟的欧洲法院在受到国内法庭敦促下所做的一样。然而,这种委员会可能很难与上诉机制共存。上诉机制因被赋予要求移交案件的额外权利,或许会是最好的选择。然而,从政治的视角来看,这可能更难实现,因为它会对组织层次有要求(要么像世界贸易组织 WTO 或《联合国海洋法公约》那样的水平式①,要么像欧盟那样的垂直式),而这迄今尚在投资协定中检验。

上诉机制尚且在一个较低的程度,除合法性条款的实施外,这些改革建议很少引起评论家和政策制定者的重视。之所以在此提出这些建议,只是将它们作为未来研究的可能手段,希望摆锤能向中点靠近,而不是再次被推向极端。

---

① 见 United Nations Convention on the Law of the Sea, 10 Dec. 1982, 1833 UNTS 397 (特别是第 16 部分,组织一个争端解决制度,包括如最近的决定所述,国际海洋法法庭可能发布咨询意见)。见 Request for an Advisory Opinion Submitted by the Sub-Regional Fisheries Commission (SRFC Advisory Opinion), ITLOS, Advisory Opinion, 2 April 2015, para. 219。

国际贸易和投资法能保护资源领域的
外国投资吗？*

[澳] 安德鲁·米切尔　　[澳] 詹姆斯·芒罗**

一、引言

外国投资者面临着与该国未来行为有关的一系列主权风险问题。例如，东道国今后是否会异乎寻常地提高税收或特许权使用费？东道国会随意取消或修改许可证或执照吗？价格管制、新出口禁令或约束性配额会破坏投资的运作吗？相比其他领域的外国投资者，这些主权风险问题往往对资源领域的外国投资者更为重要。从初始勘探阶段到商业性开采，资源领域的项目周期长，再加上勘探、采矿等其他操作都需要相应的许可证或执照，因此东道国管理制度和政策的稳定性及可预见性就变得非常重要。东道国对资源领域投资的开发的地理位置和产出相对刚性的要求进一步加剧了这种情况。

本文旨在概述国际投资和贸易法可以如何保护外国投资，使之不受这些主权风险的影响。文章首先考察了国际贸易法在能源领域的适用性，这类应

---

* 原文载于 AMPLA YEARBOOK 2012。

** 作者简介：安德鲁·米切尔（Andrew Mitchell），澳大利亚墨尔本大学教授。

用多见于世界贸易组织相关的法律，如《马拉喀什建立世界贸易组织协定》[①]（简称为"世界贸易组织协定"）及各种双边和多边优惠贸易协定。这些协定包含非歧视原则和市场准入原则相关的重要约束条款，最近的一起世界贸易组织争端——"中国原材料出口限制案"[②]涉及中国对铝土矿、锌以及其他原材料采取的出口限制措施，表明这类约束条款可以应用于资源领域。

只有国家才能对贸易争端提出上诉，因此资源领域的受到侵害的私人投资者必须请求他们的国家出面，为他们解决贸易争端。与此相反，国际投资条约通常为投资者提供一种直接机制，使其可在国际仲裁庭上对违反投资条约的国家提起上诉。本文分析了如何将投资条约中典型的保护条款应用到资源领域。这些保护条款包括公正与公平待遇标准、征用禁令和保护伞条款。同时，本文还评估了依据投资条约提起诉讼所涉及的关键战略问题，分析了最近资源领域的澳大利亚投资者根据国际投资条约向印度和巴基斯坦提起诉讼的两个真实案例。

本文得出的结论是，国际贸易和国际投资法可为受害投资者提供显著的保护。特别是当投资者面临的东道国国内司法系统腐败无能或依据其国内法采取的补救措施无效时，国际投资法会非常有用。

二、国际贸易法

国际贸易法包含《世界贸易组织协定》框架下的各种协定、相关法律文书以及国家间的几百个补充性的双边和多边优惠贸易条约。[③] 尽管这一组法律

[①] Marrakesh Agreement Establishing the World Trade Organization, opened for signature 15 April 1994, 1867 UNTS 3 (entered into force 1 January 1995).

[②] Appellate Body Reports, China-Measures Related to the Exportation of Various Raw Materials (China-Raw Materials), WT/DS394/AB/R/WT/DS395/AB/R/WT/DS398/AB/R, adopted 22 February 2012.

[③] 澳大利亚是六个自由贸易协定的缔约国，另有九个正在谈判中：Department of Foreign Affairs, Australia's Trade Agreements, http://dfat.gov.au/fta, at 5 October 2012。据世界贸易组织统计，截至2012年1月15日，已有511个自由贸易协定缔结，其中319个已经生效：World Trade Organization, Regional Trade Agreements, http://www.wto.org/english/tratop_e/region_e/region_e.htm, at 5 October 2012。

涉及范围非常广泛，包括从通信到政府采购到海关手续等事务，但其最核心的两个原则就是市场准入原则和非歧视原则。贸易自由化项目是国际贸易法存在的理由，而这两个原则是贸易自由化项目的主要驱动因素。在本节中，我们将描述这两条原则的内容与范围，以及如何将它们应用于资源领域。我们也概述了这两条原则的几个主要例外，如涉及环境保护和公共卫生时，并介绍了在这两个原则被违反的情况下，如何结合国际争端解决机制进行补救。

（一）市场准入

"市场准入"指的是一个国家的出口商、进口商和服务提供商进入另一个国家的国内市场，并从事国际贸易的能力[1]，主要存在两种市场准入障碍。第一种是关税壁垒。大体上说，关税壁垒指的是一个国家对从另一个国家进口的商品征收关税的行为。关税可以提高进入征税国家内部市场的产品的成本，从而使这些产品相对国内产品而言，处于竞争劣势。第二种是非关税壁垒[2]，即一国政府采取除关税以外的各种办法来限制贸易流通，如对进出口货物的数量进行限制[3]、对个人或通过商业存在提供的服务进行限制、在特定投资中对外资参与进行限制、合资要求、与生产方法相关的技术壁垒、包装和贴标要求。由于对能源和资源征收的关税一直以来都很低[4]，因此对资源领域而言，市场准入中的非关税壁垒或许最为重要。

在解释国际贸易法如何适用于资源领域的市场准入前，我们有必要简要

---

[1] 见 Walter Goode, *Dictionary of Trade Policy Terms* (5th ed, 2007), pp. 272 – 273.

[2] 参见 World Trade Organization, World Trade Report 2012-Trade and Public Policies: A closer Look at Non-Tariff Measures in the 21st Century (2012), pp. 39 – 47, http://www.wto.org/english/res_e/booksp_e/anrep_e/world_trade_report12_e.pdf。

[3] 这些是指"给定期间可以进口（或出口）的货物的数量或价值的具体限制"：Walter Goode, *Dictionary of Trade Policy Terms* (5th ed, 2007), p. 354.

[4] Yulia Selivanova, *The WTO and Energy: WTO Rules and Agreements of Relevance to the Energy Sector* (2007) ICTSD Trade and Environment Program, http://ictsd.org/i/publications/11229, at 5 October 2012, viii.

陈述其对商品和服务的区别对待。一方面，与货物，包括石油、煤、天然气、金属和矿物，相关的义务适用于所有货物①。唯一的例外和各个国家在国家减让表中承诺的约束税率有关：特定关税约束仅适用于各国减让表中列出的相对应的货物，但这些货物涵盖的范围往往非常广。另一方面，尽管对其他国家的服务和服务提供商之间的非歧视规则具有普遍适用性，但与服务贸易中的市场准入相关的义务仅适用于特定国家指定的领域及次领域。② 此外，这些规则仅适用于该国指定的服务提供方式，如跨境提供服务、以商业存在的形式或通过自然人流动在该国提供服务、在境外消费。③

这是资源领域服务义务的一个重要方面。由于在谈判中，人们从未将资源领域当成一个单独而又独立的领域，因此，我们很难判定服务义务在多大程度上适用于该领域。④ 反而是构成资源服务领域的那些服务，如资源的运输和配送，以及与资源相关的建筑、工程和咨询服务，都是被单独讨论的。世界贸易组织秘书处的一项研究表明，在资源和能源领域，世界贸易组织成员国承担的市场准入义务"非常有限且零散"，而成员国在诸如法律、建筑或金融等伴随的服务领域所承担的一般义务则更为广泛。资源领域中，伴随的服务在资源的发掘、采掘和分配方面发挥着相对更大的作用，这表明服务贸易的自由化及成员国遵守入世承诺与海外资源项目的投资者尤其密切相关。

总之，除非在特定条件或例外情况下，国际贸易法禁止缔约方除征收捐

---

① Marrakesh Agreement Establishing the World Trade Organization, opened for signature 15 April 1994, 1867 UNTS 3 (entered into force 1 January 1995), annex IA (General Agreement on Tariffs and Trade) (GATT) art I (1), III (2), XI (1) 指"任何产品"。尽管有诸如石油等能源和资源物质免于国际贸易规则的普遍误解：见 Thomas Cottier, Garba Malumfashi, Sofya Matteotti-Berkutova, Olga Nartova, Joelle de Depibus and Sadeq Z. Bigdeli, *Energy in WTO Law and Policy* (2010), http://www.wto.org/english/res_e/publications_e/wtr10_forum_e/wtr10_7may10_e.htm, at 5 October 2012。

② Marrakesh Agreement Establishing the World Trade Organization, opened for signature 15 April 1994, 1867 UNTS 3 (entered into force 1 January 1995), annex IB (General Agreement on Trade in Services) (GATS) art XVI.

③ GATS art I (2).

④ World Trade Organization, Energy Services: Background Note by the Secretariat (1998) WTO Doc S/CW/52, http://www.wto.org/english/tratop_e/serv_e/w52.doc.

税或其他费用以外,通过如配额或进出口许可证,禁止或限制其他缔约方产品的进出口。我们将在下文讨论这些条件和例外(见例外条款)。该结论的主要法律依据是《关税和贸易总协定》(GATT, 1994)中的第11条中的第1点,具体如下①:

> 任何缔约国除征收税捐或其他费用以外,不得设立或维持配额、进出口许可证或其他措施以限制或禁止其他缔约国领土的产品的输入,或向其他缔约国领土输出或销售出口产品。

同样,在服务贸易方面,只要成员国在某一领域内做出承诺,《服务贸易总协定》(GATS)禁止成员国限制服务提供者的数量、服务交易的总金额、服务业务的总量、服务提供者可雇佣的或必须雇佣的自然人总数,禁止采取要求服务提供者通过合资企业提供服务的措施或在某一特定的服务型投资中限制外国资本的参与,除非一个国家的减让表中明确地选择退出或修改指定领域的这一禁令。②

由于出口国和进口国都会采取各种贸易相关的措施,如出口税、出口禁令和国内价格控制等来影响价格和供给,这些市场准入规则对资源领域有重要影响。

最近的"中国原材料出口限制案"③表明国际贸易法中的市场准入原则如何适用于资源领域。在该案中,欧盟、墨西哥和美国在世界贸易组织框架内提出贸易争端请求,称中国政府对包括铝土矿、焦炭、萤石、镁和锌在内的各种原材料的出口予以限制。④ 简而言之,这些国家认为,这些出

---

① GATT art XI: 1. 请注意,最初的 GATT 1947 指的"缔约方",1994 年被 GATT 改为"成员"。
② GATS art XVI.
③ Appellate Body Reports, China-Measures Related to the Exportation of Various Raw Materials (China-Raw Materials), WT/DS394/AB/R/WT/DS395/AB/R/WT/DS398/AB/R, adopted 22 February 2012.
④ 限制原材料出口的政府措施似乎在增长。主要见:Barbara Fliess and Tarja Mård, Taking Stock of Measures Restricting the Export of Raw Materials: Analysis of OECD Inventory Data (OCED Trade Policy Paper No. 140, 2012)。

口限制造成这些原材料在国际市场上的短缺,导致它们的价格上升。与此同时,通过保证这些原材料在中国市场的充足供应、有更低而且更稳定的价格,中国政府为中国国内产业提供了一个重要的优势。中国政府采取的措施包括出口关税、出口配额、出口许可要求和最低出口价格要求。世界贸易组织称,"这些原材料主要用于生产日常用品以及科技产品,而中国是这些原材料的主要生产国"①。

在与之相关的另一个案例,即"中国稀土案"中,美国、欧盟和日本指控中国限制各种形式的稀土、钨和钼的出口。② 限制手段包括出口关税、出口限额、最低出口价格要求、出口许可证要求以及其他与执行该数量限制相关的附加条件和程序。

随着一些主要能源出口国,包括伊拉克、伊朗、沙特阿拉伯、俄罗斯、阿尔及利亚和几个中亚国家,最近正在加入或寻求加入世界贸易组织,从而因此受国际贸易法制约③,观察像"中国原材料出口限制案"和"中国稀土案"这样的资源相关的案件是否会变得越来越普遍将会非常有趣。一些像石油输出国组织这样的国家集团正在协调会引起与国际贸易法不符的数量和价格相关的贸易措施。④

(二) 非歧视

非歧视原则是贸易自由化和国际贸易法的第二个重要支柱。非歧视原则主要表现为两种形式。第一种是最惠国待遇,即缔约国不得区别对待其

---

① 见 World Trade Organization, China-Measures Related to the Exportation of Various Raw Materials (2012), http://www.wto.org/english/tratop_e/dispu_e/cases_e/ds394_e.htm, at 5 October 2012。

② China-Measures Related to the Exportation of Rare Earths, Tungsten and Molybdenum (China-Rare Earths) DS 431, 432, 433。

③ World Trade Organization, Members and Observers, http://www.wto.org/english/thewto_e/whatis_e/tif_e/org6_e.htm, at 5 October 2012。

④ 参见例如 Hussein Abdallah, "Oil exports under GATT and the WTO," *OPEC Review* 2005 (29), p.267。

他缔约国的货物、服务和服务提供者。换句话说，缔约国应该为其他所有缔约国进入其市场提供平等的竞争环境。第二种是"国民待遇"，即要求缔约国对其他任何缔约国的货物、服务和服务提供者进入其国内市场时，应与本国产品同等对待，不应歧视。缔约国不得为了支持国内生产商或国内生产的产品而改变竞争条件，使其相对外国生产商或国外生产的产品更具优势。非歧视义务所涵盖的这类措施是无限的，包括从国内税收到影响产品运输、销售和分配的各种法律，再到所有与出口与进口相关的规则和手续。

"加拿大可再生能源案"表明非歧视义务如何适用于资源领域。[①] 该案涉及加拿大安大略省的特定上网电价保证措施，根据该措施，安大略省会对利用太阳能和风能等可再生能源技术发电和售电部门的上网电价予以保证。该措施的一个重要特点是，要求电力公司使用的发电设备，即太阳能电池板或风力发电机等，在制造或组装过程中必须使用规定比例的安大略省当地生产的零部件，电力公司才能获得特定上网电价。因此，日本和欧盟提请世贸组织处理其与加拿大的这一贸易争端，称该措施无异于当地含量要求，实际上是对日本和欧盟国家生产的零部件的歧视。[②] 因为那些使用日本和欧盟国家生产的太阳能和风力发电机的电力公司将不能获得，或不太可能获得特定上网电价，这就使电力公司不愿意使用这些来自国家的零部件，从而使这些国家的产品处于竞争劣势。[③]

（三）例外

与市场准入原则和非歧视原则相关的规则并不绝对，那些试图实施歧视

[①] Canada-Certain Measures Affecting the Renewable Energy Generation Sector（Canada-Renewable Energy）Dispute DS 412. See also：EU-Certain Measures Affecting the Renewable Energy Generation Sector, Dispute DS 452.

[②] 同上。

[③] 根据新闻报道，2012 年 9 月 20 日向各方分发的中期报告载有加拿大计划"本地内容要求"违反关贸总协定不歧视原则和《与贸易有关的投资措施协议》的调查结果，但并不等于非法补贴。

性措施、设置进出口限制或用其他方式违反贸易规则的国家可借助某些例外条款为自己辩护。① 一般例外,即允许缔约国采取"为保障人民、动植物的生命或健康所必需的"措施和"与国内限制生产的措施相配合,能有效保护可耗竭自然资源的"有关措施的条款,尤其适用于资源领域。② 缔约国可依据这些条款采取保护环境、促进可持续发展、确保公共卫生的措施,尽管这些措施可能会侵犯非歧视和市场准入义务。

然而,这些例外必须满足"诚信"条件,这意味着"实施的措施不得构成武断的或不合理的差别待遇……或构成对国际贸易的变相限制"③。例如,在"美国汽油标准案"中,尽管调查发现,美国为减轻空气污染而对汽油提出新的环境标准"与一种可耗竭的自然资源(清洁的空气)的保护有关",但该措施并未通过"诚信"测试,因为该措施对国外和国内汽油构成武断的差别待遇,并在某种程度上,不公平地有利于本国汽油生产商。④

另一个和资源领域相关的例外条款允许缔约国"暂时设立出口禁止,以防止或缓解对出口缔约国必不可少的食物或其他产品严重匮乏的局面"⑤。然而,任何该类禁止必须基于非歧视原则加以管理。⑥

许多国家认为获得能源和自然资源是国家安全问题,因此,国家安全相关的例外条款可能也适用于资源领域。⑦ 然而,这些例外条款的适用范围都非

---

① 主要见 Glyn Ayres and Andrew Mitchell, "General and Security Exceptions under the GATT 1994 and the GATS," in Indira Carr, Shawkat Alam, Md Jadid Hassain Bhuiyan and Azizur Rahman Chowdhury, eds., *International Trade Law and WTO*, Federation Press, 2013, http://ssrn.com/abstract=1951549。

② 参见例如 GATT art XX (b) and (g); GATS art XIV (b)。注意 GATS 不包括"保护自然资源"例外。

③ 参见例如 GATT Art XX; GATS Art XIV。

④ Appellate Body Report, United States-Standards for Reformulated and Conventional Gasoline (US-Gasoline), WT/DS2/AB/R, adopted 20 May 1996, DSR 1996, pp. I, 3, 26-29.

⑤ GATT Art XI (2) (a).

⑥ GATT Art XIII (1).

⑦ 参见例如 GATT Art XXI; GATS Art XIVbis。

常狭窄,仅限于可裂变物质、向军事机构供应武器和其他物资、战争时期或出现其他国际突发事件时的贸易。因此,正常贸易过程中,在资源领域禁止采取的措施不太可能会受到安全相关的例外条款的保护。

最后一条例外条款与优惠贸易协定相关。① 该类协定允许两个或多个世贸组织成员订立全面的自由化协定,以为彼此提供相对其他国家更好的贸易条件。② 尽管这种歧视性待遇明显违反了最惠国原则,却受本例外条款许可。然而,鉴于当前对矿物甚至金属进口征收的最惠国关税普遍较低,第 24 条例外条款和矿业的关联性最小。

(四) 基于国际贸易法的争端解决机制

虽然国际贸易法显然保护那些资源领域的投资者,但这种保护却受到一个关键条件的制约:只有国家才有权提出争端解决申请。③ 这意味着,当另一个国家采取了违反国际贸易法的措施时,受害企业必须说服一国就该法律争端向另一个国家提起诉讼,或称为"外交保护"④。因此,针对违法措施,受害企业除了游说政府提起诉讼以外,无力直接寻求任何损失赔偿。各国可能出于一系列的政治、经济或其他原因,而不同意受害企业的要求,向其他国家提起诉讼。鉴于企业只关注自己的商业利益,而政府则必须在企业的商业利益和其更广泛的贸易、外交、战略优先事项之间权衡。

---

① GATT Art XXIV, GATS Art V.

② Andrew Mitchell and Nicolas Lockhart, "Legal Requirements for FTAs under the WTO," in Simon Lester and Bryan Mercurio, eds., *Bilateral and Regional Trade Agreements: Commentary and Analysis*, Cambridge: Cambridge University Press, 2009, pp. 81 – 113.

③ Marrakesh Agreement Establishing the World Trade Organization, opened for signature 15 April 1994, 1867 UNTS 3 (entered into force 1 January 1995), annex 2 (Dispute Settlement Understanding) (DSU), Art 4 (3).

④ John Dugard, "Diplomatic Protection," in R. Wolfrum, ed., *The Max Planck Encyclopedia of Public International Law*, Oxford University Press, 2008, online edition, http://www.mpepil.com, visited on 5 October 2012.

然而，这一条件对国际贸易法所提供的保护的约束性可能被夸大。① 谢弗（Shaffer）认为，世界贸易组织诉讼已经从"以政府间决策为主向多级私人诉讼策略转变，且这些私人诉讼策略涉及国家和国际层面的直接公私交易"②。事实上，许多世界贸易组织争端是由私营部门提出的。③ 莫利努埃沃（Molinuevo）指出，"实践表明，围绕贸易争端，一些政府和私有经济运营商已经建立起了顺畅的合作机制，使私营部门能够有效地向世界贸易组织争端解决机制寻求帮助"④。澳大利亚外交贸易部设置了一个世界贸易组织争端咨询点，通过该咨询点，企业可以对世贸成员国政府采取的影响其竞争地位的限制性行为提起诉讼。然后，世界贸易组织贸易法分部会调查案件详情，给该类障碍定性，特别是判断其是否违反了世界贸易组织规则，并制订可选的行动方案。⑤ 在美国，《1974 年贸易法》第 302 条提供了一套国内申诉流程，借此，利益相关人可向美国贸易代表署提出申请，要求其调查某项外国政府采取的可能给美国商业造成压力或限制美国商业的措施，并采取适当行动。按常规，这类属于世界贸易组织范畴的申诉往往会促使美国贸易代表署向世界贸易组织提出申诉。⑥ 无论如何，由于国际投资法没有必须说服政府采取行动这一额外的障碍，它能为资源领域中那些寻求直接途径以对他国不利措施提出上诉的投资者们提供更大的帮助。下一节，我们将解释投资者们何时和可以通过什么途径向国际投资仲裁庭提出上诉。

---

① Martin Molinuevo, *Protecting Investment in Services: Investor-State Arbitration versus WTO Dispute Settlement*, Kluwer Law International, 2011, p. 65.

② Gregory Shaffer, *Defending Interests: Public-Private Partnerships in WTO Litigation*, Brookings Institution Press, 2003.

③ 例如 United States-Measures Affecting Trade in Large Civil Aircraft (Airbus); Australia-Certain Measures Concerning Trademarks, Geographical Indications and Other Plain Packaging Requirements Applicable to Tobacco Products and Packaging (Philip Morris)。

④ Molinuevo, above n 37.

⑤ Department of Foreign Affairs and Trade, Australia and WTO dispute settlement (2012), http://www.dfat.gov.au/trade/negotiations/wto_disputes.html.

⑥ Ralph Folsom, Michael Gordon and John Spanogle Jr., *International Business Transactions, Trade & Economic Relations*, 2005, p. 436.

三、国际投资法

(一) 投资者—国家争端解决

国际投资法是国际投资协定（IIAs）下的一个法律总体。国际投资协定的数量超过2750项，包括双边投资条约、诸边投资条约和含有投资章节的优惠贸易协定①。比如，澳大利亚参与了27个国际投资协定，其中21个为双边投资条约②，6个为包含投资内容的优惠贸易

---

① 有关所有国际投资协议的清单，请参阅贸发会议（UNCTAD）网站，http：//www. unctadxi. org/templates/DocSearch____779. aspx。

② Agreement between the Government of Australia and the Government of the Argentine Republic on the Promotion and Protection of Investments, and Protocol, signed 23 August 1995, [1997] ATS 4 (entered into force 11 January 1997); Agreement between the Government of Australia and the Government of the People's Republic of China on the Reciprocal Encouragement and Protection of Investments, [1988] ATS 14 (signed and entered into force 11 July 1988); Agreement between Australia and the Czech Republic on the Reciprocal Promotion and Protection of Investments, signed 30 September 1993, [1994] ATS 18 (entered into force 29 June 1994); Agreement between the Government of Australia and the Government of the Arab Republic of Egypt on the Promotion and Protection of Investments, signed 3 May 2001, 2208 UNTS 362 (entered into force 5 September 2002); Agreement between the Government of Hong Kong and the Government of Australia for the Promotion and Protection of Investments, signed 15 September 1993, 1748 UNTS 385 (entered into force 15 October 1993) (Hong Kong-Australia BIT); Agreement between Australia and the Republic of Hungary on the Reciprocal Promotion and Protection of Investments, signed 15 August 1991, [1992] ATS 19 (entered into force 10 May 1992); Agreement between the Government of Australia and the Government of the Republic of India on the Promotion and Protection of Investments, signed 26 February 1999, 2116 UNTS 145 (entered into force 4 May 2000); Agreement between the Government of Australia and the Government of the Republic of Indonesia concerning the Promotion and Protection of Investments, signed 17 November 1992, [1993] ATS 19 (entered into force 29 July 1993); Agreement between Australia and the Lao People's Democratic Republic on the Reciprocal Promotion and Protection of Investments, signed 6 April 1994, [1995] ATS 9 (entered into force 8 April 1995); Agreement between the Government of the Republic of Lithuania and the Government of Australia on the Promotion and Protection of Investments, signed 24 November 1998, 2336 UNTS 341 (entered into force

协定。①

(接上页注②)

10 May 2002); Agreement between the Government of Australia and the Government of the United Mexican States on the Promotion and Reciprocal Protection of Investments, signed 23 August 2005, 2483 UNTS 247 (entered into force 21 July 2007) (Australia-Mexico BIT); Agreement between the Islamic Republic of Pakistan and Australia on the Promotion and Protection of Investments, signed 7 February 1998, 2044 UNTS 715 (entered into force 14 October 1998); Agreement between the Government of Australia and the Government of the Independent State of Papua New Guinea for the Promotion and Protection of Investments, signed 3 September 1990, [1991] ATS 38 (entered into force 20 October 1991); Agreement between Australia and the Government of the Republic of Peru on the Promotion and Protection of Investments, signed 7 December 1995, [1997] ATS 8 (entered into force 2 February 1997); Agreement between the Government of Australia and the Government of the Republic of the Philippines on the Promotion and Protection of Investments, and Protocol, signed 25 January 1995, [1995] ATS 28 (entered into force 8 December 1995); Agreement between Australia and the Republic of Poland on the Reciprocal Promotion and Protection of Investments, signed 7 May 1991, [1992] ATS 10 (entered into force 27 March 1992); Agreement between the Government of Australia and the Government of Romania on the Reciprocal Promotion and Protection of Investments, signed 21 June 1993, [1994] ATS 10 (entered into force 22 April 1994); Agreement between the Government of Australia and the Government of the Democratic Socialist Republic of Sri Lanka for the Promotion and Protection of Investments, signed 12 November 2002, 2483 UNTS 169 (entered into force 14 March 2007); Agreement between the Republic of Turkey and Australia on the Reciprocal Promotion and Protection of Investments, signed 16 June 2005, [2010] ATS 8 (29 June 2009); Agreement between Australia and Uruguay on the Promotion and Protection of Investments, signed 3 September 2001, 2258 UNTS 379 (entered into force 12 December 2002); Agreement between Australia and the Socialist Republic of Vietnam on the Reciprocal Promotion and Protection of Investments, signed 5 March 1991, [1991] ATS 36 (entered into force 11 September 1991).

① Agreement Establishing the ASEAN-Australia-New Zealand Free Trade Area, signed 27 February 2009, [2010] ATS 1 (entered into force 1 January 2010) (AANZFTA) ch 11; Australia-Chile Free Trade Agreement, signed 30 July 2008, [2009] ATS 6 (entered into force 6 March 2009) (CAFTA) ch 10; Australia-Thailand Free Trade Agreement, signed 5 July 2004, [2005] ATS 2 (entered into force 1 January 2005) (TAFTA) ch 9; Australia-United States Free Trade Agreement, signed 18 May 2004, [2005] ATS 1 (entered into force 1 January 2005) (AUSFTA) ch 11; Singapore-Australia Free Trade Agreement between the Government of Australia and the Government of the Republic of Singapore, signed 17 February 2003, 2257 UNTS 103 (entered into force 28 July 2003) (SAFTA) ch 8; Protocol on Investment to the Australia-New Zealand Closer Economic Relations Trade Agreement (signed 16 February 2011) (ANZCER Investment Protocol).

能为私营行为体提供直接向国际仲裁庭求助的途径，以纠正其他国家违反国际投资协定的行为，也许是大多数国际投资协定最不同寻常和最有价值的特征。这在国际公法中并不常见，国际公法传统上不赋予个人直接请求权，因此通常情况下，它们并不允许私人向国际私法机构提出申诉。①

然而，出于以下几个重要原因，为私营行为体提供直接向国际仲裁庭求助的途径，帮助其就违反国际投资协定的行为向其他国家索赔是有必要的。第一，鉴于在普通的国与国争端解决机制下，一个国家必须确保投资者的利益与国家的利益同步，并权衡投资者的利益和诉讼可能对其与另一个国家之间更广泛的关系造成的损失。国际投资协定往往赋予私营行为体直接发起贸易争端诉求的权利，借此消除这些前提条件，并将该类诉讼去政治化。第二，许多现代外国投资项目都是世界性的，涉及不同国家的企业和投资者。这就使一个国家代表其投资者，向东道国提起索赔的传统做法变得更为复杂。第三，投资者经常无法通过东道国的法院系统追究东道国违反条约的责任②，并且它们可能会怀疑东道国法院系统的可靠性和公正性。投资者一旦具备接触国际仲裁庭的途径，就有能力就违反条约事项，向具有外国投资法专业知识，并通常是由投资者和东道国共同任命的独立的仲裁委员会提出申诉。

正因为如此，在大多数国际投资协定中，参与协定的各国都事先同意，出现违反国际投资协定的情况时，和其他国家投资者通过仲裁解决，又称作"投资者与国家争端解决"。在大多数情况下，投资者与国家争端解决受《解决国家与他国国民间投资争端公约》［国际投资争端解决中心（ICSID）］③ 中的仲裁规则或联合国国际贸易法委员会（UNCITRAL）④ 的保护，且投资者往

---

① Simone Gorski, "Individuals in International Law," in R. Wolfrum, ed., *The Max Planck Encyclopedia of Public International Law*, Oxford University Press, 2008, online edition, http://www.mpepil.com, visited on 5 October 2012.

② 这取决于条约是否在一个国家的市政法律制度下自动执行。

③ 575 UNTS 159, concluded 18 March 1965 (entered into force 14 October 1966) Art 25 (1).

④ UNCITRAL, UNCITRAL Arbitration Rules (as revised in 2010) (April 2011); UNCITRAL Arbitration Rules as revised in 2010, GA Res 65/22, UN GAOR, 65th sess, 57th plen mtg, UN Doc A/RES/65/22 (6 December 2010).

往能选择适用的仲裁规则。

国际投资仲裁庭的裁决具有约束力，且和商业仲裁一样，投资者可以同样的方法执行该裁决，即借助《承认及执行外国仲裁裁决公约》。① 国际投资争端解决中心为其做出的裁决还另行制定了一套强制程序。② 即便如此，最近出现了一种趋势，一些国家正在退出投资者—国家争端解决。一些国家已经退出了国际投资争端解决中心③，同时另一些国家终止了它们的国际投资协定④，拒绝承认裁决和赔偿⑤，或采取了不加入未来任何投资者与国家争端解决机制的政策⑥。

在接下来的各节中，我们将分析投资者会在多大程度上通过投资者—国家争端解决，对政府在资源领域采取的典型的违约措施，如提高税收、吊销许可证、突然改变立法计划和违反合同，提起诉讼。我们也对投资者们决定是否使用这种特定的诉讼方法相关的几个战略性的思考进行了探讨。

（二）征用

1. 征用的含义

国际投资协定保护资源领域投资的一个重要手段就是它们都禁止征收，

---

① 330 UNTS 3 (opened for signature 10 June 1958, entered into force 7 June 1959).

② ICSID art 53.

③ Luke Eric Peterson, "Venezuelan Exit from ICSID Raises Questions both Legal and Financial," *Investment Arbitration Reporter* (21 January 2012); Luke Eric Peterson, "Ecuador becomes Second State to Exit ICSID; Approximately Two-Thirds of Ecuador's BIT Claims were ICSID-Based," *Investment Arbitration Reporter* (17 July 2009).

④ 参见例如 Luke Eric Peterson, "South Africa Pushes Phase-out of Early Bilateral Investment Treaties after at Least Two Separate Brushes with Investor-State Arbitration," *Investment Arbitration Reporter* (23 September 2012); Luke Eric Peterson, "Czech Republic Terminates Investment Treaties in such a way as to Cast Doubt on Residual Legal Protection for Existing Investments," *Investment Arbitration Reporter* (1 February 2011).

⑤ Luke Eric Peterson, "Argentina by the Numbers: Where Things Stand with Investment Treaty Claims Arising out of the Argentine Financial Crisis," *Investment Arbitration Reporter* (1 February 2011).

⑥ Luke Eric Peterson, "Australian Government Commission Sees Little Need for Investment Protections and Arbitration Mechanisms in International Economic Agreements," *Investment Arbitration Reporter* (16 December 2010).

除非征收满足一定的条件,尽管在不同的国际投资协定中,征收义务的具体措辞有所不同。一个典型的例子来自《澳大利亚—智利自由贸易协定》:

"双方均不得直接或间接通过相当于征收或国有化("征收")的措施,将协定中所涵盖的投资征收或国有化,以下情况例外:
(a)该措施是出于公共目的;
(b)该措施不带有歧视性;
(c)根据第二至第四段中的要求,及时、足额并按照约定支付赔偿;并且该措施符合正当法律程序。①

由此可见,只有当征收是出于公共目的、不带有歧视性、涉及赔偿金的支付且符合正当法律程序时,才被允许。本例中包含的"间接通过相当于征收或国有化('征收')(的措施)"的词句反映了国际投资法中的一个普遍理解是,征收不仅仅局限于扣押财产或正式的所有权转让,而且可以延伸到其他情况,例如法定所有权不受影响,但业主被剥夺了有意义使用该投资的权利。② 后者通常被描述为"间接征收"③,而正是这种形式的征收与资源领域的关联性最大。对资源领域的外国投资者造成损失的措施一般不会涉及直接没收,而会涉及许可证的吊销、许可证的不利变化或大幅度提高税收。

间接征收通常出现在某项政府措施导致投资者的投资长期被大量剥夺时④。这可能包括,例如,作为一个给定的措施的结果,投资者的投资价值被

---

① Australia-Chile Free Trade Agreement, signed 30 July 2008, [2009] ATS 6 (entered into force 6 March 2009) ch 10 Art 11.10.1.

② 参见例如 Newcombe and Paradell, above n 45, 322。

③ Australia-Chile Free Trade Agreement, signed 30 July 2008, [2009] ATS 6 (entered into force 6 March 2009) ch 10 Annex 10-B clause 3.

④ 参见例如 Saluka Investments v. Czech Republic (Partial Award) (Permanent Court of Arbitration, 17 March 2006) pp. 263 – 264。For an in-depth discussion on indirect expropriation, see Andrew Newcombe and Lluís Paradell, *Law and Practice of Investment Treaties*, Kluwer Law International, 2009, pp. 321 – 370.

破坏①、投资者失去对投资的有效控制②,或投资者可获得的投资收益被有效中和③。在决定某项措施是否会导致间接征收时,国际仲裁庭通常会在投资者被剥夺的利益或遭受的损失与东道国为了公众利益,如为了保护公共卫生和环境,行使监管权力这一主权之间进行权衡。④ 它们还会考虑,该违规措施是否合理、均衡或"明显与需要解决的问题不相称"⑤,以及该措施是否与投资者的合法预期不符⑥。

---

① CME Czech Republic v. Czech Republic (Partial Award) (Ad Hoc Arbitral Tribunal, UNCITRAL Rules, 13 September 2001), pp. 599, 609.

② Toto Costruzioni Generali v. Republic of Lebanon (Decision on Jurisdiction) (ICSID Arbitral Tribunal, Case No. ARB/07112, 8 September 2009), p. 185.

③ CME Czech Republic v. Czech Republic (Partial Award) (Ad Hoc Arbitral Tribunal, UNCITRAL Rules, 13 September 2001), p. 604.

④ Suez v. Argentina (Decision on Liability) (ICSID Arbitral Tribunal, Case No. ARB/03/17, 30 July 2010), pp. 128, 147 – 148; Fireman's Fund Insurance Company v. Mexico (Award) (ICSID Arbitral Award, Case No. ARB (AF) /02/01, 17 July 2006, p. 176; Saluka Investments v. Czech Republic (Partial Award) (Permanent Court of Arbitration, 17 March 2006), pp. 254 – 255, 257 – 258, 261 – 262, 275 – 276; Técnicas Medioambientales Tecmed v. Mexico (Award) (ICSID Arbitral Tribunal, Case No. ARB (AF) /00/2, 29 May 2003), pp. 119, 121; Katia Yannaca-Small, "Indirect Expropriation and the Right to Regulate: How to Draw the Line?," in Katia YannacaSmall, ed., *Arbitration under International Investment Agreements: A Guide to the Key Issues*, Oxford University Press, 2010, pp. 445, 470 – 472; August Reinisch, "Expropriation," in Peter Muchlinski, Federico Ortino and Christoph Schreuer, eds., *The Oxford Handbook of International Investment Law*, 2011, pp. 407, 433, cf 437 – 8. Cf Patrick Mitchell v The Democratic Republic of Congo (Decision on Annulment) (ICSID Ad Hoc Committee, Case No. ARB//99/7, 1 November 2006) p. 53; Pope & Talbot v. Canada (Interim Award) (Ad Hoc Arbitral Tribunal, UNCITRAL Rules, 26 June 2000) p. 99; Compañía del Desarrollo de Santa Elena v. Costa Rica (Final Award) (ICSID Arbitral Tribunal, Case No. ARB/96/1, 17 February 2000), pp. 71 – 72. See also Methanex v. United States (Final Award) (Ad Hoc Arbitral Tribunal, UNCITRAL Rules, 3 August 2005).

⑤ LG&E Energy Corp v. Argentina (Decision on Liability) (ICSID Arbitral Tribunal, Case No. ARB 02/1, 3 October 2006), p. 195. See also Fireman's Fund Insurance Company v. Mexico (Award) (ICSID Arbitral Award, Case No. ARB (AF) /02/01, 17 July 2006), p. 176; Azurix v. Argentina (Award) (ICSID Arbitral Tribunal, Case No. ARB/01/12, 23 June 2006), pp. 311 – 312; Técnicas Medioambientales Tecmed v. Mexico (Award) (ICSID Arbitral Tribunal, Case No. ARB (AF) /00/2, 29 May 2003), pp. 122, 132.

⑥ Fireman's Fund Insurance Company v. Mexico (Award) (ICSID Arbitral Award, Case No. ARB (AF) /02/01, 17 July 2006), p. 176.

2. 影响许可证或执照的措施

我们现在考虑影响许可证或执照的措施和提高税收，可被视为按照国际投资协定，需要做出赔偿的一种间接征用的情况。作为投资的先决条件，资源领域的投资者往往在投资前需要获得许可证或执照。这可以包括从勘查和勘探许可到营业和分销执照中的任何一种。对资源项目的投资者而言，这些许可证的附带条件的不利变化或实际上的大量的撤销是重大主权风险。在国际投资协定中，投资者总部所在地国家和东道国之间存在的投资者—国家争端解决机制是减轻那种主权风险的一个因素。

一些仲裁庭发现，那些对许可证或执照产生不利影响的措施可能构成间接征用。例如，在"中东水泥运输装卸有限公司诉埃及案"中，投资者获得在埃及全国范围内进口、储存和分销散装水泥的许可。① 然而，埃及采取了一项措施，禁止水泥的进口和再出口，事实上即撤销了投资者通过该许可证可获得的保障和特权。受理仲裁庭发现该措施剥夺了投资者投资的用途，因此属于间接征用，埃及必须对投资者做出赔偿。②

再例如，受理"泰克米公司诉墨西哥案"的仲裁庭发现，墨西哥政府对投资者经营垃圾填埋场的许可证不予更新，造成间接征用。③ 尽管墨西哥方面称，其之所以决定不更新许可证是对该垃圾填埋场相关的环境和健康问题做出的合理应对，但仲裁庭发现其他"社会政治"因素（即公众反对该垃圾填埋场的选址）才是其不更新许可证的真实动机。④ 尽管该垃圾填埋场事实上"从未危及当地的生态平衡、环境保护和当地人的健康"⑤，并且投资者曾善

---

① Middle East Cement Shipping and Handling Co SA v. Egypt（Jurisdiction and Liability）（ICSID Arbitral Tribunal, Case No. ARB/99/6, 12 April 2002），p. 82.

② 同上。

③ Técnicas Medioambientales Tecmed v. Mexico（Award）（ICSID Arbitral Tribunal, Case No. ARB（AF）/00/2, 29 May 2003），p. 151.

④ 同上。

⑤ 同上。

意地提出搬迁该垃圾填埋场,墨西哥政府仍拒绝为其更新许可证,而该垃圾填埋场被迫永久关闭①。因为墨西哥政府拒绝更新许可证实际上破坏了投资者资产的价值,且是对投资者能够经营垃圾填埋场业务这一合理预期做出的过度反应,故墨西哥政府的行为构成间接征用。②

这些案例说明了当一国政府改变或取消资源领域许可,造成该许可所涉投资被毁时,投资者可以如何借助适用的国际投资协定,对该政府的间接征用提出索赔。然而,要证实一国政府的措施构成间接征用的门槛很高。一些仲裁庭发现,即使投资受损,甚至给投资者造成亏损时,只要投资者继续保持对投资的全面控制,就不太可能构成实质性的剥夺。③

3. 提高税收

东道国税收制度的改变会使得资源领域的投资者们面临一个特别的风险。该风险源于许多国家普遍将自然资源视为公共资产这一规范性现实及其导致的投资者被允许开发这些资源是享有特权这一认识。从而,当一国政府力图增加其收入时,这种认识会导致其更倾向于向资源和能源领域的投资者征收额外的税款。当现行税收制度发生不利变化时,国际投资协定保护投资者的一个重要手段就是通过义务条款来规范征收。在特定的情况下,提高税收相当于对投资者资产的间接征用,因此,过错方可能需进行赔偿。④

与那些影响许可证或执照的措施不同,一些仲裁庭在处理间接征收索赔案时,将税收视为一个"特殊的类别"⑤。一个国家提高税收的能力被视为一

---

① Técnicas Medioambientales Tecmed v. Mexico (Award) (ICSID Arbitral Tribunal, Case No. ARB (AF) /00/2, 29 May 2003), p. 151.

② 同上。

③ 参见例如 Sergei Paushok and Ors v. Mongolia (Award on Jurisdiction and Liability) (Ad Hoc Arbitral Tribunal, UNCITRAL Rules, 28 April 2011), p. 334。

④ 注意一些投资条约有特殊税收义务,征收征收范围之外征税,要求征税投诉由缔约国之间协商进行: M. Sornarajah, The International Law on Foreign Investment (3rd ed, 2010), p. 405。

⑤ 参见例如 EnCana Corporation v Ecuador (Award) (London Court of International Arbitration, 3 February 2006), p. 177; Quasar de Valores SICA v. SA and Ors v. Russia (Award) (Arbitration Institute of the Stockholm Chamber of Commerce, 20 July 2012), p. 48。

种"普遍的国家特权"①。正如某仲裁庭所言,"所有税收当然都具有拿走纳税人的钱的效果,但说国家因而要为此予以补偿则是无稽之谈"②。一些仲裁庭试图为何时征税会意味着间接征收制定法律标准。受理"恩卡纳公司诉厄瓜多尔案"的仲裁庭指出,"只有当某项税法很不正常,税收数额非常巨大或改变具有随意性时,才能考虑是否存在间接征收的问题"③。同样地,受理"卡萨公司及其他公司诉俄罗斯案"的仲裁庭指出,"如果表面上的征税实质上是政府设计的一系列手段之一,是在规范性制约之外,不合理地行使税权,以达到强占目的时,该类措施具有征收性质"④。这些陈述表明,增加税收只有当政府是出于无理地(如达不到预期的提高收入的目的)或有意地强占投资者资产时,才被视为间接征收。

最近的两个案例说明了和税收及资源型投资相关的间接征收义务的轮廓。第一个是"Sergei Paushok 及其他公司诉蒙古案"⑤。该案涉及蒙古对黄金采矿业征收的暴利税,即对基价超过 500 美元/盎司的黄金征收 68% 的税款。⑥ 最大的黄金开采公司则可免于缴纳。尽管如此,该暴利税造成黄金产量下降,许多金矿的关闭就是证明。最终,黄金产量的下降减少了蒙古的税收收入。⑦

尽管事实如此,且 Paushok 宣称,仅 2006 年一年,该措施就导致其投资的年度营业损失高达 100 万美元,仲裁庭发现这一特定的税收措施尚未达到

---

① EnCana Corporation v. Ecaudor (Award) (London Court of International Arbitration, 3 February 2006), p. 177.

② Quasar de Valores SICA v. SA and Ors v. Russia (Award) (Arbitration Institute of the Stockholm Chamber of Commerce, 20 July 2012), p. 48.

③ EnCana Corporation v. Ecaudor (Award) (London Court of International Arbitration, 3 February 2006), p. 177.

④ Quasar de Valores SICA v. SA and Ors v. Russia (Award) (Arbitration Institute of the Stockholm Chamber of Commerce, 20 July 2012), p. 48.

⑤ Sergei Paushok and Ors v. Mongolia (Award on Jurisdiction and Liability) (Ad Hoc Arbitral Tribunal, UNCITRAL Rules, 28 April 2011).

⑥ 同上。

⑦ 同上。

间接征收的标准。① 仲裁庭发现了一个关键性的事实,即尽管投资者 2006 年遭受了营业损失,但实际上,投资者并没有丧失对其投资的实质控制。它们可以调整自己的经营模式,减轻税收的影响,并继续经营下去。② 仲裁庭还发现了另一个重要事实,即尽管蒙古 2008 年征收了暴利税,2011 年它又停征暴利税,这意味着投资者并未持久地丧失其权益。③ 也许,如果该税收增加是永久性的,且投资者能够更清楚地说明其在更长一段时间内的营业亏损模式,该措施构成间接征用的可能性或许会更大。

第二个是"卡萨公司及其他公司诉俄罗斯案"④。与"Sergei Paushok 及其他公司诉蒙古案"相反,该案受理仲裁庭发现,俄罗斯的税收措施的确构成了间接征收。西班牙索赔者称,该税收措施实质上损害了它们所持有的尤科斯能源公司股份的价值。本案中,俄罗斯税务机关重新审核了尤科斯 2000—2001 年度的缴税记录,发现该公司借助俄罗斯行政区内的避税港,非法少报其收入,并要求尤科斯在已缴纳 12 亿美元的基础上补缴 35 亿美元。⑤ 然而,俄罗斯政府仅给尤科斯两天时间来支付所谓的 35 亿美元税收债务。当尤科斯未能按时支付该税收债务时,俄罗斯政府冻结了尤科斯公司的资产,并最终将该公司大部分以低价出售给俄罗斯国有企业。⑥

值得深思的是,尤科斯利用避税港的做法并非不合法。相反,那些做法都符合俄罗斯某些地区提供的特惠税收安排。此外,早在尤科斯利用这些税收安排,涉嫌非法"少报"收入之时,俄罗斯税务机关就已知情,却没有采取任何措施,直到数年之后才提出这一问题。⑦ 俄罗斯也似乎在有意阻碍尤科

---

① Sergei Paushok and Ors v. Mongolia (Award on Jurisdiction and Liability) (Ad Hoc Arbitral Tribunal, UNCITRAL Rules, 28 April 2011).

② 同上。

③ 同上。

④ Quasar de Valores SICA v. SA and Ors v. Russia (Award) (Arbitration Institute of the Stockholm Chamber of Commerce, 20 July 2012).

⑤ 同上。

⑥ 同上。

⑦ 同上。

斯，以解决该问题和偿还其所谓的新的税收债务的善意尝试。在这些情况下，仲裁庭发现俄罗斯当局"故意阻止尤科斯偿还其税收债务"①，而且采取的税收措施是一种变相的"没收计划"②，是"侵占尤科斯资产的借口"③。因此，仲裁庭将该税收措施定性为间接征收。

这些案例表明，尽管资源领域税收的提高可能会构成间接征收，并在国际投资协定框架下可就此提起诉讼，但提起诉讼的门槛非常高。在"Sergei Paushok 及其他公司诉蒙古案"中，尽管蒙古提高税收，对矿业产生破坏性影响，且有营利亏损、矿井关闭以及暴利税引起的净税收减少这些证据，但仍然不够。相反，需要具备恶意、有可疑情形和大规模分拆企业，"卡萨公司及其他公司诉俄罗斯案"中的门槛才能达到。

4. 公正与公平待遇

投资者往往根据东道国的法律架构以及管理机构做出的具体声明、保证、政策或承诺来做出重大投资。只要这些内容诱导或鼓励投资，只要投资者凭借这些内容做出合理且正当的预期，即东道国会遵守这些内容，国际投资法为投资者提供了一种途径来保护其合理预期。④

尤其值得一提的是，人们普遍认为大多数国际投资协定中包含的"公正与公平待遇"标准会保护投资者的合理预期。⑤尽管"公正与公平待遇"的

---

① Quasar de Valores SICA v. SA and Ors v. Russia（Award）（Arbitration Institute of the Stockholm Chamber of Commerce, 20 July 2012）.

② 同上。

③ 同上。

④ Newcome and Paradell, above n 38, 278 – 289.

⑤ Arif Ali and Kassi Tallent, "The Effect of BITs on the International Body of Investment Law: The Significance of Fair and Equitable Treatment Provisions," in Catherine Rogers and Roger Alford, eds., *The Future of Investment Arbitration*, Oxford University Press, 2009, pp. 199, 214, 221; Impregilo v. Argentine Republic（Award）（ICSID Arbitral Tribunal, Case No. ARB/07/17, 21 June 2011）, p. 285; EDF（Services）v Romania（Award）（ICSID Arbitral Tribunal, Case No. ARB/05/13, 2 October 2009）, p. 216; Duke Energy v Ecuador（Award）（ICSID Arbitral Tribunal, Case No. ARB/04/19, 12 August 2008）, p. 340; PSEG Global v Republic of Turkey（Award）（ICSID Arbitral Tribunal, Case No ARB/02/5, 17 January 2007）, p. 240; Saluka Investments v. Czech Republic（Partial Award）（Permanent Court of Arbitration, 17 March 2006）, p. 302; Técnicas Medioambientales Tecmed v. Mexico（Award）（ICSID Arbitral Tribunal, Case No. ARB（AF）/00/2, 29 May 2003）, p. 154.

确切范围和内容存在重大争议，但该标准已成功被应用到包括资源领域在内的多个领域的索赔案例中。例如，在"泰克米公司诉墨西哥案"（如前所述）中，仲裁庭发现，墨西哥政府未能为投资者更新垃圾填埋场经营许可证的行为同样挫败了投资者做出投资时的"合理预期"①，尤其是，墨西哥当局未能为投资者提供任何有意义的投资机会来回应投资者们的担忧或挽救其投资。

保护投资者们的合理期待这一要求并不绝对，用某个仲裁庭的话来说，它并不能"为糟糕的商业判断买单"②。例如，在我们之前讨论过的"Sergei Paushok 及其他公司诉蒙古案"中，仲裁庭发现"投资者期待蒙古这样一个处在社会市场经济转型期的国家不改变其税收和劳动法是不合理的"，换句话说，当在转型或发展中国家做投资时，投资者自身需承担与之相关的风险。③此外，尽管法律架构的改变可能突破投资者的合理期待，也有一种观点认为"任何投资者都不能指望其做投资时的环境会保持完全不变"④。

5. 保护伞条款

资源领域的投资者们经常与东道国签订商业合同或其他协议，这类合同并非受国际公法管辖的条约。因此，通常情况下，违反合同不能被视为违反条约。然而，国际投资协定通常包含所谓的"保护伞条款"⑤，通过这种方式，国际投资协定已无形中改变了这种局面。保护伞条款的功能是将东道国在国际投资协定之外（如某个具体的投资授权或与某个特定的投资者签订的

---

① Técnicas Medioambientales Tecmed v. Mexico (Award) (ICSID Arbitral Tribunal, Case No. ARB (AF) /00/2, 29 May 2003), p. 173.

② Emilio Agustín Maffezini v The Kingdom of Spain (ICSID Arbitral Tribunal, Case No. ARB/97/7 13 November 2000), p. 64.

③ Sergei Paushok and Ors v. Mongolia (Award on Jurisdiction and Liability) (Ad Hoc Arbitral Tribunal, UNCITRAL Rules, 28 April 2011), p. 263.

④ Saluka Investments v. Czech Republic (Partial Award) (Permanent Court of Arbitration, 17 March 2006).

⑤ 据估计，目前存在的国际投资协定的 40% 包含一个总括条款：Judith Gill, Matthew Gearing and Gemma Birt, "Contractual Claims and Bilateral Investment Treaties: A Comparative Review of the SGS Cases," Journal of International Arbitration 2004, 21 (397), p. 31.

合同)承担的义务或做出的承诺归纳至国际投资协定中可予起诉的保障性条款范围内,或"伞下"。但在不同国际投资协定中,保护伞条款的内容和范畴大不相同,以下我们列举几个典型的例子:

各缔约方需遵守其与另一缔约方投资者就投资事宜签订的合同中的任何义务。①

在符合其法律规定的前提下,缔约方需尽其所能地确保主管当局为另一缔约方公民签发的与投资相关的书面承诺得到尊重。②

由此可以看出,这些条款的范围很广,像"就投资事宜签订的合同中的任何义务"以及"与投资相关的书面承诺"这类用语的普通含义就能覆盖政府和投资者在诸如资源等领域签订的商业合同。简单一点的解读就是,根据某个国际投资协定,投资者可通过投资者与国家争端解决机制,像对待违反条约的行为一样对违反合同的行为进行追责,因为保护伞条款要求缔约方遵守合同,因此违反合同即违反保护伞条款。

然而,依据国际投资法,保护伞条款是否真的能将违反合同上升到违反条约的高度还存在很大争议。③ 根据一种解释,尤其是"SGS 公司诉巴基斯坦案"支持的那种解释,当缔约方并未清楚表明违约意图时,不能推定保护伞条款覆盖的"国家合同数没有上限"④。也许正是对这一饱受批评的方法做出

---

① Agreement between the Government of Hong Kong and the Government of Australia for the Promotion and Protection of Investments, signed 15 September 1993, 1748 UNTS 385 (entered into force 15 October 1993) Art 2 (2).

② Agreement between Australia and the Republic of Poland on the Reciprocal Promotion and Protection of Investments, signed 7 May 1991, [1992] ATS 10 (entered into force 27 March 1992) Art 2 (2).

③ 有关这个争议的深入讨论,请参见 Monique Sasson, *Substantive Law in Investment Treaty Arbitration: The Unsettled Relationship between International Law and Municipal Law*, Kluwer Law International, 2010, pp. 173 – 194。

④ Société Générale du Surveillance SA v. Pakistan (Decision on Objections to Jurisdiction) (ICSID Arbitral Tribunal, Case No. ARB/01/13, 6 August 2003), pp. 166, 168.

反应①，一些国际投资协定用"合同义务"这个词来明确地涵盖合同这一范畴②。另一个相对狭义的方法，即在一个国家已经在其主权能力范围内承担了某种义务时，限制保护伞条约的使用。③该方法不包括保护伞条款中所涵盖的普通商业合同。一个更为广义的解释，也可以说是国际投资法中刚出现的占主导地位的方法是，违反合同可成为违反某个保护伞条约的依据。④虽然缔约方是否在事实上和法律上违反了某个合同的问题是由该合同的条款决定的，但缔约方事实上违反了某合同这一结论可随后用来论证缔约方违反了国际投资协定中要求其做出赔偿的保护伞条款。⑤

6. 战略考量

即使东道国明显违反了某个适用的国际投资协定，损害了资源领域的外国投资者利益，投资者也需在以下几个战略考量的指导下，决定是否通过投资者—国家争端解决机制对东道国提起诉讼。第一个也是最重要的是成本。这种诉讼模式的费用非常高。一项研究发现，运转一个仲裁庭的平均成本是581332美元，而当事人诉讼费的平均成本接近100万美元。⑥然而，成本可能会显著

---

① 参见例如 James Crawford, "Treaty and Contract in Investment Arbitration," (22nd Freshfields Lecture on International Arbitration, London, 29 November 2007), http: //www. lcil. cam. ac. uk/Media/lectures/pdf/Freshfields%20Lecture%202007. pdf, at 5 October 2012, 19; Sasson, above n 80, 187 – 8。

② 参见例如 Agreement between the Republic of Chile and the Republic of Australia for the Promotion and Reciprocal Protection of Investment, signed 8 September 1997 (entered into force 22 October 2000) Art 2。

③ 参见例如 Pan American Energy LLC and Bp Argentina Exploration Company v. Argentina (Decision on Preliminary Objections) (ICSID Arbitral Tribunal, Case No. ARB/03/13, 27 July 2006); El Paso Energy International Company v Argentina (Decision on Jurisdiction) (ICSID Arbitral Tribunal, Case No. ARB/03/15, 27 April 2006)。

④ 参见例如 LG&E Energy Corp v. Argentina (Decision on Liability) (ICSID Arbitral Tribunal, Case No. ARB 02/1, 3 October 2006); Noble Ventures Inc v. Romania (Award) (ICSID Arbitral Tribunal, Case No. ARB/01/11, 5 October 2005); Sempra Energy v. Argentina (Award) (ICSID Arbitral Tribunal, Case No. ARB/02/16, 18 September 2007)。

⑤ SGS Société Générale de Surveillance v. Philippines (Decision on Jurisdiction and Separate Declaration) (ICSID Arbitral Tribunal, Case No. ARB/02/6, 29 January 2004), p. 127。

⑥ Susan Franck, "Empirically Evaluating Claims about Investment Arbitration," *North Carolina Law Review*, 2007, 86 (1), p. 69。

高于这些平均值。据报告,一些案件的成本高达 600 万美元,甚至 1380 万美元。① 这可能会造成重大风险,因为仲裁庭并不总是将这些成本判给胜诉方。② 同样值得注意的是,世界贸易组织诉讼可能同样昂贵,有报告称该类诉讼的成本超过 1000 万美元。③ 但通常情况下,这些成本是由挑起争端的国家,而非受害的私人企业承担。④ 世界贸易组织诉讼不存在诉讼费一说,仲裁小组和上诉机构的运行费用是从世界贸易组织预算中拨出,而无需当事人支付。⑤

第二个战略考量是关于是否在根据某个国际投资协定提起诉讼的同时向多个当事人居住地的管辖法院或其他仲裁机构提起平行诉讼。一方面,多个诉讼程序可以加大获得赔偿的机会,因为投资者只要在其中一个诉讼程序中胜诉,就能获得有效的补偿。另一方面,一些国际投资协定明令禁止启动平行诉讼程序,并包含一个"岔路口"规则,即根据国际投资协定启动的诉讼程序会使根据国内法对同一项措施提起的所有可能诉讼失效。⑥ 投资者甚至被阻止⑦或禁止⑧在已经向其他主管法庭,就本质上相同的案件提起诉讼的情况下,再根据国际投资协定提起诉讼。

---

① Susan Franck, "Empirically Evaluating Claims about Investment Arbitration," *North Carolina Law Review*, 2007, 86 (1), p.69.

② Stephen Jagusch and Jeffrey Sullivan, "A Comparison of ICSID and UNCITRAL Arbitration: Areas of Divergence and Concern," in Waibel, Kaushal, et al, eds., *The Backlash against Investment Arbitration*, Kluwer Law International, 2010, pp. 104 – 109.

③ Håkan Nordström and Gregory Shaffer, Access to Justice in the World Trade Organization: A Case for a Small Claims Procedure (2007) ICTSD Dispute Settlement Series, http://ictsd.org/i/publications/11306/?view = document, at 5 October 2012, p.9.

④ 不过,一个政府可能会与一个受害的公司或行业安排公司或行业资助政府代表他们诉讼。

⑤ Marrakesh Agreement Establishing the World Trade Organization, opened for signature 15 April 1994, 1867 UNTS 3 (entered into force 1 January 1995), annex 2 (Dispute Settlement Understanding) (DSU), Arts 8.11 and 17.8.

⑥ 参见例如 Australia – Chile Free Trade Agreement, signed 30 July 2008, [2009] ATS 6 (entered into force 6 March 2009) (CAFTA) ch 10 Art 10.18.2。

⑦ 参见例如 Petrobart v. Kyrgyz Republic (Jurisdiction) (Arbitration Institute of the Stockholm Chamber of Commerce, Case No. 126/2003)。

⑧ ICSID Art 26.

第三个战略考量是哪些仲裁规则能够为提起诉讼的投资者提供最大的优势和保护。例如，国际投资争端解决中心仲裁规则额外提出了一个司法门槛，诉讼案件可有效"上诉"至裁决废除委员会，而联合国国际贸易法委员会规则可能在诉讼程序的执行和保密性方面提供的确定性更小。① 因此，哪个规则集最有利将取决于特定案件的细节。

最后一个战略考量是国际投资协定框架下诉讼所耗费的时长。一项研究表明，该类诉讼平均需要三年七个月。② 这一漫长的过程和世界贸易组织诉讼形成对比，据估计，后者所需的时间大约为 11 个月（假设没有上诉）。③

7. 涉及澳大利亚的投资者—国家争端解决案例

两家澳大利亚公司使用了或正在使用投资者—国家争端解决机制保护其在印度和巴基斯坦（澳大利亚与两国签订了国际投资协定）资源领域的投资。④ 在"澳大利亚白色产业有限公司诉印度案"中，因印度未能得当地承认并执行一个与一份采矿供应合同相关的单独的私人仲裁裁决，白色产业公司对其提起诉讼并成功获得赔偿。尤其值得一提的是，该案仲裁庭发现印度违背了为投资者提供"主张和维护权利的有效途径"这一义务，而国际投资协定保护投资者享有这些途径的权利。⑤ 在"TCC 公司诉巴基斯坦案"中，TCC 公司

---

① 关于 ICSID 与 UNCITRAL 仲裁规则的相对优点的深入讨论，见 Stephen Jagusch and Jeffrey Sullivan, "A Comparison of ICSID and UNCITRAL Arbitration: Areas of Divergence and Concern," in Michael Waibel, Asha Kaushal, KyoHwa Chung and Claire Balchin, eds., *The Backlash Against Investment Arbitration*, Kluwer Law International, 2010。

② 见 Anthony Sinclair, Louise Fisher and Sarah Macrory, "ICSID arbitration: How Long does It Take?," *Global Arbitration Review* 2010, 4 (5)。请注意，这仅包括 ICSID 案例，其代表了大多数案件。

③ WTO News, "Lamy cites 'very broad confidence' in WTO dispute settlement" (28 June 2012), http://www.wto.org/english/news_e/sppl_e/sppl240_e.htm > at 5 October 2012. 请注意，这排除了缔约方在组成小组和翻译小组报告的时间。它也排除上诉程序。

④ 虽然这些是澳大利亚投资者根据国际投资协议进行诉讼的唯一公开的例子，可能还有其他未报告和保密的案件，因为并非所有仲裁规则都要求（甚至允许）公开披露诉讼的存在。

⑤ White Industries Australia Ltd v. India (Final Award) (Ad Hoc Arbitral Tribunal, UNCITRAL Rules, 30 November 2011) [16.1.1 (a)]。

因巴基斯坦拒绝授予其采矿租约而对巴基斯坦启动诉讼程序。① 尽管该争端仍在进行中，具体细节也未对外公布，但我们可以推测，TCC 公司会以间接征收和违反公正与公平待遇标准之名义提出索赔。② 这两个案例表明，当澳大利亚资源公司在经营其海外投资项目过程中遇到东道国政府采取的不利、任意或不公正的措施时，投资者与国家争端解决机制是一种现实可行的维权途径。

另一方面，一个外国投资者依据国际投资协定对澳大利亚政府提起了诉讼，而澳大利亚政府当前正在就该国遇到的第一起此类诉讼案为自己辩护。③ 但该案并非与资源相关的案件，而是和澳大利亚政府通过白板包装规则控制烟草制品的做法有关。即菲利普莫里斯国际公司和菲利普莫里斯澳大利亚公司宣称白板包装法案的实施剥夺了其知识产权，违反了相关国际投资协定的公正与公平待遇义务。同时，因澳大利亚政府公然否定其在国际知识产权协定中的义务，该国也违反了该国际投资协定的保护伞条款。④

8. 总结

国际贸易和投资法对资源领域的投资者而言是非常有用的工具，可以帮助它们保护自己的利益。在国际贸易法中，争端的解决需要国家政府出面，对另

---

① Tethyan Copper Company v. Pakistan (Registered 12 January 2012) (ICSID Arbitral Tribunal, Case No. ARB/12/1).

② 参见例如 Faisal Shakeel, "Reko Diq case: Row over Tribunal Holds up Arbitration Process," *The Express Tribune* (2 June 2012)。

③ Written Notification of Claim by Philip Morris Asia Limited to the Commonwealth of Australia pursuant to Agreement between the Government of Hong Kong and the Government of Australia for the Promotion and Protection of Investments (27 June 2011) (PMA Claim). 另见例如 Tania Voon and Andrew Mitchell, "Implications of International Investment Law for Plain Tobacco Packaging: Lessons from the Hong Kong-Australia BIT," in Tania Voon et al, eds., *Public Health and Plain Packaging of Cigarettes: Legal Issues*, Edward Elgar, 2012, pp. 137 – 172; Andrew Mitchell and Tania Voon, "Time to Quit? Assessing International Investment Claims Against Plain Tobacco Packaging in Australia," *Journal of International Economic Law*, 2011, 14 (3), pp. 515 – 552。

④ Written Notification of Claim by Philip Morris Asia Limited to the Commonwealth of Australia pursuant to Agreement between the Government of Hong Kong and the Government of Australia for the Promotion and Protection of Investments (27 June 2011) (PMA Claim).

一国的违法措施提起诉讼，而国际投资法则赋予私营行为体直接发起争端诉讼的权利。如上所述，在国际投资协定框架下，东道国提高采矿和能源项目的税收、干涉资源勘探、采掘和运输许可证与执照以及违反商业合同都有可能被起诉。通过这种方式，国际投资协定可以为受害投资者提供显著的保护，尤其是当投资者面临国内司法机构腐败无能或国内法难以为其提供有效的补偿时。有关程序与实质方面的总结和表1、表2所示。

表1　程序方面的总结

法律相关	世界贸易组织法[1]	投资法
补偿	当仲裁小组发现某个缔约国违反其义务时，该缔约国需更改其法律，使其不再违反世界贸易组织法[2]。当更改法律暂时不可行时，该缔约国亦可以贸易优惠的形式做出补偿[3]。在万不得已的时候，仲裁机构可能会暂停违约缔约国享有的贸易优惠[4]。	可获得的补偿取决于所涉及的国际投资协定。一些国际投资协定明确规定，唯一可获得的补偿是损害赔偿金，从而排除了具体履行合同义务[5]。其他国际投资协定则未提到可获得的补偿，即可能允许具体履行合同义务。然而，绝大多数的仲裁庭都会做出货币赔偿的裁决[6]。
谁能对谁提起诉讼？	一个世界贸易组织缔约国可对另一个世界贸易组织缔约国提起诉讼。	与东道国签订了国际投资协定的国家的投资者。然而，许多国际投资协定包含"利益拒绝"条款，即当外国投资者归第三国所有，或被第三国控股，且第三国未参与国际投资协定时，东道国可拒绝接受裁决。
被保护的权利	非歧视，市场准入	非歧视；征收；公正与公平待遇；保护伞条款；履行要求[7]。
平均耗时	11 个月[8]	3 年 7 个月[9]

[1] 请注意，绝大多数贸易争端发生在世贸组织的主持下。双边和多边贸易协定通常包含自己的争端解决机制，尽管它们倾向于以 WTO 制度为模式，但它们可能会因不同的协议而有所不同。

[2] Marrakesh Agreement Establishing the World Trade Organization, opened for signature 15 April 1994, 1867 UNTS 3 (entered into force 1 January 1995), annex 2 (Dispute Settlement Understanding) (DSU), Art 3.7.

[3] Ibid.

[4] Ibid.

[5] 参见例如 Australia – Chile Free Trade Agreement, signed 30 July 2008, [2009] ATS 6 (entered into force 6 March 2009) (CAFTA) ch 10 Art 10.27。

[6] 见 Martin Molinuevo, Protecting Investment in Services: Investor-State Arbitration versus WTO Dispute Settlement, (Kluwer Law International, 2011, pp. 221 – 237)。

[7] 请注意，受保护的确切义务在不同的国际投资协定之间可能有很大差异。

[8] WTO News, "Lamy cites 'very broad confidence' in WTO dispute settlement" (28 June 2012), http://www.wto.org/english/news_e/sppl_e/sppl240_e.htm, at 5 October 2012. Note that this excludes the time parties take to compose their panels and translation time of panel reports. It also excludes appeal proceedings.

[9] 见 Anthony Sinclair Louise Fisher and Sarah Macrory "ICSID arbitration: how long does it take?," (2010) 4 (5) Global Arbitration Review, 2010, 4 (5). 请注意，这仅包括 ICSID 案例，其代表了大多数案件。

表 2　实质方面的总结

项目		政府措施			
		世界贸易组织法		投资法	
		市场准入限制	歧视性待遇	投资限制	未能保护投资（如征收）
商业或商务活动	货物，如油、煤、天然气、金属和矿物	《关贸总协定》—适用于所有货物。	《关贸总协定》—适用于所有货物。	少数国际投资协定（尤其是包含投资义务的自由贸易协定）保障投资者进行投资的能力。	几乎所有的国际投资协定都包含保护性条款，通常包括征用、公正与公平待遇，有时候还包括当地含量要求和保护伞条款。
	服务 如运输、配送、建设、工程以及咨询服务	《服务贸易总协定》—仅限于特定国家开放的服务和领域。	《服务贸易总协定》—适用于所有区别于第三国的歧视性服务。仅限于特定国家开放的，与国内服务和国内供应商有差别的歧视性服务和领域。	《服务贸易总协定》—适用于服务提供者通过在特定国家设立商业机构或专业机构所提供的服务。但只适用于该国放宽限制的服务和领域。只有少数国际投资协定（尤其是包含投资义务的自由贸易协定）保障投资者做出投资的能力。	几乎所有的国际投资协定都包含保护性条款，通常包括征用、公正与公平待遇，有时候还包括当地含量要求和保护伞条款。

资料来源：该表从下文中模板改编而来 Joost Pauwelyn, "Dealing With the Increasing Complexity of Investment-Related Treaties: A Framework and Some Policy Guidelines," *Investment Treaty New's*（30 October 2012），http://www.iisd.org/itn/2012/10/30/dealing-with-the-increasing-complexity-of-investment-related-treaties-a-framework-and-some-policy-guidelines。

国际能源贸易与投资者—国家仲裁：可持续发展在其中起什么作用？*

[美] 苏珊·卡拉曼尼娅**

一、引言

20世纪见证了全球能源市场的出现。全球最大的产油国，如海湾国家和委内瑞拉的石油产品开始涌入欧洲、美国和亚洲市场。① 在一个充满活力的国际销售市场，传统的石油贸易往往指买方从自愿出售的卖方购买石油。随着一个稳健的国际金融体系的发展，国际贸易的出现改变了整个市场的发展动态。全新的能源，以及通过繁忙的基础设施实现能源的跨国运输，将有助于满足全球日益增长的能源需求。大型金融机构和独立的贸易机构均认识到，能源销售合同具有比能源贸易本身更深远的价值。它们为石油出口国提供了

---

* 原文载于 *Emerging Issues in Sustainable Development*。
** 作者简介：苏珊·卡拉曼尼娅（Susan L. Karamanian），美国乔治华盛顿大学法学院国际与比较法研究院副院长。
① Yergin, D., *The Prize: The Epic Quest for Oil, Money & Power*, New York: Simon & Shuster, Inc., 1992.

一系列金融产品,帮助其规避价格变动带来的风险。贸易市场已经扩展到各类商品及其产生的电力。①

20世纪中后期,一系列国际投资协定(IIAs)让各国之间的联系更为紧密,当某一缔约国的投资者在其他缔约国国内进行投资时,上述协定可为其提供保护。这些条约中最主要的就是《能源宪章条约》(ECT),全球超过50个国家和各欧盟成员国均是该条约的缔约国。② 全球共有2200多项双边投资条约(BITs)、200多项自由贸易协定(FTAs)及其他国际投资协定业已生效。③ 许多国际投资协定都规定,如果投资者认为东道国违反了某一条约的保护性措施,该投资者就可以通过仲裁向该东道国直接发起索赔。④

对能源生产和消费的高度关注,以及一些投资者及其投资活动受到国际投资协定的特殊保护问题,引发了对投资者—国家仲裁机制的整体成本的质疑。投资活动的环境质量,以及上述活动对可持续发展可能造成的破坏使得上述质疑显得不无道理。全成本问题是至关重要的,因为上述条约可能会制约各国政府,使其无法妥善监管环境或采取有序的方式促进经济发展。反过来,缺乏监管产生的影响可能会波及其他国家。当前,缺乏监管的问题表现得尤为突出,因为部分亚太国家连同美国、加拿大、墨西哥、秘鲁和智利,以及欧盟和美国,正在谈判,希望能分别基于《跨太平洋伙伴关系协定》(TPP)和《跨大西洋贸易和投资伙伴关系协定》(TTIP)的相关规定进一步扩大贸易和投资网络。

那么,可持续发展在国际能源贸易和投资者—国家仲裁机制中承担了何种角色?本文针对相关问题展开了讨论,并认为在现行条约的基础上,仲裁员仍有可能同时关注环境问题和满足发展目标。这些条约具有潜在作用,促

---

① Brunet, A. and Shafe, M., "Beyond Enron: Regulation in Energy Derivatives Trading," *New Journal International Law and Business*, 2007 (27), pp. 665 – 706.

② The Energy Charter Treaty, Dec. 17, 1994, 2080 U. N. T. S., 34 I. L. M. 360 [hereinafter "ECT"].

③ UNCTAD, International Investment Agreements Navigator, 2016, http://investmentpolicyhub.unctad.org/IIA, Last visited 22 Jan 2016.

④ 见 Sect. 2。

进外国投资者谨慎投资,因为至少其中仍有部分条约重视可持续性的价值。即使没有这些条约,外国投资活动也仍然不会终止,只是各国政府无法认识到可持续性投资的必要性而已。重新拟定国际投资协定或许将是更具策略性和有意义的方式,这一方式可以为如何在针锋相对的利益方之间取得平衡,提供特定的指导方针。考虑到国际投资协定所面临的重大政治和经济问题,重新拟定国际投资协定可能会困难重重。①

二、国际能源贸易

(一) 传统视角

国际能源贸易的概念非常广泛,所有涉及能源跨境销售和购买的事宜均可归入这一范畴。② 从传统意义上来说,它包括能源的来源、供应条件、生产设施、输送服务,如港口、航运、管道和电网等,以及进出口限制。

能源贸易过程中的每个要素都涉及可持续发展问题。例如,允许某些形式的生产可能会带来的环境后果。因此,在日本福岛第一核电厂发生灾难性事故之后,德意志联邦共和国宣布在德国淘汰核电生产。德国政府的这一决定对本土环境安全之外的领域也产生了影响,因为核能市场的投资者来自德国以外的国家。③ 被这一有利可图的长期项目吸引来的投资者被挤出了市场。④ 还有一个例子是,旨在促进替代性能源,如太阳能,发展的光伏发电上网电价补贴政策,以及其他形式的激励措施,会对国内和潜在地对国际市场

---

① UNCTAD, United Nations Meeting Seeks Reform of Investment Treaties, 2014, http://unctad.org/en/pages/newsdetails.aspx?OriginalVersionID^1/$_4$867&Sitemap_x0020_Taxonomy

② Leal-Arcas, R. and Abu Gosh, E., *Energy Trade as a Special Sector in the WTO: Unique Features, Unprecedented Challenges and Unresolved Issues*, Queen Mary University of London, 2014, pp. 9 – 10.

③ Vattenfall AB v. Federal Republic of Germany, ICSID Case No. ARB/12/12.

④ Vattenfall.

的能源供应产成影响。但是，收紧相关的政策，如西班牙和捷克共和国最近发生的那样，将对环境友好型能源的供应造成影响。与德国的情况一样，西班牙和捷克共和国的相关决定令外国投资者首当其冲。①

除了供应条件和进出口限制以外，法律法规还将对能源输送产生影响。美国政府否决了美加跨境输油管道（Keystone Pipeline）从俄克拉荷马州延长至得克萨斯州墨西哥湾沿岸的炼油厂，以及从美国北部的堪萨斯州延伸至加拿大阿尔伯塔省的提议，说明跨国输送对于当地环境的影响程度。然而，通过输油管道获得能源和促进经济发展是与之相矛盾的目标。② 同样，对航运的限制，例如《国际防止船舶造成污染公约》中的限制性条款，使油轮的成本增加，但有助于重要环境目标的实现。③

（二）广泛视角

从传统贸易的视角理解国际能源贸易并不能充分理解其价值。许多交易都以庞大而复杂的金融网络为基础，促进能源销售与购买，并通过对冲风险实现国际能源贸易体系的更高效运行。如果那些基于能源贸易产生的但已通过一两个步骤脱离了能源产品本身贸易的金融工具被认为是能源投资，那么它们及其发起人，主要是金融机构，可以影响优先权的分配。这种权力是否也可以扩展到仅仅是持有这些工具的人，例如，那些除了从这些工具中获得财务收益外对能源贸易既缺乏知识也不感兴趣的购买者。

---

① UNCTAD, Recent Developments in Investor-State Dispute Settlement (ISDS), 2014a, http://unctad.org/en/PublicationsLibrary/webdiaepcb2014d3_en.pdf. Last visited 25 Jan 2016.

② Elbin, S., "Jane Kleeb v. the keystone pipeline," *NY Times Magazines*, 2014, http://www.nytimes.com/2014/05/18/magazine/jane-kleeb-vs-the-keystone-pipeline.html?_r0. Last visited 23 Jan 2016.

③ International Convention for the Prevention of Pollution from Ships, 1973, 12 I. L. M. 1319 [Marpol Convention].

三、投资条约制度：实质与过程

调节国际能源贸易的总体规范，部分地由保护投资者和投资的国际投资协定确定。这些条约存在很大的差异，每一份条约均须要仔细审核，以便充分了解其确切的投资保护措施和这些保护措施的受益者，以及投资者与东道国之间因违反条约承诺而引发的争端的解决途径。

（一）投资保护

国际投资协定都具有相似的结构。首先，这些条约均对予以保护的投资活动进行了定义。这一定义通常都非常广泛，例如"由投资者直接或间接拥有或控制的各类资产"，包括有形资产和无形资产、股票以及货币索取权①。《能源宪章条约》附加了一个额外的条件，即受保护的投资应"与能源部门的经济活动有关"②。其次，"投资者"这一术语通常指的是与某一条约缔约国有联系的自然人或法人。③ 再次，国际投资协定还对面向投资者和/或投资活动提供的保护性措施进行了规定。例如，《能源宪章条约》就做出了如下规定。

（1）公平公正的待遇

要求东道国"承诺，在任何时候均对其他缔约国的投资者的投资活动给予公平公正的待遇。……在任何情况下，此类投资所获得的待遇都不得低于国际法所规定的标准，包括条约义务"④。

（2）保护与安全保障

"此类投资还应享有最稳定的保护和安全保障，任何缔约国不得以任何不

---

① ECT Art. 6 (1).
② ECT Art. 6 (1).
③ ECT Art. 6 (1).
④ ECT Art. 10 (1).

合理或歧视性的措施，妨碍它们的管理、维护、使用、享用或处置。"①

（3）国民待遇或最惠国待遇

"'待遇'的含义指的是某一缔约国所给予投资者的待遇，其具体标准不得低于该缔约国给予本国投资者或任何其他缔约国或任何第三方国家的投资者的待遇标准，上述三种待遇中以最高者为准。"②

（4）禁止征收

除非是为了公共利益，且非歧视、符合正当法律程序和进行及时充分有效的补偿。③

（二）投资者—国家仲裁机制

许多国际投资协定都规定，投资者可在东道国未能履行投资保护责任时，向后者发起仲裁索赔。例如，《能源宪章条约》规定，权利受到不法侵害的投资者可以在向国际投资争端解决中心（ICSID）提交前，将争端提交仲裁解决至《联合国国际贸易法委员会（UNCITRAL）仲裁规则》所规定的仲裁员或特设仲裁庭，或瑞典斯德哥尔摩商会仲裁院下设的仲裁庭进行仲裁。④ 上述仲裁员或仲裁庭应"根据《能源宪章条约》以及适用的国际法规则和原则"⑤对相关争端做出仲裁。

对于国际投资争端解决中心争端，在没有选择适用法律的情况下，《解决国家与他国国民间投资争端公约》（ICSID Convention）第 42 条规定："仲裁庭应适用涉及相关争端缔约国的法律（包括该国针对法律冲突制定的规则）以及可予以适用的国际法规则。"⑥ 国际投资协定和《解决国家与他国国民间

---

① ECT Art. 10 (1).
② ECT Art. 10 (3).
③ ECT Art. 13.
④ ECT Art. 26 (4).
⑤ ECT Art. 26 (6).
⑥ ICSID Convention, Mar. 18, 1965, ch 1, § 1, art. 42, 17 UST 1270, 1273, 575 UNTS 159, 62.

投资争端公约》中对国际法的引用,有助于与国际环境法有关的一般性原则,包括可持续发展,纳入投资者—国家对话机制。

一些仲裁规则允许与仲裁案的非当事人参与其中。2006年,《国际投资争端解决中心仲裁规则修正案》为仲裁庭提供了自由裁量权,允许其在经过与多方协商后,批准仲裁案的非当事人提交书面陈述。[1] 基于《联合国国际贸易法委员会仲裁规则》设立的仲裁庭,允许"法庭之友"(amicus curiae)提交有关环境法的证词。[2] 此种规定明确了投资者诉求的公共性质,同时也有助于受到仲裁案影响的相关各方,提请仲裁庭提出其他未予以澄清的问题。

(三)其他重要方面

国际投资协定可以规定根据其他重要的社会目标,如环境保护等,考虑采取投资保护措施。由加拿大、墨西哥和美国共同签订的《北美自由贸易协定》(NAFTA)规定,签订该协定的目标之一是在协定成员国领土内"改善工作条件和提高生活水准",同时确保协定的目标"符合环境和生态保护宗旨"和"加强环境保护法律法规的制定和执行"[3]。《能源宪章条约》认识到了"以最高效的方式勘探、生产、转化、储存、运输、配送和使用能源"的需求,涉及一些具体的国际环境条约,同时还承认"对保护环境的措施越来越迫切的需求"[4]。

《2012年美国双边投资条约范本》(简称"2012 US Model BIT")将间接征收排除在"为了保护合法的公共福利目标,如公共卫生、安全和环境,而

---

[1] ICSID Arbitration Rules (as amended Apr. 10, 2006) Rule 37 (2).

[2] See, e. g., Glamis Gold Ltd. v. United States, UNCITRAL Arb., Submission of the Quechan Indian Nation (Oct. 16, 2006).

[3] NAFTA (Preamble), Dec. 17, 1992, 32 I. L. M. 289, 297 (1993) [hereinafter, "NAFTA"].

[4] ECT (Preamble).

制定且适用的非歧视性监管行为"之外。① 虽然例外条款可以在其他国际投资协定中找到，但这些其他条款规定可采取的措施可能仅限于那些与条约中的投资条款相一致的措施②。

《2012 年美国双边投资条约范本》同时规定，缔约国通过削弱或减少国内劳动法和"通过削弱或减少国内环境法的保护性措施来鼓励投资"是不恰当的。③ 类似的，加拿大—罗马尼亚双边投资条约允许一国采取、维持或执行"认为适当的措施，以确保其领土内的投资活动以对环境问题敏感的方式进行"④。这些条约序言中类似于条款的语言，表明此类条约寻求以"可持续的方式"⑤ 或以"保护健康、安全和环境与促进国际公认的劳工权利"的方式促进投资⑥。从这一方面来说，这些条约具有超出其投资目标的积极意义；它们代表了将环境保护和其他社会目标作为促进外国投资的一部分融入其中的国际制度的一部分。

部分条约已经指出，国家有责任督促企业，在企业社会责任的原则下遵守特定的行为标准。例如，《加拿大和秘鲁自由贸易协定》就做出了如下

---

① 2012 US Model Bilateral Investment Treaty, Annex B 4 (b) [hereinafter "2012 US Model BIT"]. 另见 Canadian Model BIT, Annex B. 13 (1) "设计和应用于保护健康、安全和环境等合法公益目标的缔约方的非歧视性措施不构成间接征用"。

② Krommendijk, J. and Morijn, J., "Proportional by What Measure (s)? Balancing Investor Interests and Human Rights by way of Applying the Proportionality Principle in Investor-State Arbitration," in P. M. Dupuy et al., eds., *Human Rights in International Investment Law and Arbitration*, Oxford: Oxford University Press, 2009, pp. 434 – 435; Mann, H., "International Investment Agreements, Business and Human Rights: Key Issues and Opportunities," *International Institute for Sustainable Development*, 2008, http: //www. iisd. org/pdf/ 2008/iia_business_human_rights. pdf. Last visited 30 Jan 2016.

③ 2012 US Model BIT Arts. 12 (2); 13 (2).

④ Agreement for the Promotion and Reciprocal Protection of Investments, Can. -Rom. Art. XVII (2), May 8, 2009.

⑤ Agreement between Canada and the Republic of Peru for the Promotion and Protection of Investments (Preamble, 2006).

⑥ 2012 US Model BIT (Preamble); Agreement Between Japan and the Socialist Republic of Viet Nam for the Liberalization, Promotion and Protection of Investment (Nov. 14, 2003) (the treaty's investment objectives "can be achieved without relaxing health, safety and environmental measures of general application").

规定:

> 每个缔约方应鼓励在其领土或其管辖范围内经营的企业自愿将国际公认的企业社会责任标准纳入其内部政策,例如已获得缔约方认可或得到缔约方支持的原则声明。这些原则涉及劳工、环境、人权、社区关系和反腐等问题。双方提醒企业,将企业社会责任标准纳入其内部政策的重要性。①

最新的《欧洲自由贸易协定》的表述②与近期提议的《跨太平洋伙伴关系协定》③的投资章节的内容类似。

《能源宪章条约》详细阐述了缔约方在环境方面对于条约所承担的义务。与其他国际投资协定不同的是,《能源宪章条约》在第19条第1款中就国家应该遵循的发展路线图做出了比较详细的阐述:

> 为了追求可持续发展并考虑到缔约方签署的涉及环境的国际协定所规定的义务,每一缔约方应努力以经济有效的方式尽量减少其区域内所有涉及能源循环的活动对其国内及国外环境的负面影响,并适当考虑安全。④

这一表述确认了可持续发展目标和各国在环境条约下的义务。它规定,国家有责任采取"经济有效的方式",最大限度地减少"有害的环境影响"⑤。

---

① Canada-Peru Free Trade Agreement Art. 810 (Aug. 1, 2009).
② Alschner, W. and Tuerk, E., "The Role of International Investment Agreements and Sustainable Development,". in F. Baetens, ed., *Investment Law Within International Law: Integrationists Perspectives*, Cambridge: Cambridge University Press, 2013, pp. 217, 227.
③ Chapter 9, Investment, Art. 9.16, Trans-Pacific Partnership Agreement, available at https://ustr.gov/sites/default/files/TPP-Final-Text-Investment.pdf (last visited Jan. 23, 2016).
④ ECT Art. 19 (1).
⑤ 同上。

第 19 条第 1 款进一步做出了规定，要求缔约国"采取更具成本效益的方式"并"努力采取预防措施来防止或最大限度减少环境恶化的现象"①。缔约国认同污染者付费原则，也支持一系列旨在改善环境的措施。② 虽然第 19 条中规定的义务纳入《能源宪章条约》第 4 部分，因而不受该条约中有关投资者—国家仲裁机制规定的限制，但这些原则无疑可以用来评估涉及仲裁争端的国家行为是否违背了投资保护措施，或可用于阐明保护性措施的含义。

值得注意的是，除《能源宪章条约》外，大多数国际投资协定都未能为环境保护目标和可持续发展的含义提供指导。可持续发展的概念远未明确界定。国际审判法院从比较广泛的视角对其做出了界定，即："协调经济发展与环境保护。"③ 安德鲁·纽康比（Andrew Newcombe）教授敦促，应在国际法协会的《与可持续发展有关的国际法原则的新德里宣言》（《新德里原则》）基础上，以更明确的方式对国际投资协定进行评估。虽然《新德里原则》本身并非法律，但它却能从广泛而综合的视角来看待可持续发展。④《新德里原则》将侧重点放在自然资源的可持续性利用、公平、消除贫困、共同责任、预防原则的应用、参与、获得信息和正义、良好的治理和"融合和相互关系，特别与人权与社会、经济和环境目标的关系"⑤。从国际投资协定中特定的投资保护措施的角度来看，如此广泛的目标将为仲裁庭带来一系列难题。因此，如果它们可以适用于投资者与某一东道国之间的争端的话，将产生非常深远的影响。

此外，这些条约通常不会要求投资者在进入东道国进行投资前，承担任何直接的义务，而这一不对称的情况已经引发了不少的批评意见。例如，我

---

① ECT Art. 19（1）.

② 同上。

③ Gabčíkovo Nagymaros Case（Hung. v. Slovk.）［1997］ICJ Rep. 7, 78, para. 141（Judgment）.

④ Newcombe, A., "Sustainable Development and Investment Treaty Law," *Journal of World Investment and Trade*, 2007, pp. 359-360.

⑤ Newcombe, A., "Sustainable Development and Investment Treaty Law," *Journal of World Investment and Trade*, 2007, p. 360.

们可以看到某项条约要求投资者在东道国开展采矿业务前,公布有关其环境影响的声明或以某种形式参与当地社区的活动。然而,这样的做法是以东道国的法律并未做出此等要求为前提的。此外,它还可能会被视为与条约的投资目标相违背。

如果投资者是这一争端解决机制中唯一的受益者,则这种不对称的情况可能会更加复杂化。为了确保公平竞争,一些人建议,非投资者的利益相关者也可以参与到争端解决机制中来。例如,在因投资者侵犯人权而提出索赔的情况下。①

《维也纳条约法公约》(VCLT)的第 31 条第(3)款第(c)项,在针对投资条约做出解释时规定,"国际法中任何适用于投资者与东道国关系的规定"都应在结合条约背景的基础上予以适用。② 如前所述,许多条约都是根据国际法解释的,从而有可能协调被认为冲突的规范,如能源投资与可持续增长。③ 本文敦促各方适度地使用国际法来对这些有价值的目标予以协调。

四、通过投资者—国家仲裁机制理解国际能源贸易和投资活动

仲裁裁决有助于我们更好地理解国际投资协定,如何影响或潜在影响国际能源贸易。裁决涉及的范围非常广泛,仲裁裁决也体现了国际能源贸易对可持续发展的具体影响程度。

(一)投资

首先,从适用的国际投资协定来说,国际能源贸易的哪些方面可归入投

---

① Foster, G., Investors, "States and Stakeholders: Power Asymmetries in International Investment and the Stabilizing Potential of Investment Treaties," *Lewis and Clark Law Review*, 2013, pp. 398 – 405.

② Vienna Convention on the Law of Treaties, art. 31 (3) (c), 23 May 1969, 1155 U. N. T. S. 331.

③ 见 UN International Law Commission, Fragmentation of International Law: Difficulties Arising from the Diversification and Expansion of International Law, 2006, UN Doc A/CN. 4/L. 682, para. 420 (finalized by Martti Koskenniemi)。

资领域？是否仅限于那些投资者通过实体投资活动在东道国投资的资产，如开采设施、炼油厂或输送管道？或者说，部分非直接的关系，如作为某一企业的股东，是否可以令其成为享有一定特权的投资者，从而使其受益于特定条约所规定的投资保护承诺？

在一些国际投资协定下，仲裁庭已经接受了能源基础设施满足条约中投资的标准。例如，在 AES Summit Generation Ltd. 和 AES-Tisza Erömü KFT 诉匈牙利案中[①]，国际投资争端解决中心的仲裁庭，对一家英国公司及一家由该英国公司拥有 99% 股份的匈牙利公司的仲裁请求做出了裁决，该公司声称匈牙利政府公布的价格法令将对电力供应站的投资造成不利影响。另外一个例子是，委内瑞拉政府制定的政策对外资持有的石油生产和开发设施产生了不利的影响，导致外国投资者根据一系列双边投资条约，向该国发起了索赔，仲裁庭随后就这一仲裁案做出了裁决。[②] 一个更引人注目的案例，就是因厄瓜多尔政府终止勘探和开发碳氢化合物的合作合同，导致美国西方石油公司向该国发起索赔的仲裁案，仲裁赔偿高达 17 亿美元。[③] 此类投资活动，涉及发电站以及生产和开发设施的所有权与勘探合同的权益，完全可以纳入传统投资的范畴，因此，它们受到国际投资协定的保护就不足为奇了。

其次，缔约国拥有从事此类活动的公司股份的投资者也受益于某些条约，如《能源宪章条约》。在普拉马财团有限公司诉保加利亚案中，仲裁庭认为，股东有权基于《能源宪章条约》的条款提出索赔请求，因为其拥有股权的公司在《能源宪章条约》的缔约国——保加利亚国内开展经营活动。[④] 理由是，

[①] AES Summit Generation Ltd. & AES-Tisza Erömü KFT v. Hungary, ICSID Case No. ARB/07/22, Award (Sept. 23, 2010).

[②] 参见例如 ConocoPhillips Petrozuata B. V. v. Bolivarian Republic of Venezuela, ICSID Case No. ARB/07/30, Award (Sept. 3, 2013); Mobil Corp., Venezuela Holdings B. V. v. Bolivarian Republic of Venezuela, ICSID Case No. ARB/07/27, Decision on Jurisdiction (June 10, 2010).

[③] Occidental Petroleum Corporation v The Republic of Ecuador, Award, ICSID Case No. ARB/06/11 (Oct. 5, 2012).

[④] Plama Consortium Ltd. v. Rep. of Bulgaria, ICSID Case No. ARB/03/24, Decision on Jurisdiction (Feb. 8, 2005), p. 128.

在《能源宪章条约》下，一项投资被定义为包括"法律或合同所赋予的任何权利"[①]。

再次，投资已被扩展到涵盖所有与能源有关的金融产品。在德意志银行诉斯里兰卡民主社会主义共和国一案中，国际投资争端解决中心的仲裁庭裁定，德意志银行和斯里兰卡锡兰石油公司（CPC）之间的一项对冲协议是一项适用《德国与斯里兰卡双边投资条约》的投资[②]。这一对冲协议旨在保护斯里兰卡锡兰石油公司免受油价上涨带来的不利影响。[③] 根据两国之间的双边投资条约，投资应包括"对已用于创造经济价值的货币的索赔或对任何具有经济价值且与投资活动有关的行为的索赔"[④]。根据仲裁庭的裁决，对冲协议是德意志银行拥有的一项具有经济价值的资产，它符合双边投资条约对投资的定义。[⑤] 根据此条约，即使该协议的重要工作都是在斯里兰卡本土之外完成的，但相关的投资仍然满足投资必须在斯里兰卡领土内进行这一规定的要求。现代银行业的本质就是，各大跨国银行在世界各地设有多家分支机构和附属机构，而交易的相关工作可能会在多个地点进行；这其中的关键就在于"德意志银行为执行该对冲协议而支付的资金已经提供给斯里兰卡，已经与在斯里兰卡境内开展的某一项活动产生了联系，并且已经为斯里兰卡的石油依赖型的经济提供了融资"[⑥]。因此，国际投资协定适用于涉及与若干国家有关的能源贸易合同。这样的结论几乎是反直觉的，因为能源交易者，如银行，在基础资产，石油方面没有所有权。相反，它更像是做市商。

鉴于许多国际投资协定下的投资的广泛定义，以及仲裁庭对投资这一术

[①] Plama Consortium Ltd. v. Rep. of Bulgaria, ICSID Case No. ARB/03/24, Decision on Jurisdiction (Feb. 8, 2005), p. 128.

[②] Deutsche Bank AG v. Democratic Socialist Republic of Sri Lanka, ICSID Case No. ARB/09/2, Award (Oct. 31, 2012).

[③] Deutsche Bank Award, p. 14.

[④] 同上，p. 218 (quoting Article 1 (1) of Germany-Sri Lanka BIT)。

[⑤] 同上，p. 285。

[⑥] 同上，pp. 291 - 292。The tribunal also recognized that "the preliminary engagement took place in Sri Lanka and it is there too that the investment had its impact," p. 291.

语做出的前后一致而宽泛的解释,确实可能使得任何形式的金融对价,例如购买用于为公共能源设施提供融资的债券,都很可能会导致债券持有者使用国际投资协定项下的投资保护措施并为其敞开仲裁竞技场的大门。[1]

(二) 国家措施与投资/投资者

东道国的行为与适用的国际投资协定所规定的投资/投资者必须具有必要的关系。例如,在能源领域最早的投资者—东道国仲裁案之一,梅赛尼斯公司诉美国案中,加拿大投资者就曾声称,加利福尼亚州政府禁止在汽油中添加名为甲基叔丁基醚的添加剂和甲醇的行为,构成了歧视性待遇,因此违反了《北美自由贸易协定》的相关规定。[2]《北美自由贸易协定》第1101条第1款规定,国家的措施必须"涉及"该国境内的投资/投资者。[3] 仲裁庭裁定,投资者"无法确定美国政府的措施具有损害国外甲醇生产商(包括梅赛尼斯)的利益或明显偏向国内甲醇生产商的企图",因此"在美国政府的措施、梅赛尼斯公司及其投资之间不存在法律上的重大联系"[4]。该起仲裁案因首次针对投资者—国家仲裁机制与东道国规范保护环境的能力之间的紧张关系,而获得了相当大的关注,其裁决为挑战东道国的规范留下了一个非常狭小的空间。然而,在基于《北美自由贸易协定》第11章的另一起涉及加拿大对另一种汽油添加剂的限制性规定的仲裁案中,仲裁庭却从广泛的视角裁定该限制性规定适用《北美自由贸易协定》第11章的规定。[5]

《能源宪章条约》比《北美自由贸易协定》更进一步,因为它明确规定各缔约国"应应确保其维持或设立的任何国营企业均以符合缔约国的

---

[1] 见 Abaclat v. Argentine Republic, ICSID Case No. ARB/0715, Decision on Jurisdiction and Admissibility (Aug. 4, 2011) (bond-holders are investors).

[2] Methanex v. United States, Award (May 23, 2005), 44 I. L. M. 1345.

[3] NAFTA Art. 1101 (1).

[4] Methanex Award, Part IV-Chapter E, p. 22.

[5] Ethyl Corp. v. Canada, UNCITRAL Arb., Decision on Jurisdiction (June 24, 1998).

（投资保护）义务的方式，在该国范围内开展销售或提供商品和服务的活动"①。换言之，在《能源宪章条约》下，国有企业的行为也可能被认定为国家措施。

（三）受到审查的国家措施

近年来，引发国际能源贸易问题的投资者—国家仲裁案的数量与日俱增。对它们的详细分析超出了本文的范围，但可以将具体的案例分为若干类别，具体的类别如下。

（1）国家直接禁止能源活动

最著名的仲裁案就是瑞典国有企业，瑞典大瀑布电力公司（Vattenfall），因德国政府逐步淘汰核能的计划而向后者发起的索赔案。另一个引人注目的仲裁案就是孤松资源公司诉加拿大案，由于当地民众对环境问题的关切，页岩气投资者面临魁北克政府对其勘探的彻底禁止。②

（2）国家不支持替代性能源的开发活动

这一领域内近期的仲裁案大多涉及欧洲国家，其中许多国家消除了太阳能投资者通过收取高于市场价格的方式将太阳能技术成本转嫁给消费者的能力，或要求他们支付太阳能利润税。③ 一项针对捷克共和国的此类仲裁的联合请求正在等待裁决。

（3）其他货币或定价规则

由于经济需要，一些国家可能制定使投资贬值的货币或定价规则。其中最引人注目的仲裁法案就是阿根廷政府2002年出台《公共紧急状态和汇率体制改革法》一案，该法要求公共合同，包括能源领域与外国投资者签订的合

---

① ECT Art. 22 (1).
② Lone Pine Resources Inc. v. Canada, Notice of Arbitration, UNCITRAL Arb. (Sept. 6, 2013).
③ 参见例如 Photovoltaik Knopf Betrievs-GmBh v. Czech Republic, UNCITRAL Arb. (2013); CSP Equity Investment S. a. r. l. v. Spain (2013)。

同,以阿根廷比索结算。①

(4) 环境限制

由于担心产生环境问题,国家通常会对能源贸易的多个方面施加限制。例如梅赛尼斯公司和 Ethyl 公司的多项仲裁案,主要涉及禁止使用汽油添加剂。虽然并未遭到全面禁止,且这些监管措施,其中许多均为通常规定并且理性的人都会视其为一国治理功能的一部分,其仍可被视为对投资的征收。

每一个案例都显示出了可持续发展与能源之间的冲突,而这一冲突是主权监管权力范围内的问题。在龙柏考拉保护区(Lone Pine),当选地方政府禁止了一种其认为有损环境的勘探形式。对于太阳能而言,投资者的目标,即由国家推动和认可的、提供环境友好的可再生能源,却由于经济突然下滑而被破坏。涉及价格的仲裁案,例如那些在阿根廷经济危机中出现的,可以为部分问题,包括经济紧急情况是否足以解除阿根廷对国际投资协定的履行义务这一关键问题,提供答案。监管仲裁案则很可能会对国家应对损害环境的活动的努力造成挑战。

五、协调国际能源贸易与可持续发展

认为国际投资协定及相应的争端解决机制与基于可持续发展的争论无关的观点,将会令人产生误解。这种观点认为,国际环境规范和原则与这些条约无关,它们主要受国际法管辖。诚然,这些条约可能并未明确规定,环境保护规范可以决定投资者索赔的结果。然而,上述规范仍然有可能产生影响。

笔者已经指出,仲裁庭有一系列工具来解决投资者—国家争端中对于人

---

① 参见例如 Sempra Energy Int'l v. Argentine Republic, ICSID Case No. ARB/02/16, Award (Sept. 28, 2007) (later annulled); Enron Corp. Ponderosa Asset, L. P. v. Argentine Republic, ICSID Case No. ARB/01/3, Award (May 22, 2007) (later annulled); CMS Gas Transmission Co. v. Argentine Republic, ICSID Case No. ARB/01/8, Award (May 12, 2005).

权问题的关切。① 这些原则也适用于可持续发展问题。② 第一个原则就是，上升为"强行法"规范的可持续发展规范，应优先于国际投资协定的义务。第二个原则就是，国际投资协定的解释应该以《维也纳条约法公约》第 31 条第 (1) 款作为基础，以充分体现这些协定序言以及例外性规定中的宗旨，同时还应根据国际习惯法。第三个原则就是，条约中的投资保护措施和必要条款的可持续发展方面应得到承认和实施。

（一）"强行法"规范应优先于国际投资协定的义务

《维也纳条约法公约》第 53 条规定，"强行法"规范应是"国际社会作为一个整体普遍接受和公认的规范，禁止克减"③。任何条约都不能规避"强行法"的义务，即"人权保护的最基本规则，如不得为施用酷刑或种族屠杀或支持贩卖奴隶或走私人体器官进行投资"④。这些义务是"强行法"的。⑤

即便可能会与某一条约的投资保护措施相违背，仲裁庭也仍然可以利用

---

① Karamanian, S. L., "Human Rights Dimensions of Investment Law," in E. de Wet & J. Widmar, eds., *Hierarchy in International Law: The Place of Human Rights*, Oxford: Oxford University Press, 2012, pp. 236 – 271; Karamanian, S. L., "The Place of Human Rights in Investor – State Arbitration," *Lewis and Clark Law Review*, 2013, pp. 423 – 447.

② 本节中的论点以及引用文献都是基于作者在人权背景下的类似论据。Karamanian, S. L., "The Place of Human Rights in Investor-State Arbitration," *Lewis and Clark Law Review*, 2013, pp. 436 – 438, 442 – 446. 本文中的文本使用了这一早期工作的一些文本和脚注，但它分析了可持续发展背景下的原则，而不是完全是人权，这是早期工作的重点。

③ VCLT Art. 53.

④ Phoenix Action Ltd. v. Czech Republic, ICSID Case No. ARB/06/05 Award (Apr. 15, 2009) p. 78. 另见 Methanex Award, Part IV, Chap. C, para. 24（"作为国际宪法的一个法庭，法庭有独立的责任来执行法律或强制法的强制性原则，而不是实施与这些原则不一致的各方的法律选择"）。

⑤ Bjorklund, A., *Mandatory rules of law and investment arbitration. American Review International Arbitration*, 2007, pp. 199 – 202; Choudhury, B., "Exception Provisions as a Gateway to Incorporating Human Rights Issues into International Investment Agreements," *Columbia Journal of Transnational Law*, 2011, pp. 677 – 678.

第一个原则维护上升为"强行法"的可持续发展原则。① 然而,其结果令我们有机会认识到,可持续发展与投资规范之间的相互作用,因为国际投资协定并未为权益受到侵害的投资者提供保护。② 在这个意义上,国家可以将"强行法"原则作为应对投资者索赔诉求的抗辩理由③,从而,投资者基于相关条约对东道国提出的索赔就不能获胜。

哪些"强行法"规范可以明确用于投资争端之中？Phoenix Action Ltd. 诉捷克案件的仲裁庭提到了助长种族屠杀、贩卖奴隶或海盗行为的投资,从而可以包括反人类罪。④ 其他可能包括在内的"强行法"规范还有剥夺土著社区不可侵犯的财产的投资,这些可能可以归入可持续发展的框架之内。从而,由于可持续发展的优先性,某些投资活动可能无法获得条约的保护。也就是说,国际环境法本身仍尚未发展成明确的"强行法"规范,所以适用此类原则的情况也就非常有限。然而,涉及与良好环境有关人权的新争论可能会对此类规范产生影响。

一个国家可以辩称,其行为受到"强行法"原则的保护。例如,一个国家可以辩称,其对一项投资的国有化行为并未违背国际法的相关规定,而且是为了保护环境或行使其控制其资源的固有的权力的不得已的行为。另一个

---

① 见 Simma, B. and Kill, T., "Harmonizing Investment Protection and International Human Rights: First Steps towards a Methodology," in C. Binder et al., eds., *International Investment Law for the 21st Century: Essays in Honour of Christoph Schreuer*, Oxford: Oxford University Press, 2009, p. 678。("强制法规范对允许的条约解释施加了'合法无法逾越的限制'"(quoting Oil Platforms (Iran v. USA), Merits, Judgment, Nov. 6, 2003, ICJ Reports (2003) 161, 330, para. 9 (Separate Opinion of Judge Simma)。

② Wythes, A., "Investor-State Arbitrations: Can the 'Fair and Equitable Treatment' Clause Consider International Human Rights Obligations?," *Leiden Journal of International Law*, 2010, p. 252 (citing Peterson LE & Gray K (2003) International Human Rights in Bilateral Investment Treaties and Investment Treaty Arbitration. International Institute for Sustainable Development, Manitoba, Canada.

③ 见 Phoenix Action, Award；另见 Stephan, P. B., "The Political Economy of Jus Cogens," *Vanderbilt Journal Transnational Law*, 2011, pp. 1101 – 1103; Shaffer, G. and Trachtman, J., "Interpretation and Institutional Choice at the WTO," *Virginia Journal of International Law*, 2011, p. 128。(在世贸组织的背景下注意到可以援引习惯的人权法规范作为辩护)

④ Brownlie, I., *Principles of Public International Law*, Oxford: Oxford University Press, 1998, pp. 516 – 517.

例子是当核电被认为可能直接导致大量伤亡时，国家对核电的监管。知名的仲裁方面的学者曾对国有化是不是一项"强行法"权力提出疑问。① 安德烈埃·博尔伦德（Andrea Borklund）援引梅赛尼斯公司诉美国案和美洲人权法院的裁决称，种族歧视可能上升为对"强行法"规范的违反。② 然而，被指违反投资条约的国家行动，可能是基于国家消除种族歧视的愿望，如矿业投资领域的佛雷斯蒂（Foresti）诉南非案。③ 因此，"强行法"规范可以被确认能够为支持受到挑战的国家行为提供辩护。

此种建议的方法将面临"强行法"规范的不确定性或将规范应用到某一具体争端的困难之外的诸多挑战。《维也纳条约法公约》第53条的第一句就规定，"在缔结一项条约时，如果它与一般国际法中的一项强制性规范相矛盾，则该条约无效"。换言之，这一句对条约的有效性作出了规定，但不是用"强制法"作为对条约缔约国立场的辩护。其次，在缔结条约时，"强行法"规范必须与该条约相冲突。在使用"强行法"规范作为投资者行为的抗辩理由时，东道国将对条约生效后的事件进行争论。然而，即使是负责豁免仲裁案的国际审判法院也已经认识到，"一项'强行法'规则不得克减"，虽然这样的规则并不适用于"管辖权的范围及相关领域"④。因此，根据第一条规则，在投资者—国家仲裁案中可以依靠"强行法"予以抗辩。

---

① Bishop, R. D., Crawford, J. and Reisman, W. M., *Foreign Investment Disputes: Cases, Materials and Commentary*, The Hague: Kluwer, 2005, p. 916; El Paso Energy Int'l Co. v. Argentine Republic, ICSID Case No. ARB/03/15, p. 168 (Oct. 31, 2011)（注意到 Sornarajah 教授认为，对自然资源的永久主权是强制法原则）。

② Bjorklund, A., *Mandatory rules of law and investment arbitration. American Review International Arbitration*, 2007, p. 201.

③ Foresti v. South Africa ICSID Case No. ARB (AF)/07/01 (Nov. 1, 2006), Request for the Registration of Arbitration Proceedings.

④ Jurisdictional Immunities of the State (Ger. v. It.), Judgment, p. 95 (Feb. 3, 2012). Stephan, P. B., "The Political Economy of Jus Cogens," *Vanderbilt Journal Transnational Law*, 2011, p. 1077.

(二) 适用的解释标准

仲裁庭应该"本着诚信善意的原则,按照条约条款在适当的背景下所包含的通用含义,综合考虑其目标和宗旨"对国际投资协定进行解释。[①] 条约的内容包括正文、序言和附录。[②] 部分国际投资协定的正文,虽然并未明确提及环境和可持续发展规范,但在其措辞中包含了与上述规范相适应的内容。例如,许多国际投资协定均提到了间接征收免予索赔的领域,将其视为国家行使管辖权的行为。豁免的领域通常属于"为了保护合法的公共福利目标而制定和适用的领域"。仲裁庭必须详细了解东道国进行管制或采取某种行动的动机和相关行为是否的确出于公共福利之目的,以及国家行为所产生的影响。正如某仲裁庭指出的,"在提交的仲裁案中,东道国所采用或应用某一受质疑措施的背景,对于裁定其有效性具有至关重要的作用"[③]。国家有义务根据条约,保护环境并促进环保事业的开展,因此,该国制定与上述义务相一致的非歧视性法律,就必然是符合保护合法的公共福利这一目标的。[④] 此种解释与联合国人权理事会通过的《联合国商业与人权指导原则》是完全一致的,该原则旨在鼓励各国政府保护人权并有效地管理人权问题,包括劳工问题和受影响的当地社区的问题。[⑤] 同时,它与 2011 经合组织《跨国公司行为准则》

[①] McLachlan, C., "Investment Treaties and General International Law," *International and Comparative Law Quarterly*, 2008, pp. 383 – 385; Choudhury, B., "Exception Provisions as a Gateway to Incorporating Human Rights Issues into International Investment Agreements," *Columbia Journal of Transnational Law*, 2011, pp. 705 – 712.

[②] VCLT Art. 31 (2.).

[③] Saluka Investments BV v. Czech Republic, Partial Award (Mar. 17, 2006), p. 264 (Saluka Award).

[④] 参见例如 Krommendijk and Morijn (2009), pp. 435 – 436 (促进和保护人权将符合双边投资条约的警察权力条款); Choudhury (2011), p. 791。

[⑤] UN Office of the High Commissioner for Human Rights, Guiding Principles on Business and Human Rights: Implementing the United Nations "Protect, Respect, and Remedy" Framework, 2011, http://www.ohchr.org/Documents/Publications/GuidingPrinciplesBusinessHR_EN.pdf, Last visited 30 Jan 2016.;另见 I. B. 3 (s 要确保他们的法律和政策"使商业尊重人权",并执行这些法律)。

也是一致的，该文件规定，国家政府和企业均有保护环境的义务。① 显然，《能源宪章条约》中有关可持续发展的内容，至少为基于该条约而提交的仲裁案设定了恰当的基准。

国际投资协定正文的内容说明了对公共福利采用比较广泛定义的另一个原因，如明确区分投资和非投资活动，以及有关需要为后者提供保护的条款等。例如，《2012年美国双边投资条约范本》规定，各国政府应认识到，鼓励投资不应该以削弱或减少国内环境法的保护性措施为代价。②《北美自由贸易协定》也做出了类似的规定，"通过放松国内的健康、安全或环境保护措施，以鼓励投资是不恰当的"③。《2012年美国双边投资条约范本》再次重申了对国际劳工组织义务的承诺。④《维也纳条约法公约》规定，条约的条款应该结合条约的内容仔细审阅。⑤ 同样，《能源宪章条约》的内容也与此高度相关。因此，仲裁庭应根据条约中认可的其他公共价值，来明确"公共福利"一词的具体含义。

根据《维也纳条约法公约》，仲裁庭也可以考虑投资条约序言中的内容。在某些条约中，序言规定投资目标应以符合可持续发展和保护健康、安全、环境和劳工权利的方式实现。这些内容并未创设独立的义务，但它们可以用来阐明投资保护措施的含义。正如仲裁庭在大河六国企业有限公司诉美国案中所述：

> 《北美自由贸易协定》中涉及权利与义务之间的平衡问题，但并未明确指明单一的方向。虽然《北美自由贸易协定》在序言提到了应该促进投资，但它也肯定了维护《北美自由贸易协定》缔约方的"保障公共福

---

① OECD Guidelines (2009) sec. IV and commentary.
② 2012 US Model BIT Arts. 12, 13.
③ NAFTA Chap. 11 Art. 1114 (2).
④ 2012 US Model BIT Art. 13 (1).
⑤ Methanex Award, Pt. II, Chap. B, p. 16.

利的灵活性"的必要。①

这一分析与 Saluka Investments 仲裁案的裁决结果是一致的，该裁决认为条约的实质性条款必须与序言中反映的条约目标相一致。②

（三）投资保护与可持续发展

第3条规则规定，可持续发展的广泛性原则，将有助于阐明国际投资协定的投资保护规定以及国家的抗辩理由。仅当国际法可以适用于基于特定条约而产生的争端时，这些规范才有可能具有约束力。条约中的投资保护措施，可能反映了国际习惯法③，从而对其做出的解释可以视为在特定条约内容的背景下，对习惯法的效力的认可。在仲裁规则允许的情况下，条约的任何一个缔约方或仲裁庭，以及"法庭之友"，可以援引相关的规范，前提是上述规范不会在国际投资协定之外形成新的义务或抗辩理由。④ 此种方法与国际审判法院前大法官布鲁诺·西玛（Bruno Simma）和西奥多·基尔（Theodore Kill）曾经指出的"条约缔约方不想要破坏其他国际法规则的推定"⑤ 一致。

例如，可持续发展规范可以赋予公平和公正待遇条款意义，或国家承担习惯国际法对投资者的最低待遇标准的义务。公平和公正待遇条款可能如下：

---

① Grand River Enterprises Six Nations, Ltd. v. United States, UNICTRAL Arb., Award p. 69 (Jan. 12, 2011).

② Saluka Award, p. 300.

③ Alvarez, J., "A Bit on Custom," *New York University Journal of International Law and Politics*, 2009, p. 33.

④ Simma, B. and Kill, T., "Harmonizing Investment Protection and International Human Rights: First Steps towards a Methodology," in C. Binder et al., eds., *International Investment Law for the 21st Century: Essays in Honour of Christoph Schreuer*, Oxford: Oxford University Press, 2009, p. 692.

⑤ 同上。

各缔约方应确保公平和公正地对待另一缔约方国民的投资活动,并且不得以不合理或歧视性的措施,妨碍上述属于国民的经营、管理、维护、使用、享用或处置的行为。各缔约方均应为此类投资提供充分的物质保障和保护。①

虽然没有在内容中明确说明,像这样的独立条款已普遍视为加上了合法预期、公正的司法和行政程序、非歧视、透明度和相称的强制义务。② 这些义务并未囊括相关概念的全部含义,但给出了部分明确的定义。而另一种形式的条款,明确提到了国际法的规定,如《北美自由贸易协定》的第1105条第(1)款和《能源宪章条约》第10条第(1)款。国际习惯法的最低标准适用于"足够令人震惊和震撼"的行为,主要包括"完全蔑视正义、强制专断、明目张胆的无视公平原则、完全缺乏正当程序、明显歧视或明显缺乏理性"③的行为。这些条款是"含糊的一般性条款",可能成为"基于国际法律体系其他领域的规范整合各种争论的门径"④。

可以肯定的是,有关公平和公正的条款,包括那些符合可持续发展标准的条款,并未为投资者所有关于东道国的行为不公平和不公正的论证提供方便之门,对于国家的抗辩主张也同样如此。⑤ 该行为必须与投资有关。其次,只有当可持续发展的论证作为保护的基础适用于认可的领域时,仲裁庭才应该继续仲裁;或者根据《北美自由贸易协定》第1105条第(1)款的规定,

---

① Netherlands-Suriname Agreement on encouragement and reciprocal protection of investments (2006) Art. 3 (1), http://investmentpolicyhub.unctad.org/Download/TreatyFile/2085 (last visited Jan. 30, 2016).

② Kläger, R., *Fair and Equitable Treatment in International Investment Law*, Cambridge: Cambridge University Press, 2011, pp. 117–119.

③ Glamis Gold Ltd. v. United States, UNCITRAL Arb., Award (June 8, 2009), p. 616.

④ Kläger, R., *Fair and Equitable Treatment in International Investment Law*, Cambridge: Cambridge University Press, 2011, pp. 117–119.

⑤ Knoll-Tudor, I., "The Fair and Equitable Treatment Standard and Human Rights Norms," in P. M. Dupuy et al., eds., *Human Rights in International Investment Law and Arbitration*, Oxford: Oxford University Press, 2009, p. 319.

国家的行为如格拉姆斯黄金公司仲裁案中那样达到相当高的水平时。仲裁庭不能随心所欲地大规模将可持续发展规范纳入公平和公平条款中,但在上述规范受到当前正接受裁决的争端影响时,仲裁庭可以提出并以合理的方式对它们予以考虑。例如,此种做法与联合国贸易和发展会议的公平、公正待遇取决于东道国的发展水平的观察结果是一致的。①

(四) 解释性规则的应用

为了更好地说明这一方法,我们假设,某一个从事国际能源贸易投资行为的国家实行的是不透明的制度,这反过来又将导致该国制度缺乏可预测性并将滋生腐败。根据《新德里原则》②,这种行为可能与可持续发展产生矛盾。投资者坚称,缺乏透明度是对公平和公正投资待遇的否定,仲裁庭应该如何考虑? 首先,仲裁庭应该详细了解国际投资协定内是否包含了与透明度有关的义务,这样它就无须再采取额外的措施来参考条约正文内容以外的义务。其次,如果该条约并未提及相关的内容,则投资者仍然可能根据投资的背景寻找到合适的论据,支持自身对于因缺乏可预见性和腐败横生而导致违反公平和公正原则的索赔请求。非投资活动的法院审判规程,可以为这些论据提供支持。托马斯·瓦尔德(Thomas Wälde)教授就曾援引欧洲人权法院针对外国投资者的待遇问题,提出的合理期望原则。③ 他的分析支持了合理预期符合《北美自由贸易协定》第 11 章第 1105 条第 1 款的规定的法律结论。

另一个例子,国家可以辩称可持续发展原则支持其立场。例如,某一家大型能源公司因关税和补贴制度改革导致征收而发起索赔,在针对上述索赔进行抗辩时,阿根廷政府认为,其自身行动出于必要的原因,因此是合情合

---

① UNCTAD (2012), p. 34.

② Office of the United Nations High Commissioner for Human Rights (2007) Good Governance Practices.

③ International Thunderbird Gaming Corp. v Mexico, UNCITRAL Arb, Separate Opinion of Thomas Wälde (Jan. 26, 2006), p. 27.

理的①。但是投资者拥有财产权,这种权利也是基于发展原则的。② 而仲裁庭应如何考虑,阿根廷的抗辩?我们必须再次重申,仲裁庭必须遵循条约的内容。仲裁庭还需要了解所谓的征收行为的目的,以便结合相关的背景理解该国政府的行为。首选需要调查的内容就是防止征收的具体条款,以及其是否基于合法目标允许例外的情况如可持续发展。如前所述,这一条款可为仲裁庭,提供审核非投资考量的余地并从投资保护义务的角度来考虑上述问题。其次,条约是否包含了可为国家的行为提供辩护的具体条款?例如,《美国—阿根廷双边投资条约》第 XI 条就做出规定,条约"不得阻碍任何一方为维护公共秩序而采取的必要措施,亦不得阻碍其因维护或恢复国际和平和安全或保护其基本安全利益而必须履行的义务"③。正如巴尔纳里·乔德赫瑞(Barnali Choudhury)教授总结的那样,广泛的例外条款将为仲裁庭提供余地,并使其有机会对非投资原则加以考虑。④ 联合国国际法委员会《国家对国际不法行为的责任条款草案》第 25 条的规定也可能会在必要时基于可持续发展成为抗辩的理由。⑤ 然而,任何可促进可持续发展的条约或习惯标准,都必须与现行的投资保护措施保持平衡。此种平衡可以在不违反投资条约的前提下,通过认真调查国家的行为,以及评估国家可供选择的方案来实现,以便保护可持续发展。

---

① 见 Sempra Energy Int'l v. Argentina, ICSID Case No ARB/02/16, Award (September 28, 2007)。

② 见 Karamanian, S. L., "Human Rights Dimensions of Investment Law," in E. de Wet & J. Widmar, eds., *Hierarchy in International Law: The Place of Human Rights*, Oxford: Oxford University Press, 2012, pp. 240 - 242。

③ US-Argentina BIT Art. XI.

④ Choudhury, B., "Exception Provisions as a Gateway to Incorporating Human Rights Issues into International Investment Agreements," *Columbia Journal of Transnational Law*, 2011, p. 711. Philip Morris Brands SARL v. Uruguay 最近裁决中,法庭承认在乌拉圭的警察权力范围内管制烟草包装上的广告是符合这一做法的。Philip Morris Brands SARL et al. v. Oriental Republic of Uruguay, (ICSID Case No. ARB/10/7), Award (July 8, 2016), pp. 287 - 291。

⑤ UN International Law Commission, Articles on the Responsibility of States for Internationally Wrongful Acts in Report of the International Law Commission to the General Assembly on Its Fifty-Third Session, 2001 (56), U. N. GAOR Supp. No. 10, at 1, 43, U. N. Doc. A/56/10.

六、结论

虽然国际能源贸易的投资者可以从国际投资协定的投资保护措施中获益,但他们却不能随意采取不利于可持续发展的行为。东道国也不能仅基于国际投资协定,而逃避对可持续发展原则的责任。正如本文所述,这些条约以及投资者所面对的国际法律制度中存在固有的保护性措施。

然而,这一体系远不确定和可预测。仲裁员可以利用一系列工具来剖析论据,他们还拥有相对的灵活性来评估论据的效力,从而他们的确有可能会偏离可持续发展原则的内在价值观。国际投资协定的内容在某些情况下会借鉴可持续发展原则或其他相关的原则,并未基于这一概念制定明确的责任。因此,虽然这一体系受益于绝大部分仲裁庭所采取的慎重方式,但它却并不理想。无论从投资者还是东道国的角度来看,这一体系都缺乏透明度,而更明确的责任以及对由此而产生的相应利益会达成更深入的理解,将对上述两者都大有裨益。

一个明显的挑战是可持续发展是一个宽泛的术语。然而,人们仍普遍认为,这一概念包含了特定的要素,例如预防极端环境恶化,消除贫穷和饥饿,以及公众参与等。因此,在一项条约中提及可持续发展时,对其方面进行更具体的界定而非使用一般术语,将对我们更有帮助。然而,在使用这种方法时也应该认识到,即使是具体的要素也会被视为是开放性的,须符合《维也纳条约法公约》和条约所要求的其他解释性标准的解释。

其次,条约应该处理相关要素?达成新的条约内容可能具有一定的挑战性。从具体的投资保护行为出发的内容是一个途径。此外,还可以督促投资者和东道国履行肯定义务。事实上,在投资者—国家仲裁机制过程中,基于透明度问题已经从这一角度进行了努力;或者还可以要求投资者履行通常情况下视为国家责任的明确责任,如遵守《能源宪章条约》中提出的有关环境保护的特定理念等,要求外国投资者在投资前履行这些义务并提供履行的证明。

最后，在条约领域以外，仍有可能采取大量行动。如果我们的目标是平衡勘探、生产和运输世界的能源与其他社会目标，包括可持续发展，在加强东道国的法律制度方面我们仍有许多工作要做。就这一点而言，与其将国际投资协定视为一个难题，倒不如说它是国内法律制度急需改革的体现。如果这一结论属实的话，那么在适当的组织下，国际投资协定可以被用来实现这一目标。

第四部分 | 资源与人权、原住民和社区治理主题

能源治理、跨国规则和资源诅咒：探索采掘业透明度倡议（EITI）的有效性[*]

［英］本杰明·索瓦库尔 ［英］高茨·瓦尔特 ［英］泰斯·范德格拉夫
［英］内森·安德鲁斯[**]

一、引言

"基于信息披露的治理"已经成为全球治理的一个基本特征，它在国际制度建设上已经远不止是国家主导的行为了。企业和非政府组织等私人行为体正越来越多地参与到旨在增加透明度的跨国规则的设计和操作中来。在劳工权利、环境保护、会计和电信等诸多不同的议题领域中可以找到不少这种私人或混合结构的例子。[①]

以往的研究对这种旨在增加透明度的跨国标准的制定、制度化和问责进

---

[*] 原文载于 *World Development*，2016 年第 83 期。
[**] 作者简介：本杰明·索瓦库尔（Benjamin K. Sovacool），英国萨塞克斯大学能源政策教授。
[①] 见例如：Cashore, B. W., Auld, G. and Newsom, D., *Governing through Markets: Forest Certification and the Emergence of Non-State Authority*, Yale University Press, 2004; Gupta, A., "Transparency under Scrutiny: Information Disclosure in Global Environmental Governance," *Global Environmental Politics*, 2008, 8 (2), pp. 1 – 7。

行了考察，但对其有效性不甚了解。① 本研究通过数据统计探讨了跨国信息披露标准对于采掘业透明度倡议（EITI）这一重要案例的效力。EITI 成立于 2002 年，旨在通过提高政府从采掘业获取收入过程中的透明度和改进问责制来改善资源丰富国家的国内治理。EITI 是一个跨国的公私合作机构，它将资源丰富国家、跨国企业和投资者协会等私人行为体以及公民社会聚集在一起。

在国际舞台上，EITI 为评估透明度的价值（如果有的话）提供了一个有用的模板。EITI 尝试促进全球石油、天然气和采矿领域的透明度，而这些部门的不透明是出了名的。② EITI 运作的原则是对采掘业企业与政府互动以及社区和社会产生影响的多种途径进行自由、充分、独立和积极的评估。③

至 2015 年 11 月，已有 31 个国家成为"EITI 达标国"，另有 49 个国家为"EITI 候选国"。共有 49 个国家在 200 多份"EITI 报告"中公布了支出与收入，总额约 1.67 万亿美元，并有 90 多个有石油、天然气和采矿业务的大公司承诺支持 EITI。④ EITI 还得到了 84 个全球投资机构的支持，这些机构管理着总额约为 16 万亿美元的能源基础设施资产。⑤ 此外，欧盟、非盟、G8 和 G20 以及联合国都支持 EITI。

---

① 关于制定见 Green, J. F., *Rethinking Private Authority: Agents and Entrepreneurs in Global Environmental Governance*, Princeton University Press, 2013。关于制度化见 Pattberg, P., "The Institutionalization of Private Governance: How," *Governance*, 2005, 18 (4), pp. 589 – 610。关于问责见 Dingwerth, K., *The New Transnationalism: Transnational Governance and Democratic Legitimacy*, Palgrave Macmillan, 2007。

② Florini, A. and Saleem, S., "Information Disclosure in Global Energy Governance," *Global Policy*, 2011, 2 (S1), pp. 144 – 154; Rosenblum, P. and Maples, S., *Contracts Confidential: Ending Secret Deals in the Extractive Industries*, New York: Energy Watch Institute, 2009.

③ EITI, "EITI Rules, 2011, Including the Validation Guide," Oslo, Norway: EITI Secretariat, November, 2011.

④ EITI, "EITI Countries-Implementation Timelines," May 2014, https://eiti.org/files/EITI-Countries-%20Implementation-Timelines%2C%20May-2014_0.pdf, Retrieved at 26.12.2014.

⑤ EITI, "The EITI Standard," July 2013, p. 27, https://eiti.org/files/English EITI%20STANDARD 11July 0.pdf, Retrieved at 22.01.2015.

在这篇文章中，我们提出的问题是：EITI 是否让现状有所改变？EITI 所促成的透明度是否确实改善了 EITI 达标国的治理和发展成果？随着时间的推移，在特定的政治和经济指标方面，EITI 国家相比其他国家的表现或改善情况如何？为了回答这些问题，本研究分析了截至 2012 年最先获得 EITI 达标国地位的 16 个国家从 1996 年至 2014 年在不同的治理和经济发展指标上的表现。更具体地说，通过运用非参数测试、回归分析和世界银行的数据，我们测试了 EITI 国家在这段时期内在八个不同指标上的表现情况，这些指标分别为问责制、政治稳定、政府效率、监管质量、法治、腐败、外国直接投资和人均 GDP 增长。

有趣的是，我们发现在大多数指标上，EITI 国家在拥有 EITI 达标国地位期间的表现并不比拥有该地位之前好，也不比其他国家好。为了解释这一结果，我们对其原因提出了四种假设：EITI 的有限的授权、自愿的性质、重要利益相关者的抗拒以及所在国强大公民社会主体的缺失。我们的研究结果应该被谨慎对待。由于无法随机将研究对象分配到实验和对照组中，我们的分析遵循的是一种半实验的设计，并且只考虑加入 EITI 与治理和经济发展指标之间关系的相关解释。这一分析不包括其他可能与 EITI 计划有相互作用的因素。另外，我们的样本中的国家刚获得 EITI 达标国的地位不久，因此除治理的增量变化之外，在实际中观察其他变化还为时尚早。尽管如此，我们的分析还是为跨国的基于信息披露的治理计划的有效性提供了怀疑的理由，并呼吁对其进行进一步研究。

本文的分析过程如下。本文首先回顾了有关透明度和治理之间的联系的文献。接下来，本文简要讨论了 EITI 的历史及其重要性。然后，在展示我们的分析结果之前，本文先向读者介绍了作者采用的研究方法和数据来源，而后详细说明了为什么 EITI 对于我们大部分的治理指标看似没有多大影响，同时对为什么 EITI 国家的表现可能不会优于其他国家给出了四个原因。最后，对于对透明度、资源诅咒和能源安全议题感兴趣的人，我们提供了一些关键的启示。

二、文献综述

约有35亿人生活在具有丰富的石油、天然气和矿产储备的国家,但这些国家中有相当一部分不公布与开采这些资源或如何支出开采资源产生的收入有关的透明信息。① 所谓的"资源诅咒"的存在甚至意味着,具有丰富矿物或烃类储备的国家会出现相对严重的贫困和不平等、环境质量恶化、制度化腐败以及更加频繁的冲突和战争。②

然而,政治学家、法律分析人士、治理学者,甚至伦理学家都认为,透明度,即"可被所有利益相关者获取的及时而可靠的经济、社会和政治信息"③,可以部分抵消资源诅咒的某些影响,并改善社会福利。我们已经知道,信息的获得以及保护信息获得的透明框架能够在某些条件下减少腐败和使社会更加稳定。④ 一项研究探讨了150个国家中腐败和透明度之间的关系,其中腐败的定义为公职人员滥用职权牟取私利,透明度的定义为能够获得信息,并发现缺乏透明度和严重腐败之间存在"某些"

---

① Sovacool, B. K., *Energy and Ethics*: *Justice and the Global Energy Challenge*, Basingstoke, UK: Palgrave, 2013.

② 虽然这篇文献很丰富,但开创性工作是 Auty (1993)。其他主要的贡献者包括 Karl, T. L., *The Paradox of Plenty*: *Oil Booms and Petro-States*, Berkeley: University of California Press, 1997; Ross, M. L., "Does Oil Hinder Democracy?," *World Politics*, 2001, 53 (3); Ross, M. L., *The Oil Curse*: *How Petroleum Wealth Shapes the Development of Nations*, Princeton: Princeton University Press, 2012; Humphreys, M., Sachs, J. D. and Stiglitz, J. E., eds., *Escaping the Resource Curse*, New York: Columbia University Press, 2007; Colgan, J. D., "Oil and Revolutionary Governments: A Toxic Mix," *International Organization*, 2010, 64 (4), pp. 661-694。

③ Kolstad, I. and Wiig, A., "Is Transparency the Key to Reducing Corruption in Resource-Rich Countries?," *World Development*, 2009, 37 (3), pp. 521-532.

④ Hirschman, Albert O., *Exit*, *Voice*, *and Loyalty*: *Responses to Decline in Firms*, *Organizations*, *and States*, Cambridge, M. A.: Harvard University Press, 1970; Paul, S., "Accountability in Public Services: Exit, Voice and Control," *World Development*, 1992, 20 (7), pp. 1047-1060; Stiglitz, Joseph E., "Transparency of Government (Part 1): Breakthrough for Reforming the Shape of a Nation," Research Institute of Economy, Trade and Industry, *Economics Review*, 2003.

关联。① 另一项对105个国家自1960年至2004年的研究证实，缺乏透明度可以对经济增长产生显著的负面影响。这项研究记录了在不同样本容量和时间范围内出现的这样一个强"因果关系"，得出的结论是，"缺乏透明度……是这些国家随后出现非常差的增长记录的主要原因之一"②。正如经济学家卡罗琳·格吉纳特（Carolin Geginat）所补充的，"一个以公开和透明为特征的体制环境不仅对私人市场，而且对公共资源的有效管理至关重要。信息的获得可以赋予公民监督政府服务质量和公共资源使用的权利"③。另一项研究告诉我们，"透明度往往与更负责、合法、有效和民主的治理相关"④。

相反，批评透明度的人称，很多研究假定透明度与更好的治理之间存在关联，而未指出这种关联是如何实现的或者是在哪些条件下实现的。⑤ 这些作者反驳说，目前正出现一种共识，即"知情权本身并不是问责，而是有助于问责，并且，透明度并不必然产生问责，而是产生问责的必要非充分条件"⑥。换句话说，透明度的益处是有条件的、与情境相关的⑦：它依赖于一些因素，比如宣传的条件（民众理解和使用信息的能力）和问责的条件（能够制裁和

---

① Kolstad, I. and Wiig, A., "Is Transparency the Key to Reducing Corruption in Resource-Rich Countries?," *World Development*, 2009, 37 (3), pp. 521 – 532.

② Williams, A., "Shining a Light on the Resource Curse: An empirical Analysis of the Relationship between Natural Resources, Transparency, and Economic Growth," *World Development*, 2011, 39 (4), pp. 490 – 505.

③ Geginat, C., *How Transparent is Business Regulation around the World*?, Washington, D.C.: World Bank, 2012, p. 1

④ Gupta, A., "Transparency in Global Environmental Governance: A Coming of Age?," *Global Environmental Politics*, 2010, 10 (3), pp. 1 – 9.

⑤ Bauhr, M. and Grimes, M., "Indignation or Resignation: The Implications of Transparency for Societal Accountability," *Governance*, 2014, 27 (2), pp. 291 – 320.

⑥ Gaventa, J. and McGee, R., "The Impact of Transparency and accountability Initiatives," *Development Policy Review*, 2013, 31, pp. 3 – 28.

⑦ Fox, J., "The Uncertain Relationship between Transparency and Accountability," *Development in Practice*, 2007, 17 (4 – 5): 663 – 671. 另见 Pitlik, H., Frank, B., and Firchow, M., "The Demand for Transparency: An Empirical Note," *Review of International Organizations*, 2010, 5 (2), pp. 177 – 195。

遏制不透明行为的机制)①。其他更多对透明度持批判态度的研究认为，透明度不一定能促进政府做出更好的决策、减少腐败以及提高效率。②

总之，这些相反的见解为探究跨国规则和透明度在采掘业领域的有效性创造了一个适当的领域。

三、收入透明度和 EITI

在"公布你的支出"（Publish What You Pay）运动结束后，2003 年 6 月，英国举行了一次高级别会议，会上各国政府、行业和公民社会组织的代表通过了一套普遍的"EITI 原则"，EITI 就此正式诞生。随后，2004 年的八国集团（G8）年度峰会通过了 EITI 进程。③ 一年后，即 2005 年，在世界银行和国际货币基金组织的进一步支持下，EITI 成员国就一套正式的"EITI 标准"达成协议，并委任一个国际咨询小组负责管理 EITI 进程。④ 之后又在英国国际发展部（DFID）内设立了一个临时的国际 EITI 秘书处。2005 年 1 月，该秘书处制定了"EITI 实施指南"的原始资料集。由透明国际（Transparency International）的创始人皮特·艾根（Peter Eigen）任主席的国际咨询小组在

---

① Lindstedt, C. and Naurin, D., "Transparency is not Enough: Making Transparency Effective in Reducing Corruption," *International Political Science Review*, 2010, 31 (3), pp. 301 – 322.

② 一个小例子见 Bac, M., Corruption, "Connections and Transparency: Does a Better Screen Imply a Better Scene?," *Public Choice*, 2001 (107), pp. 87 – 96; Bastida, F. and Bernardino, B., "Central Government Budget Practices and Transparency: An International Comparison," *Public Administration*, 2007, 85 (3), pp. 667 – 716; Bauhr, M. and Nasiritousi, N., "Resisting Transparency. Corruption, Legitimacy and the Quality of Global Environmental Policies," *Global Environmental Politics*, 2012, 12 (4), pp. 9 – 29; Kolstad, I. and Wiig, A., "Is Transparency the Key to Reducing Corruption in Resource-Rich Countries?," *World Development*, 2009, 37 (3), pp. 521 – 532; Matisoff, D. C., "Different Rays of Sunlight: Understanding Information Disclosure and Carbon Transparency," *Energy Policy*, 2013 (55), pp. 579 – 592; Sovacool, B. K. and Andrews, N., "Does Transparency Matter? Evaluating the Governance Impacts of the Extractive Industries Transparency Initiative (EITI) in Azerbaijan and Liberia," *Resources Policy*, 2015 (45) pp. 183 – 192.

③ G8 (2004).

④ EITI (2011).

2005年至2006年举行了五次会议,并迅速发布了"EITI验证指南"。到2006年年底,EITI已建立一个多方利益相关者委员会,并有一个负责在"国际层面管理EITI"的常设秘书处。① 将近2006年年底时,EITI在挪威注册成为一个正式的非营利性组织。2009年2月举行的EITI多哈大会通过了成立新的和扩大的"EITI协会"的提议。②

EITI的关键在于通过"多方利益相关者"的途径提高透明度,其中涉及三个不同的部门,政府、公民社会组织及采掘业中的企业。③ 在最新的形式中,EITI推出六项基本标准。第一,它要求"定期发布"企业向政府支付的"所有客观存在的"石油、天然气和采矿款项("支出")以及政府从石油、天然气和采矿企业获得的所有客观存在的收入("收入")。这类资料必须以可公开获得的、全面的和可理解的方式传播给广泛的受众。第二,当缺乏这种审计时,支出和收入应接受按良好的"国际标准"进行的"可信而独立的审计"。第三,支出和收入的报告应由一个"独立的管理者"进行对账,找出并更正其中的出入。第四,任何企业不能免于提交EITI报告,即私营公司、国有上市公司及混合型政府相关公司都必须提交EITI报告。第五,在设计、监控和评价EITI进程时,需要公民社会的积极参与。第六,通过及时发布东道国政府将如何管理他们的收入、实施EITI改革及评估能力限制的"工作计划",使公众能随时了解相关信息。④

相比其他自愿计划,EITI相对广泛的覆盖和参与度关系到其为各国政府、企业和社区带来的可察觉到的益处。正如伊利诺伊州大学法学院学者A. 弗里德曼(A. Friedman)所言:

---

① Eigen, P., "Fighting Corruption in a Global Economy: Transparency Initiatives in the Oil and Gas Industry," *Houston Journal of International Law*, 2006 (29), pp. 327 – 354.

② EITI (2011).

③ Friedman, A., "Operationalizing the Rio Principles: Using the Success of the Extractive Transparency Initiative to Create a Frame Work for Rio Implementation," *University of Botswana Law Journal*, 2001 (12), pp. 73 – 86.

④ EITI (2011).

符合 EITI 或成为 EITI 候选国为国家和企业都带来了许多益处。第一，达标和候选的国家利用其成员资格巩固投资环境。这对投资者和金融机构发出了一个信号，即透明度、问责和治理水平将得到提高。这一承诺还有可能减少围绕自然资源领域而产生的暴力冲突。对企业和投资者而言，在符合 EITI 的国家做生意可以减少政治和声誉上的风险。这反过来通过减少购买风险保险的需要或降低购买风险保险的成本而降低成本。对于普通民众来说，通过提高透明度、获得公共领域的更多信息以及更多的外国直接投资所带来的好处通常是有利的。①

此外，EITI 也使得透明度这一全球规范在国际法中的地位更加稳固。② 目前，美国、加拿大、挪威和欧盟正在制定强制披露有关税收、权利金和其他支付给外国政府款项的信息的新法规，表明了这些国家正在履行其在 EITI 中的使命。③ 据称，通过提供有关石油、天然气和采矿收入的准确信息，EITI 已经帮助弥合了社会、政府和行业之间可能产生的分裂。这种"开诚布公的做法"可以在利益相关者之间建立信任，使政府对巨额收入更加负责，改善企业形象和国家投资环境，让社区更强大，所有这些都会让"政治和社会更加稳定"④。因此，很多跨学科研究，包括治理⑤、公共管

---

① Friedman, A., "Operationalizing the Rio Principles: Using the Success of the Extractive Transparency Initiative to Create a Frame Work for Rio Implementation," *University of Botswana Law Journal*, 2001 (12), pp. 73 – 86.

② Gillies, Alexandra, "Reputational Concerns and the Emergence of Oil Sector Transparency as an International Norm," *International Studies Quarterly*, 2010 (54), pp. 103 – 126.

③ Chon, G., "SEC Urged to Tackle Foreign Payment Disclosure in Oil and Gas," *Financial Times*, June 1, 2014.

④ Eigen, P., "Fighting Corruption in a Global Economy: Transparency Initiatives in the Oil and Gas Industry," *Houston Journal of International Law*, 2006.

⑤ Caspary, G., "Practical Steps to Help Countries Overcome the Resource Curse: The Extractive Industries Transparency Initiative," *Global Governance*, 2012.

理①、法律②、自然资源③、能源研究④、发展研究⑤、商业策略⑥、企业社会责任⑦和政治学⑧等学科，普遍赞赏 EITI 的理论、意向和应用。

四、研究设计与方法

在本研究中，我们提出的问题是：EITI 很重要吗？按照与治理和经济发展有关的指标衡量，符合 EITI 的国家表现如何，同其他国家相比又如何？以下详尽地列出了本文在分析中使用的指标。我们准备测试三组假设。

假设 1a 至 1e 是关于 EITI 内部属性的，即它们衡量的是，当一个国家从非成员变为候选国，继而成为 EITI 达标国后，治理和发展成果是否随着时间

---

① Brinkerhoff, D. W. and Brinkerhoff, J. M., "Public-Private Partnerships: Perspectives on Purposes, Publicness, and Good Governance," *Public Administration and Development*, 2011.

② Friedman, A., "Operationalizing the Rio Principles: Using the Success of the Extractive Transparency Initiative to Create a Frame Work for Rio Implementation," *University of Botswana Law Journal*, 2001, p. 12; Eigen, P., "Fighting Corruption in a Global Economy: Transparency Initiatives in the Oil and Gas Industry," *Houston Journal of International Law*, 2006 (29), pp. 327 – 354; Hess, D., "Combating Corruption through Corporate Transparency: Using Enforcement Discretion to Improve Disclosure," *Minnesota Journal of International Law*, 2012.

③ Smith, S. M., Shepherd, D. D. and Dorward, P. T., "Perspectives on Community Representation within the Extractive Industries Transparency Initiative: Experiences from South-East Madagascar," *Resources Policy*, 2012, 37 (2), pp. 241 – 250; Corrigan, C. C., "Breaking the Resource Curse: Transparency in the Natural Resource Sector And The Extractive Industries Transparency Initiative," *Resources Policy*, 2014.

④ Sovacool, B. K., *Energy and Ethics: Justice and the Global Energy Challenge*, Basingstoke, UK: Palgrave, 2013.

⑤ Acosta, A. M., "The Impact and Effectiveness of Accountability and Transparency Initiatives: The Governance of Natural Resources," *Development Policy Review*, 2013.

⑥ Mouan, L. C., "Exploring the Potential Benefits of Asian Participation in the Extractive Industries Transparency Initiative: The Case of China," *Business Strategy and the Environment*, 2010, 19 (6), pp. 367 – 376.

⑦ Frynas, J. G., "Corporate Social Responsibility and Societal Governance: Lessons from Transparency in the Oil and Gas Sector," *Journal of Business Ethics*, 2010 (93), pp. 163 – 179.

⑧ Haufler, V., "Disclosure As Governance: The Extractive Industries Transparency Initiative and Resource Management in the Developing World," *Global Environmental Politics*, 2010.

的推移而得到改善。假设1a至1e评估了成为候选国或达标国的过程是否确实与改善透明度有关的各种直观的方面：

假设1a. 成为候选国期间，EITI国家的治理和经济发展指标每年的平均变化是积极的且显著不等于零。

假设1b. 成为达标国期间，EITI国家的治理和经济发展指标每年的平均变化是积极的且显著不等于零。

假设1c. 成为候选国期间，EITI国家的治理与经济发展指标好于加入EITI之前。

假设1d. 成为达标国期间，EITI国家的治理与经济发展指标好于加入EITI之前。

假设1e. 成为达标国期间，EITI国家的治理与经济发展指标好于成为候选国期间。

假设2a和2b关注的是EITI报告中披露的特定数据。相比只考虑EITI是否起作用（就像假设1a至假设1e那样），这两个假设探究了EITI在多大程度上影响了治理和发展结果（即它是否对某些国家，即那些有更多收入来源和有更多企业参与的国家，比对其他国家更有效）。EITI旨在揭露那些不为人知的财政资金流，如果不被披露，这些财政资金流可能会为贿赂和腐败提供机会。为了获得达标国地位，国家必须汇报多达八个可能的收入来源。① 然而在实践中，报告的收入来源的数目存在着巨大的差异。② 我们推测，一个国家的EITI年报中包含的收入来源越多，即一个国家越是遵循EITI的精神，对治理

---

① 这些是东道国政府的生产权利（如利润油），国有企业生产权，利润税，特许权使用费，股息，奖金等作为签名，发现和生产奖金，许可费用，租赁费用，入场费用以及许可证和/或让步的其他注意事项，以及对政府的任何其他重大付款和物质利益；另见EITI（2013）。

② 所有EITI报告均可从EITI网站获取。虽然一般来说，报告的收入来源数量趋向于随着合规性的增加而增加，但只有少数报告包括所有八个收入来源，合规国家的覆盖率并不总是比不合规的要高。例如，2012年的《挪威EITI报告》仅涵盖两个收入来源（利润/税收、对政府的其他重大收益），而尼日利亚的2005年度EITI报告涵盖了所有八个收入来源，甚至在该国达到合规之前。

和发展成果的影响就会越积极。这一推测原则上也适用于所汇报的参与企业的数量。

假设 2a. 在成为 EITI 候选国或达标国期间，EITI 报告中覆盖的收入来源越多，该国在治理和经济发展指标上的表现就越积极。

假设 2b. 在成为 EITI 候选国或达标国期间，参与汇报的私营部门越多（编制 EITI 报告所需的数据时将越多的企业包括在内），该国在治理和经济发展指标上的表现就越积极。

假设 3a 至 3f 是关于 EITI 外部属性的，它们评估了 EITI 国家作为一个参考类与其他国家类别相比结果如何，尤其是石油输出国组织（OPEC）成员国和那些最不发达的国家（LDCs）。我们选择了那些具有丰富的石油和天然气储备的 OPEC 成员国，看 EITI 国家的表现是否优于那些传统上受"资源诅咒"影响的国家。我们还选择了一些最不发达国家，看 EITI 国家的表现是否优于那些最贫穷、政府能力最差的国家。

假设 3a. EITI 国家在加入 EITI 前，与非 EITI 国家在治理指标上的表现无差异，而在成为 EITI 候选国期间的表现好于非 EITI 国家。

假设 3b. EITI 国家在加入 EITI 前，与非 EITI 国家在治理指标上的表现无差异，而在成为 EITI 达标国期间的表现好于非 EITI 国家。

假设 3c. EITI 国家在加入 EITI 前，相比其他 OPEC 成员国，其得到的外国直接投资无差异，而在成为 EITI 候选国期间的表现好于其他 OPEC 成员国。

假设 3d. EITI 国家在加入 EITI 前，相比其他 OPEC 成员国，其得到的外国直接投资无差异，而在成为 EITI 达标国期间的表现好于其他 OPEC 成员国。

假设 3e. EITI 国家在加入 EITI 前，与其他最不发达的国家在人均国内生产总值上无差异，而在成为 EITI 候选国期间，EITI 国家的人均国内生产总值高于其他最不发达的国家。

假设 3f. EITI 国家在加入 EITI 前，与其他最不发达的国家在人均国内生产总值上无差异，而在成为 EITI 达标国期间，EITI 国家的人均国内生产总值高于其他最不发达的国家。

（一）研究样本

本研究分析了 1996 年至 2014 年 EITI 计划对 EITI 国家在所选治理指标上的表现的影响。假设 3a 至 3f 比较了 EITI 国家与非 EITI 国家、OPEC 国家和最不发达国家在治理指标上的发展差异。EITI 国家被定义为截至 2012 年，所有获得 EITI 达标国地位且 EITI 地位未被暂停超过半年的国家。在 2013 年达到 EITI 达标国标准的国家不包括在内，这是为了能够分析在成为达标国期间治理指标上的变化。据此，我们确定了 16 个 EITI 国家；表 1 中列出了这些国家，并标出了它们的实施时间。

至于其他国家类别，非 EITI 国家被定义为 182 个截至 2014 年没有获得 EITI 达标国地位的国家。12 个 OPEC 成员国为阿尔及利亚、安哥拉、厄瓜多尔、伊朗、伊拉克、科威特、利比亚、尼日利亚、卡塔尔、沙特阿拉伯、阿拉伯联合酋长国和委内瑞拉。① 最不发达国家的类别包括以下 48 个国家②：阿富汗、安哥拉、孟加拉国、贝宁、不丹、布基纳法索、布隆迪、柬埔寨、中非共和国、乍得、科摩罗、刚果（民主共和国）、吉布提、赤道几内亚、厄立特里亚、埃塞俄比亚、冈比亚、几内亚、几内亚比绍、海地、基里巴斯、老挝、莱索托、利比里亚、马达加斯加、马拉维、马里、毛里塔尼亚、莫桑比克、缅甸、尼泊尔、尼日尔、卢旺达、圣多美和普林西比、塞内加尔、塞拉利昂、所罗门群岛、索马里、南苏丹、苏丹、坦桑尼亚、东帝汶、多哥、图瓦卢、乌干达、瓦努阿图、也门、赞比亚。

一定要注意的一点是，EITI 国家、OPEC 成员国和最不发达国家相互之间

---

① 注意：1975 年至 1995 年，加蓬是欧佩克成员国，并没有被考虑在内。印度尼西亚也是印度尼西亚成员，从 1962 年到 2009 年，尽管该国在 2016 年重新成为会员国。

② UN, "List of Least Developed Countries," 2014, http：//www.un.org/en/develop-ment/desa/policy/cdp/ldc/ldc_list.pdf, Retrieved at 26.12.2014.

可能有交集。所以，当比较 EITI 国家与 OPEC 成员国或最不发达国家在治理指标上的差异时，一个国家的数据可能会在多个类别中列出。

表1　EITI 国家及其实施时间[1]

国家[2]	成为 EITI 候选国的时间	成为 EITI 达标国的时间	发布 EITI 报告的时间
阿塞拜疆	2007	2009	2003—2012
加纳	2007	2010	2004—2011
伊拉克	2010	2012	2009—2011
吉尔吉斯共和国	2007	2011	2004—2012
利比里亚	2008	2009	2008—2012
马里	2007	2011	2006—2011
毛里塔尼亚	2007	2012	2005—2011
蒙古国	2007	2010	2006—2012
莫桑比克	2009	2012	2008—2011
尼日尔	2007	2011	2005—2011
尼日利亚	2007	2011	1999—2011
挪威	2009	2011	2008—2011
秘鲁	2007	2012	2004—2012
坦桑尼亚	2009	2012	2009—2012
东帝汶	2008	2010	2008—2011
赞比亚	2009	2012	2008—2011

注：[1] EITI（2014 年）。
[2] 由于达标国地位被暂停，中非共和国和也门不在该表中。

（二）治理与经济发展指标

本研究包含了八个治理和经济发展指标。我们没有从几十个不同的数据库或来源中抽取指标，而是试图找到一个可公开访问、对国家和时间周期的覆盖面广、可信的单一来源。这份期刊的读者可能知道，光是衡量某类治理的指标的数量就已经十分庞大，而且在继续增长。我们没有成为所谓"数据混搭"① 的牺牲品，而是依靠了世界银行的数据，因为世界银行的数据是任何人都可以获得、全面且经同行评审过的。我们选择了世界银行"全球治理指标"(WGI)的所有六个指标，因为这些指标是世界银行从其他 30 多个来源中抽取出来，再综合到它们的指标中而形成的，因为它们涵盖了 214 个国家②，还因为 WGI "使有意义的国家间的和长时间的比较成为可能"③。WGI 还有内容详尽的附录，其中列出了方法上的假设。这个数据集的一个缺点是六个 WGI 不是以绝对条件而是以相对条件来衡量的。这些指标大致在 -2.5 到 +2.5 的范围内，较高值对应更好的治理表现。第二个缺点是 WGI 数据集只侧重于治理，忽略了其他突出的主题，如投资、贫困或经济发展等。

为了填补这一空白，我们也选择了两个与外国直接投资和人均 GDP 有关的指标。如果 EITI 在提高透明度上的作用和它宣称的一样强，那么可以预期的是，EITI 达标国在所有八个指标的改善率上的表现会好于其他国家。它们将看到六个治理指标的分数有所提高，外国投资的流入增加，且人均 GDP 增长。表 2 列出了本研究中使用的所有治理和经济发展指标。

表 2　本研究使用的治理和经济发展指标的说明

序号	治理指标	说明
1	话语权和问责	反映了对一个国家的公民多大程度上能够参与对政府的选择以及言论自由、结社自由和自由媒体的看法
2	政治稳定和无暴力事件发生	反映了对政府将会被违反宪法或暴力手段（包括出于政治动机的暴力行为和恐怖主义）动摇或推翻的可能性的看法
3	政府效率	反映了对公共服务的质量、公务员队伍的质量及其在多大程度上不受政治压力的影响、政策制定和实施的质量及政府遵守这些政策的可信度的看法

---

① Ravallion, M., "Mashup Indices of Development," *World Bank Research Observer*, 2012.

② Kaufmann, D., Kraay, A. and Mastruzzi, M., "The Worldwide Governance Indicators: Methodology and Analytical Issues," The World Bank Development Research Group, Macroeconomics and Growth Team, September 2010, Policy research working paper 5430.

③ 同上。

(续表)

序号	治理指标	说明
4	监管质量	反映了对政府制定和实施允许并促进私营部门发展的健全政策和法规的能力的看法
5	法治	反映了对机构在多大程度上信任且会遵守社会规则,尤其是合同执行的质量、财产权、警察和法院,以及对发生犯罪和暴力的可能性的看法
6	腐败控制	反映了对公共权力在多大程度上被用以牟取私利,包括小额和巨额腐败,以及国家被精英和私人利益"侵占"的看法
7	外国直接投资,净流入(占GDP的百分比)	指的是为取得在投资人母国以外的国家中所经营的企业的持久的管理权益(持有10%或更多的表决权股票)所做投资的净流入。如国际收支平衡表所示,它是股权资本、收益的再投资、其他长期资本及短期资本的总和。指的是汇报的经济体中来自外国投资者的净流入(新投资流入减去撤资)再除以GDP
8	人均GDP(购买力平价,使用2011年不变价国际美元)	指的是用购买力平价率计算,转换为国际美元的国内生产总值。国际美元具有和美国美元相同的GDP购买力。买方价格的GDP是总值加上该经济体内所有常驻生产商、加上所有产品税、再减去不包括在产品价值内的所有补贴后的数值。计算中没有扣除制造出的资产的折旧或自然资源的消耗和降解。数据以2011年不变价国际美元为单位

(三)数据分析

对于假设1a至1e,对于每个治理和经济发展指标和每个EITI国家,我们分别计算了三个阶段内每年的平均变化:

- A阶段(加入EITI前):从1996年到2002年。
- B阶段(EITI候选国):从2002年到2012年。
- C阶段(EITI达标国):从2012年到2014年。

在下一步中,我们用威尔克森符号等级检验(Wilcoxon signed-rank test)确定了三个阶段(以及一个虚拟的、零变化的条件)的每年平均变化之间的显著差异。当 n 值较小时（比如在我们的样本中，n = 16 时），像威尔克森符号等级检验这样的非参数检验能得出比参数检验（例如相关样本的 t 检验）更稳健的结果。①

对于假设 2a 和 2b，数据被重新排列了。每一行对应一份 16 个 EITI 国家出版的 EITI 报告，包括参与汇报的企业数量、涵盖的收入来源的数量、从出版年份到下一年中的六个治理指标和两个经济发展指标的变化。这形成了一个有 101 行的数据集。对测量治理或经济发展指标变化的八个变量中的每一个，我们做了两次独立的回归分析，一次是以报告企业的数量作为自变量，一次是以收入来源的数量作为自变量。

至于假设 3a 至 3f，对于每个治理和经济发展指标和每个 EITI 国家，我们分别计算了与假设 1a 至 1e 相同的三个时期内每年的平均变化。在下一步中，我们用非参数的威尔克森等级和检验（Wilcoxon rank-sum test）确定了三个阶段中 EITI 国家与其他国家类别的每年平均变化之间的显著差异。这部分的分析遵循的是准实验研究设计。鉴于我们研究的问题的特定性质，即探究 EITI 的自愿透明度标准对治理和发展成果的有效性，实验研究设计所必须遵循的随机化无法满足。使用方差分析和其他类似检验不符合实验方法标准。②

在所有进行的检验中，我们将 $r = .1$（$R^2 = .01$）视为一个较小影响的阈值，将 $r = .3$（$R^2 = .09$）视为一个中等影响的阈值，将 $r = .5$（$R^2 = .25$）视为一个较大影响的阈值。③ 此外，我们使用箱线图来表示结果；箱线图分别表示了一个特定的国家组中一个研究变量的最小值、第一四分位数、中位数、第三四分位数和最大值。

缺失数据在 EITI 国家类别中是可忽略的，在其他国家类别中也不是大问题，因为分析主要侧重于累积值（比如在一个阶段内的每年平均变化）。对于 EITI 国家，在对六个 WGI 和人均 GDP 分析中无缺失数据，外国直接投资分析

---

① Field, A., *Discovering Statistics Using SPSS* (3rd ed.), Los Angeles: Sage, 2009, p. 540.

② Sheskin, D. J., *Handbook of Parametric and Nonparametric Statistical Procedures*, Charlotte, N. C.: CRC Press, 1997; Gardner, M. J. and Altman, D. G., *Statistics with Confidence*, New York: BMJ Books, 2000.

③ Field, A., *Discovering Statistics Using SPSS* (3rd ed.), Los Angeles: Sage, 2009, p. 57.

中有两个缺失数据点。在非 EITI 国家类别中，缺失数据共计有 15 个数据点。在 OPEC 国家类别中，缺失数据共计有 1 个数据点。在最不发达国家类别中，缺失数据共计有 10 个数据点。

五、结果

结果表明，在绝大多数治理与经济发展的指标上，EITI 国家的表现并不比其他国家好。我们的假设中有七个被完全否定，五个仅被部分证实，只有一个被完全证实。要记得，我们没有对每种假设进行相同数量的检验，但有趣的是，在总共 72 个检验中，只有 10 个检验结果符合我们的假设。根据粗略的估计，EITI 国家在多达 86.1% 的指标上的表现与我们上述的假设相左。然而，值得注意的是，国家内和国家间的分析似乎都显示，监管质量和外国直接投资在成为 EITI 候选国期间（2002—2012 年）有积极的发展，人均 GDP 在成为 EITI 候选国期间（2002—2012 年）和成为 EITI 达标国期间（2012—2014 年）都有积极的发展。

表 3 列出了我们对假设 1a 至 1e 得出的结果。在监管质量（中等影响）、外国直接投资（中等影响）和人均 GDP（较大影响）上，假设 1a 得到了证实，但在所有其他治理和经济发展指标上，假设 1a 被否定。从 2002 年到 2012 年，只有这三个指标显著高于零。在话语权和问责、法治和人均 GDP（都为中等影响）上，假设 1b 得到了证实，但在所有其他治理和经济发展指标上，假设 1b 被否定。从 2012 年到 2014 年，只有这三个指标显著高于零。在所有治理和经济发展指标上，假设 1c 均被否定：其他治理和经济发展指标的发展在成为 EITI 候选国期间（2002—2012 年）并不明显好于加入 EITI 之前（1996—2012 年）。在法治这个指标上，假设 1d 和假设 1e 得到了证实（都为中等影响），但在其他治理和经济发展指标上都被否定。只有法治在成为 EITI 达标国期间（2012—2014 年）的发展明显好于加入 EITI 之前（1996—2002 年）和成为 EITI 候选国期间（2002—2012 年）。

表3 关于假设1a至1e，EITI国家在三个阶段中，
每年在八个治理指标上的中位数变化及威尔克森检验结果

治理指标	每个时段内每年的变化			威尔克森检验		
	A阶段 1996—2002年	B阶段 2002—2012年	C阶段 2012—2014年	Sig.[a]	T	r
话语权和问责制	+0.02	+0.00	+0.02	C>0	1.86	.33
政治稳定	+0.01	+0.00	-0.04	—	—	—
政府效率	+0.01	+0.00	-0.04	—	—	—
监管质量	+0.00	+0.02	-0.01	B>0	2.02	.36
法治	+0.02	-0.00	+0.04	C>0	2.69	.48
				C>A	-1.71	.30
				C>B	-2.33	.41
腐败控制	+0.00	+0.00	-0.02	—	—	—
外国直接投资（占GDP的百分比）	+0.33	+0.32	-0.99	B>0	2.22	.39
人均GDP	+49.70	+107.59	+116.57	B>0	3.46	.61
				C>0	2.79	.49

注：$p<.05$（单尾）；进行的测试是B>0（假设1a），C>0（假设1b），B>A（假设1c），C>A（假设1d），C>B（假设1e）；仅显示显著的检验结果。

在所有治理和经济发展指标上，假设2a和2b均被否定。EITI报告中包括的收入和汇报企业数量对EITI报告发布后一年的治理和经济发展指标的平均变化没有任何影响（见表4）。

表4 16个回归分析的总结，其中EITI报告中包含的收入的数量和报告企业的数量为自变量，成为候选国和达标国期间，8个国家指标每年的平均变化为因变量

因变量	自变量：EITI报告中包含的收入的数量			自变量：EITI报告中的报告企业的数量		
	β	p-值	R^2	β	p-值	R^2
话语权和问责	-.07	.50	.01	.04	.69	.00
政治稳定和无暴力事件发生	-.17	.08	.03	-.01	.93	.00

(续表)

因变量	自变量：EITI 报告中包含的收入的数量			自变量：EITI 报告中的报告企业的数量		
	β	p-值	R^2	β	p-值	R^2
政府效率	-.11	.26	.01	.09	.35	.01
监管质量	.07	.52	.00	-.01	.89	.00
法治	-.02	.86	.00	.04	.66	.00
腐败控制	-.04	.69	.00	.12	.23	.02
外国直接投资（百万美元）	-.07	.48	.01	.07	.51	.00
人均 GDP（不变价国际美元）	.00	.99	.00	.04	.73	.00

表 5 列出了我们对假设 3a 至 3f 得出的结果。在监管质量这个指标上（较小影响），假设 3a 得到了证实，但在所有其他治理和经济发展指标上都被否定。从 2002 年到 2012 年，EITI 国家只在监管质量上的发展好于非 EITI 国家。此外，EITI 国家和非 EITI 国家在加入 EITI 前（1996—2002 年），监管质量上的发展无显著差异。在所有其他治理和经济发展指标上，假设 3b 都被否定：从 2012 年到 2014 年，EITI 国家和非 EITI 国家在治理与经济发展指标上的发展无显著差异。假设 3c 得到了证实：从 2002 年到 2012 年，EITI 国家外国直接投资的每年变化高于 OPEC 成员国（中等影响），但在加入 EITI 前的阶段没有同等的显著差异。假设 3d 被否定：从 2012 年到 2014 年，EITI 国家外国直接投资的每年变化相比 OPEC 成员国没有显著差异。假设 3e 和 3f 均被否定：从 2002 年到 2012 年以及从 2012 年到 2014 年，EITI 国家人均 GDP 的发展要好于最不发达国家（都为中等影响）；在加入 EITI 前的阶段中（1996—2002 年），EITI 国家人均 GDP 的发展也要好于最不发达国家，也为中等影响。

表5 关于假设 3*a* 至 3*f*，EITI 国家在三个阶段中，每年在八个治理指标上的中位数变化及威尔克森检验结果

治理指标	时段	每年每个国家组的中位数变化		威尔克森检验		
		EITI 国家	对照组[a]	Sig.[b]	W	r
话语权和问责制	1996—2002 年（加入 EITI 前）	+0.02	−0.01	是	17,504	−.20
	2002—2012 年（候选国）	+0.00	+0.00	—	—	—
	2012—2014 年（达标国）	+0.02	+0.02	—	—	—
政治稳定	1996—2002 年（加入 EITI 前）	+0.01	+0.00	—	—	—
	2002—2012 年（候选国）	+0.00	+0.00	—	—	—
	2012—2014 年（达标国）	−0.04	+0.02	—	—	—
政府效率	1996—2002 年（加入 EITI 前）	+0.01	+0.00	—	—	—
	2002—2012 年（候选国）	+0.00	+0.00	—	—	—
	2012—2014 年（达标国）	−0.04	+0.01	—	—	—
监管质量	1996—2002 年（加入 EITI 前）	+0.00	+0.00	—	—	—
	2002—2012 年（候选国）	+0.02	+0.00	是	17,597	−.17
	2012—2014 年（达标国）	−0.01	+0.00	—	—	—

（续表）

治理指标	时段	每年每个国家组的中位数变化		威尔克森检验		
		EITI 国家	对照组[a]	Sig.[b]	W	r
法治	1996—2002 年（加入 EITI 前）	+0.02	+0.00	—	—	—
	2002—2012 年（候选国）	—	+0.00	+0.00	—	—
	2012—2014 年（达标国）	—	+0.04	+0.03	—	—
腐败控制	1996—2002 年（加入 EITI 前）	+0.00	+0.00	—	—	—
	2002—2012 年（候选国）	—	+0.00	+0.00	—	—
	2012—2014 年（达标国）	—	−0.02	+0.01	—	—
外国直接投资	1996—2002 年（加入 EITI 前）	+0.33	+0.06	—	—	—
	2002—2012 年（候选国）	−.41	+0.32	−0.07	是	127
	2012—2014 年（达标国）	—	−0.99	−0.10	—	—
人均 GDP	1996—2002 年（加入 EITI 前）	+49.70	+23.79	是	1,198	−.31
	2002—2012 年（候选国）	−.34	+107.59	+43.24	是	1,231
	2012—2014 年（达标国）	−.33	+116.57	+35.63	是	1,237

注：（1）对于六个 WGI，对照组为非 EITI 国家（假设 3a，假设 3b）；对于外国直接投资，对照组为 OPEC 成员国（假设 3c，假设 3d）；对于人均 GDP，对照组为最不发达国家（假设 3e，假设 3f）。

（2）$p < .05$（单尾），如果 EITI 国家的中位数大于对照组则为"是"。

六、讨论

EITI 计划对治理、经济和发展指标的积极影响的有力证明表现在，在成为候选国和/或达标国期间，下列条件是否会得到满足：

（1）EITI 国家每年的变化显著高于零；

（2）EITI 国家每年的变化显著高于加入 EITI 前；

（3）EITI 国家每年的变化显著高于其他国家组，而在加入 EITI 前，其与其他国家组相比无显著差异。

无论是在候选阶段还是达标阶段，八个被研究的治理和经济发展指标没有一个同时满足以上三个标准（更不用说同时在两个阶段中了）。只有三项指标在候选阶段或达标阶段满足这些标准中的两个，正如图 1 所总结的：在成为 EITI 候选国期间，EITI 国家监管质量和外国直接投资的每年变化均显著大于零，且高于对照组国家。但在加入 EITI 之前，与对照组国家相比，没有显著不同（但是，成为候选国期间，每年的变化并不高于加入 EITI 之前）。对于法治，在成为达标国期间，EITI 国家的每年变化远大于零且高于成为 EITI 候选国期间和加入 EITI 之前（但是，在成为达标国期间，EITI 国家的每年变化并不显著高于非 EITI 国家的每年变化）。此外，值得注意的是，国家内和国家间的分析似乎都表明，人均 GDP 在成为 EITI 候选国期间（2002—2012 年）和成为 EITI 达标国期间（2012—2014 年）都有积极的发展。但是，在加入 EITI 之前（1996—2002 年），人均 GDP 同样有积极的发展。

所以，EITI 导致在治理和经济发展指标上的更好表现吗？或者大部分在这些指标上的发展已经步入良性轨道的国家决定加入 EITI 吗？我们的研究结果初步支持后者：无论是在成为 EITI 候选国期间还是成为 EITI 达标国期间，EITI 国家在所有治理和经济发展指标上的表现都不比加入 EITI 前好，也不比其他国家类别好。

考虑到我们经验分析的局限性，特别是 EITI 达标阶段的时间较短，研究重点是一般国家指标，而这些指标并不仅适用于采掘业，而且我们的准实验研究设计缺乏可能与 EITI 计划有相互作用的其他因素，基于我们的发现，我们可以初步得出结论，EITI 在影响关键治理和发展指标方面的作用不大。为什么？在本文的这一部分，我们假设了四种可能的解释：

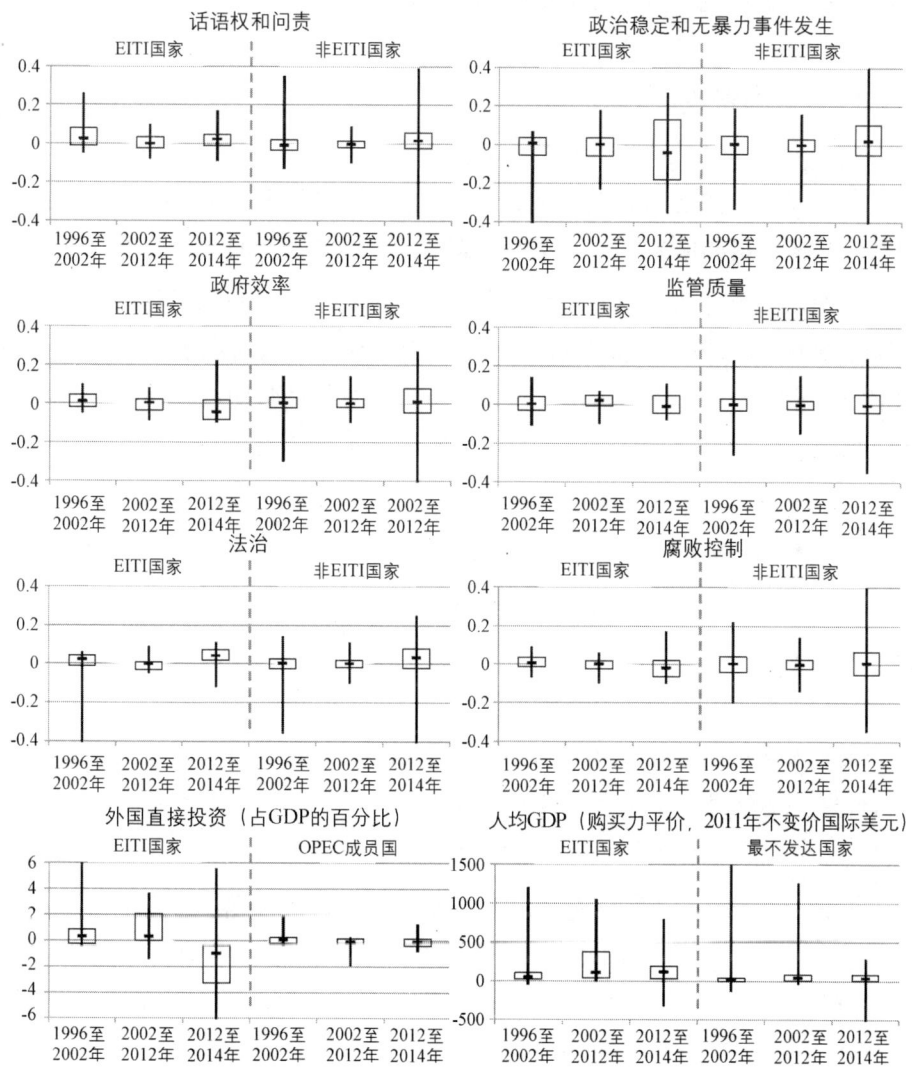

图1 EITI 国家和对照组在二个时段内，在八个治理与经济发展指标上的每年平均变化箱线（所有最小值和最大值没有完全显示）

- EITI 受制于有限的授权。
- EITI 是自愿且非约束性的。
- 公共和私营行为体常常抗拒 EITI 的实施。
- EITI 似乎无法催生出强大的公民社会组织。

（一）有限的授权

一个基本挑战是，EITI 只专注于具有丰富资源的国家从采掘业获得的收入上。这种对透明度的看法比较"狭隘"，因为这些收入只占公共部门收入的一小部分，甚至石油、天然气和燃料开采周期的其他方面，如环境影响评估、项目选址或社区搬迁，都不包含在内。此外，EITI 也没有解决这些收入的支出问题，它只是让外界团体更准确地知晓这些收入的数额。正如一位评论家所批评的：

> ［EITI 存在问题，因为它关注的是］政府的石油收入或石油业与国库之间的资金流动的透明度，而忽略了腐败往往更严重的地方：政府支出的透明度。[1]

与此相关的是，虽然 2013 年 5 月在悉尼通过的新 EITI 标准要求不要把数据集合在一起报告，但是直到最近，还是有约一半的 EITI 国家发布了收入的综合数据，而非特定企业（私营企业方面）或特定部委和部门（政府方面）的单个数据，这使得人们很难确定收入的去向。一则批评指出，"EITI 计划不仅狭隘，而且让资源丰富的国家先解决本不该优先解决的问题……由于腐败的蔓延始于早期阶段，其中涉及合同和采购，在这一过程中引入 EITI 已经太

---

[1] Shaxson, N., *Poisoned Wells: The Dirty Politics of African Oil*, Basingstoke: Palgrave MacMillan, 2008.

晚而无法产生多大的影响"①。

有限的授权的另一个方面是，EITI 目前无法监视或追踪非法资金流动，即那些使一部分特定精英群体（本国或外国的）而不是公众受益的钱。② 这表明，虽然 EITI 报告的要求总体上可以改善采掘业的透明度（因此可以解释我们的分析中发现的监管质量指标上的积极发展），但它们不一定会对被侵吞或非法转移资源收入以牟取私利产生影响。虽然在低收入和中低收入国家里，来自自然资源的净收入估计约为 1 万亿美元，但这一数额的大部分都经非法金融交易而蒸发了。勒毕隆（Le Billon）认为，发生这种情况的原因主要有五个。③ 第一，采掘业往往处于政府的高度管制之下。第二，模糊公共、股东和个人利益间的界限的活动十分猖獗，尤其在国有企业中。第三，采掘业的有限竞争导致其事务性的制衡比其他更具竞争性的行业要少。第四，采掘业的复杂技术和财务过程需要高层次的专业知识，从而导致企业而不是政府进行税务核算，这种情况在发展中国家较为常见。在审计有限或已经腐败的情况下，这就为挪用资金留下了空间。第五，虽然资源丰富的国家通常高度融入全球经济中，但融入的渠道往往很有限，这就为非法资金流动提供了可乘之机。作为 EITI 报告机制的一部分，预计将数据进一步分解可以改善这一情况。此外，税收公平的要素也应被纳入该计划的治理议程，从而将非法资金流动的讨论也纳入计划当中。④ 这仅仅是因为，不讨论资金可选择的替代路线而审查政府和采掘企业之间的资金流动几乎是不可能的。

---

① Kolstad, I. and Wiig, A., "Is Transparency the Key to Reducing Corruption in Resource-Rich Countries?," *World Development*, 2009.

② Le Billon, P., "Extractive Sectors and Illicit Financial Flows: What Role for Revenue Governance Initiatives? (U4 Issue No 13)," October 2011, http://www.cmi.no/publications/file/4248-extractive-sectors-and-illi-cit-financial-flows.pdf, Accessed: June 30, 2014.

③ 同上。

④ 同上。

(二) 自愿而非强制性的遵守

EITI 的另一个基本缺点是，它纯粹是一个自愿性的手段，它鼓励但不要求政府遵守透明原则。这意味着只有那些致力于诚信和透明度的政府和企业才会加入 EITI。[1] 或者，如一位法律学者所说的，"企业有很强的动机同意资源丰富的国家提出的不公开信息的要求"，以及"不负责任的政府有同样强烈的动机不去改变现状"[2]。一项调查指出，那些希望避税或快速实现利润最大化的企业将选择不加入 EITI 或离开即将加入 EITI 的国家。[3] 此外，对那些自愿加入 EITI 的国家，当遇到不符合 EITI 计划的情况时，EITI 除了否决这些国家的候选国地位之外，没有其他制裁措施，没有罚款、刑事指控或其他处罚。这可能会为做假账制造机会。腐败和不透明的企业和国家有动力加入 EITI 是因为它们知道，在最好的情况下，它们会以较低的成本获得声誉和认可，而在最坏的情况下，就算被开除出 EITI，它们几乎不会有什么损失。[4]

EITI 覆盖面有限的一个标志是，尽管目前已经有几十个国家加入，但全世界有 130 多个国家生产和开采石油，有 86 个国家大量开采煤炭。安哥拉，这个凭借其全球见证（Global Witness）报告激励了整个 EITI 框架建立的国家，却未加入 EITI。中国，资源开采领域的另一大全球行为体，也避免加入 EITI。[5] 在西方世界，虽然美国自 2014 年 3 月成为 EITI 候选国，但它却是 G8

---

[1] Al Faruque, A., "Transparency in Extractive Revenues in Developing Countries and Economies in Transition: A review of Emerging Best Practices," *Journal of Energy and Natural Resources Law*, 2006.

[2] Kardon, A., "Response to Matthew Genasci & Sarah Pray, Extracting Accountability: Implications of the Resource Curse for CSR Theory and Practice," *Yale Human Rights and Development Law Journal*, 2008.

[3] Otusanya, O. J., "The Role of Multinational Companies in Tax Evasion and Tax Avoidance: The Case of Nigeria," *Critical Perspectives on Accounting*, 2011.

[4] Kolstad, I. and Wiig, A., "Is Transparency the Key to Reducing Corruption in Resource-Rich Countries?," *World Development*, 2009.

[5] Collier, P., "Implications of Changed International Conditions for EITI," *EITI Secretariat*, Oxford University, 2008.

中最先选择加入 EITI 的国家。加拿大也尚未加入 EITI。这个例子涉及双重标准的问题，因为该国的采掘业不一定完全没有透明度的问题。① 另一点是，EITI 计划的自愿性使它不够强硬。加拿大在采掘业中是公认的全球领导者②，它尚未加入 EITI 至少可以说是非常令人吃惊的。另外，虽然美国加入了 EITI，但它的采掘业并未显示出多少实质性的改变。③ 这里的问题很简单：由于计划带有自愿性，且采掘业的全球领导者都没有加入这个计划，那人们为什么要指望这个计划的议程有效呢？

由于不满意 EITI 自身的自愿机制，美国（《多德-弗兰克法案》，2010 年）和欧盟（《会计指令》，2013 年）近几年通过了针对采掘业的强制性信息披露条例，然而这些条例不太可能立即产生效果。欧盟国家花了一些时间把欧盟指令转变成各国的法律，而美国的规定则面临了来自石油业的强烈反对。2012 年，当美国证券交易委员会（SEC）试图根据《多德-弗兰克法案》的第 1504 款通过新的信息披露条例时，美国石油协会对 SEC 提起了诉讼，并赢得了诉讼。2014 年，乐施会美国分会成功对 SEC 提起了另一项诉讼，控告 SEC 推迟起草新条例。在一个"加速的时间表"中，SEC 承诺在 2016 年 6 月前采用新条例。

（三）公共和私营部门的抗拒

在某些情况下，EITI 可能会损害企业和社区。不少企业领导人指出，由于参与企业不得不披露与其经营所在的 EITI 国家中权利金有关的信息，EITI

---

① Deneault, A. and Sacher, W. (with Catherine Browne, Mathieu Denis and Patrick Ducharme), translated by F. A. Reedand R. Philpot, *Imperial Canada Inc.*: *Legal Haven of Choice for the World's Mining Industry*, Vancouver: Talonbooks, 2012.

② Russell, B. I., Shapiro, D. and Vining, A. R., "The Evolution of the Canadian Mining Industry: The Role of Regulatory Punctuation," *Resources Policy*, 2010.

③ Fineberg, R. A., "The United States Joins EITI: A Case Study in Theory and Practice," *Journal of World Energy Law & Business*, 2014.

的自愿性质可能会使其处于"竞争劣势"①。其他企业"强烈反对"在公开网站上发布产量分成合同。② 一些民间团体的成员因参与实施 EITI 而不断遭到骚扰和恐吓,另一些成员在申请旅行许可证和签证时被拒,还有一些成员被有关部门设下法律和程序上的障碍,阻止他们充分参与 EITI 计划。③ 例如,2006 年,参与 EITI 计划在刚果共和国推广的公民社会联盟的两名成员遭到了逮捕和监禁。④

在利比里亚,EITI 的多方利益相关者团体(MSG)与"公布你的支出"公民社会联盟之间的内部纠纷导致它们的代表在一年多的时间里都未出席过多方利益相关者团体的会议。在此事件发生前,利比里亚 EITI 秘书处的第一任秘书长于 2010 年辞职。⑤ 在阿塞拜疆,公民自由正处于危险之中。公民社会的成长普遍遭到了遏制,部分原因是受到了主要对该国的石油和天然气资源感兴趣的西方行为体的影响。⑥ 另一个原因是,阿塞拜疆总统伊利哈姆·阿利耶夫在 2014 年初签署了一系列宪法修正案,限制了公民社会组织自由运作的能力,特别是这些宪法修正案要求公民社会组织提供大量信息,否则会面临被处以罚款或关闭的风险。这名总统因其家族参与暴利行业而被选为"2012 年度腐败人物"(Corruption Person

---

① Al Faruque, A., "Transparency in Extractive Revenues in Developing Countries and Economies in Transition: A review of Emerging Best Practices," *Journal of Energy and Natural Resources Law*, 2006.

② Eigen, P., "Fighting Corruption in a Global Economy: Transparency Initiatives in the Oil and Gas Industry," *Houston Journal of International Law*, 2006.

③ EITI, "EITI Rules, 2011, Including the Validation Guide," Oslo, Norway: EITI Secretariat, November, 2011.

④ Eigen, P., "Fighting Corruption in a Global Economy: Transparency Initiatives in the Oil and Gas Industry," *Houston Journal of International Law*, 2006.

⑤ O'Sullivan, D., "What's the Point of Transparency? The Extractive Industries Transparency Initiative and the Governance of Natural Resources in Liberia," Timor Leste and other countries, Global Witness, 2013, http://publishwhatyoupay.org/sites/publishwhatyoupay.org/files/What's%20the%20point%20of%20transparency%20April%202013.pdf, Accessed: May 19, 2014.

⑥ Gahramanova, A., "Internal and external factors in the democratization of Azerbaijan," *Democratization*, 2009, 16 (4), pp. 777 – 803.

of the Year in 2012）①。有趣的是，这个曾是 EITI 先驱的国家现在面临着损害该计划自身的多方利益相关者议程的基本挑战。更令人吃惊的是，世界银行独立评估小组（World Bank Independent Evaluation Group）的一份报告居然认为，就其提高石油收入透明度的措施而言，EITI 在阿塞拜疆是"非常有效的"②。

虽然公众的参与对 EITI 的成功至关重要，但公众往往倾向于做一个"沉默的伙伴"，因而限制了 EITI 成为与腐败抗衡的强大力量的潜力。③ 2008 年，针对当时正致力于 EITI 的 23 个国家和 38 家企业展开的一项调查对参与程度或所谓的关键利益相关者团体之间的伙伴关系给出了一些启发性的见解：

> 公众必须能够理解多方利益相关者团体对政府如何使用和记录资源收入所报告的内容。但是，EITI 受到很多因素的制约，包括文盲、民生要求、缺乏兴趣和/或文化和政治因素。例如，许多发展中国家，尤其是非洲，不鼓励公开讨论石油和矿业收入④。

2011 年，由利比里亚 EITI 秘书处和当地的一个媒体非政府组织共同开展的另一个调查发现，仅有 42% 的受访者知道 EITI 的存在，而且其中的大多数不太清楚它的运作机制。⑤ 这与那个每一个案件都能吸引 300 多人参加全国各

---

① 见 Organized Crime and Corruption Report Project, "OCCRP Name Aliyev 'Person of the Year'," December 31, 2012 https：//report-ingproject. net/occrp/index. php/en/ccwatch/cc-watch-indepth/1772-occrp- names-aliyev-qperson-of-the-year-q（accessed：May 15, 2014）。

② Wescott, C., Desai, R. and Talvitie, A., "Azerbaijan: World Bank Country-Level Engagement on Governance and Anticorruption," IEG working paper 2011/9, http：//ieg. worldbank. org/Data/reports/ga-cazerbaijanwpfinal. pdf, Accessed：May 15, 2014.

③ Aaronson, S. A., "Limited partnership: Business, Government, Civil Society, and the Public in the Extractive Industries Transparency Initiative (EITI)," *Public Administration and Development*, 2011.

④ 同上，p. 53。

⑤ O'Sullivan, D., "What's the Point of Transparency? The Extractive Industries Transparency Initiative and the Governance of Natural Resources in Liberia," Timor Leste and other countries, Global Witness, 2013, http：// publishwhatyoupay. org/sites/publishwhatyoupay. org/files/What's% 20the% 20point% 20of% 20transparency% 20April% 202013. pdf, Accessed：May 19, 2014.

地的市政厅会议，全国各地都对资源收入议论纷纷的时代已经不一样了。

（四）对强大民间社会团体的依赖

要想让 EITI 起作用，需要有强大的公民社会组织。的确，即使为了让透明度机制更有效地发挥作用，信息也必须深深扎根于信息生产者和消费者的日常决策实践中，形成一个透明度的"作用周期"[1]。然而在许多国家，尤其是那些最容易发生腐败的国家，非政府组织依然混乱、软弱，甚至不存在。此外，公民团体必须"积极参与 EITI 的设计、监控和评估，并促进公开辩论"这一 EITI 标准可以有效地防止该过程始于国家，直到公民社会具备足够的实力。[2] 即便如此，耶鲁大学法学院学者亚历克斯·卡顿（Alex Kardon）评论说，"当公民社会不够强大，无法将信息转化为问责时，实现透明度可能也无法消除该诅咒"[3]。约瑟夫·贝尔（Joseph Bell）曾是帮助小岛国圣多美和普林西比起草了一项石油管理法案的多位哥伦比亚大学专家之一，他也承认"透明度[自身]不能确保负责任地使用资源收入"[4]。

例如，对马达加斯加 EITI 的一项评估指出，缺乏公民社会意味着强大的采矿企业能够成功凌驾于为实现"良治"、透明度以及真正参与社区事务而付出的努力之上。[5] 研究人员发现，公民社会的缺席意味着从采掘业合同中获得的个人利益仍然是决定哪些项目能取得进展的最主要的因素，也意味着国家

---

[1] Fung, A., Graham, M., Weil, D. and Fagotto, E., "The Political Economy of Transparency: What Makes Disclosure Policies Effective?," *Harvard Transparency Policy Project*, Springer, 2004.

[2] Eigen, P., "Fighting Corruption in a Global Economy: Transparency Initiatives in the Oil and Gas Industry," *Houston Journal of International Law*, 2006.

[3] Kardon, A., "Response to Matthew Genasci & Sarah Pray, Extracting Accountability: Implications of the Resource Curse for CSR Theory and Practice," *Yale Human Rights and Development Law Journal*, 2008.

[4] Conti-Brown, P., "Increasing the Capacity for Corruption?: Law and Development in the Burgeoning Petro-State of Sao Tome e Principe," *Berkeley Journal of African American Law and Policy*, 2010.

[5] Smith, S. M., Shepherd, D. D. and Dorward, P. T., "Perspectives on Community Representation within the Extractive Industries Transparency Initiative: Experiences from South-East Madagascar," *Resources Policy*, 2012.

领导人因来自企业的压力和腐败的存在而更关心吸引投资和最大限度地提高收入,而不是提高透明度。

实际上,公民社会的参与被视为 EITI 所面临的重要挫折之一,不是说它没有用,而是所谓的"伙伴关系"并不那么名副其实。① 主要挑战是,"EITI 并不强制实施 EITI 的国家开放、负责、让其全体公民参与对采掘收入的监督。因此,它只在那些愿意向公民群体发布信息,且允许这些公民用这些信息挑战政府的国家有效"②。这表明,抗拒民主实践的政府对公开给予公民社会组织话语权最不感兴趣,而挪威的 EITI 秘书处对此其实无能为力,因为 EITI 是一项自愿的计划。这依然是该计划的一个基本缺陷,特别是当它的倡议过分强调多尺度的治理布局和公私合作的效用时。

七、结论

我们的统计分析表明,EITI 没有其倡导者可能希望我们相信的那样成功。尤其是,EITI 国家在成为 EITI 候选国和达标国期间,在治理和经济发展指标上的表现几乎从未比加入 EITI 前好过,从这一事实来看,人们可能想知道 EITI 是否对资源丰富国家的治理和发展成果产生了影响。当然,我们的分析表明,EITI 计划对监管质量、法治和外国直接投资可能产生了积极影响,而且值得注意的是,我们的数据仅限于 1996—2014 年这段时期。因此,我们可能无法捕捉到更长时期内治理和发展成果上的缓慢且更为渐进式的改善(尤其是考虑到第一批国家直到 2009 年才获得 EITI 达标国地位)。此外,我们的分析遵循了准实验设计,并且只考虑了与加入 EITI 与治理和经济发展指标之间的关系紧密相关的解释,其主要原因是我们没有将其他可能与 EITI 计划有相互作用的因素包含在内,这些因素包括政治体制、国家和地方法规、以及

---

① Aaronson, S. A., "Limited partnership: Business, Government, Civil Society, and the Public in the Extractive Industries Transparency Initiative (EITI)," *Public Administration and Development*, 2011.

② 同上,p. 56。

识字率或公共卫生等其他发展指标的具体特征。因此，这项研究为进一步研究 EITI 的有效性开辟了广阔的前景，这些研究可能会涉及额外的变量、更长的时段以及更深刻的国家案例研究。

遵守 EITI 对企业来说无疑是一项永恒的挑战[1]，但对许多国家的政府和公民社会参与者来说，它当然也会是一个障碍。首先，仅提高透明度并不能解决问题，因为资源治理还有很多其他方面的因子需要考虑到一个整体的解决方案的方程式中。正与其他学者一样，这一点质疑了透明度的变革潜力。[2] 这个时候，我们需要注意透明度的一个与正常预期相反的潜在缺点。由于知道自己被监控，政府和企业都将明显改变他们的行为，EITI 从而能对石油和天然气的发展起预防保护作用。发展专家伊瓦尔·科尔斯塔（Ivar Kolstad）和阿恩·韦格（Arne Wiig）解释说，"一个始终让公众知晓其活动的所有细节的公共部门开展活动时的效率不会太高。换句话说，如果你把你做的所有事都写进日记里，很多事你都不会去做了"[3]。

EITI 可能会使政府和企业之间的谈判变得更复杂和繁琐，这是因为谈判涉及的各方知道信息会进入公共领域，因此交换这些信息时，它们会变得更加谨慎。讽刺的是，透明度不仅能让揭发腐败变得更容易，还能找出那些索要贿赂和回扣的相关官员。[4] 这种批评并不是想抹黑提高采掘业透明度的努力，正如《2014 年 EITI 进展报告》所指出的，透明度确实重要。[5] 尽管如此，我们在这里得出的结论非常直接：正如透明度不是灵丹妙药，它也有无

---

[1] Hughes, C. D. and Pendred, O., "Let's be Clear: Compliance with New Transparency Requirements is Going to Be Challenging for Resource Companies," *Journal of World Energy Law & Business*, 2014, 7 (1), pp. 36–45.

[2] Van Alstine, J., "Transparency in Resource Governance: The Pitfalls and Potential of 'New Oil' in Sub-Saharan Africa," *Global Environmental Politics*, 2014, 14 (1), pp. 20–39.

[3] Kolstad, I. and Wiig, A., "Is Transparency the Key to Reducing Corruption in Resource-Rich Countries?," *World Development*, 2009.

[4] 同上。

[5] EITI, "EITI Countries-Implementation Timelines," May 2014, https://eiti.org/files/EITI-Countries-%20Implementation-Timelines%2C%20May-2014_0.pdf, Retrieved at 26.12.2014.

法解决的问题一样,我们不能把 EITI 视作让资源丰富的国家实现良好的资源治理或可持续发展的万能之计。①

另一个担忧是,EITI 是作为指导资源丰富的国家摆脱"资源诅咒"的实质性举措之一而产生的。② 但显然,摆脱诅咒的方法,如果确实如宣传的那样,存在这样的方法的话,是不容易找到的。为了展示这一问题的复杂性,提出这一想法的学者已经确定了几个可以影响诅咒的危害程度的因素,包括政府(机构)以可持续的方式管理大量资源收入的能力③、有关国家拥有资源的类型④以及出现的寻租行为的性质⑤。其他学者坚持认为,我们应评估那些使一些国家利用资源让本国受益,而另一些国家未能做到这一点的历史和现实社会政治变量。⑥ 正如资源诅咒的概念是多方面的一样,EITI 过于简单化地把重心放在收入和透明度上,因此未能很好地探讨这个概念。摆脱诅咒的方法应包含 EITI 目前尚缺乏的多个要素,这样才能提高 EITI 的变革潜力。由于 EITI 是完全自愿的,我们尚不清楚,在资源诅咒、透明度、问责和广泛的社会经济发展等问题上引发真正变革的愿望是否能通过 EITI 实现。

---

① Hilson, G., "Corporate Social Responsibility in the Extractive Industries: Experiences from Developing Countries," *Resources Policy*, 2012.

② Caspary, G., "Practical Steps to Help Countries Overcome the Resource Curse: The Extractive Industries Transparency Initiative," *Global Governance*, 2012.

③ Atkinson, G. and Hamilton, K., "Savings, Growth and the Resource Curse Hypothesis," *World Development*, 2003; Mehlum, H., Moene, K. and Torvik, R., "Institutions and the Resource Curse," *The Economic Journal*, 2006.

④ Boschini, A. D., Pettersson, J. and Roine, J., "Resource Curse or not: A Question of Appropriability," *Scandinavian Journal of Economics*, 2007.

⑤ Sarraf, M. and Jiwanji, M., "Beating the resource curse: The case of Botswana," *Environmental Economics Series*, Paper No. 83 (October 2001).

⑥ Snyder, R., "Does Lootable Wealth Breed Disorder? A Political Economy of Extraction Framework," *Comparative Political Studies*, 2006; Snyder, R. and Bhavnani, R., "Diamonds, Blood and Taxes: A Revenue-Centered Framework for Explaining Political Order," *Journal of Conflict Resolution*, 2005.

冲突矿产的新旧治理方法：一起比单独好*

[美] 埃米·莱尔**

一、引言

本文探讨了一直以来用于解决与供应链相关的劳工和人权侵犯问题的新治理结构的作用。更确切地说，本文考察了多方利益相关者论坛解决此类问题的效用，并认为相比于传统的命令与控制方法，此类多方利益相关者论坛，包括多方利益相关者倡议，在解决全球供应链相关问题时提供了众多优势。

本文的重点是冲突矿产①问题。本文描述了多方利益相关者倡议帮助解决冲突矿产问题时所起到的作用，以及众多行为主体能够提供的解决问题的优势。此类倡议的构成和重点可能多种多样，如果要解决具有挑战性的冲突矿产问题，就必须精心制定此类举措。而且，虽然各种多方利益相关者方法是帮助解决冲突矿产问题的潜在机制，但是仅有它们还不够。相反，冲突矿产

---

* 原文载于 *Harvard International Law Journal — Online*，2010 年第 52 期。
** 作者简介：埃米·莱尔（Amy Lehr），美国 Foley Hoag LLP 律师事务所律师。
① "冲突矿产"这个术语有时用来专门处理刚果民主共和国东部的四种矿产，这些矿物被认为是资助这场冲突的。在这篇文章中，它被广泛使用，并且包括可能资助冲突的其他矿产，如钻石。

问题是更广泛的政治和经济崩溃的一个子集,而且要求利用互补的环环相扣的新旧治理方法网络。

文中假设,各个国家,不仅包括那些有冲突矿产的国家,也包括国际社群中的相关成员,必须在解决违法矿产贸易助长的冲突中发挥两个关键的作用。首先,它们必须鼓励利用"新治理"多方利益相关者方法来解决冲突的商业方面的问题,而且它们必须在此类多方利益相关者倡议中发挥比通常更强的作用。然而,这可能并不够。各国必须承担起第二个角色。冲突矿产在政治和经济方面,要求各国也要利用传统的国际治理机制,例如通过联合国实施制裁、鼓励在受冲突影响的国家进行有效治理以及提供诸如针对替代生计和支持合法采矿业之类的发展援助。简而言之,在政府不影响政治局势并且不在遭遇冲突的国家进行能力建设的情况下,权力下放力度最大,非以国家为中心的新治理形式,例如多方利益相关者倡议,不可能成功控制冲突矿产的销售,更不用说结束冲突了。

本文通过考察金伯利进程检验了这一理论,金伯利进程是一个用于解决冲突钻石问题的多方利益相关者倡议,在这一进程中,政府发挥着主导作用。文章也考察了迄今为止针对阻止刚果民主共和国(DRC)东部的冲突矿产贸易所做出的努力,确定了利用多方利益相关者方法来解决为这一冲突提供资金的贸易问题的趋势,同时指出,仅凭该方法很可能并不足以解决该问题,并且强调政府有必要承担更多的传统角色。

二、供应链和新的全球治理形式

在企业社会责任领域,有很多"新治理"的例子。[①] 新治理突破了诸如传统的、自上而下的规则制定机制,包括法规,详细的管理规则制定以及司

[①] 主要见 Joe W. (Chip) Pitts III, "Corporate Social Responsibility: Current Status and Future Evolution," *Rutgers Journal of Law &Public Policy*, 2009, 6。(讨论在企业社会责任领域出现的"商法"(lex mercatoria),各种行为者从事新形式的规则制定)

法执法等"旧治理"①。新治理旨在刺激私人以及私人行为主体承担治理角色，实际中通常涉及政府承担催化作用或者推动作用。② 这一趋势超出了国家法律之外延伸至国际法，新的治理形式弥补了"旧治理"方法，例如条约和政府间组织的不足。

一些评论者设想新治理会带来众多好处。例如，它旨在支持灵活的规则制定，因为规则并不是一成不变的法定的。这反过来促使规则得以适当改变。③ 新的治理结构也应该接受更大的参与度，因为它们可以汇集和受益于更广泛的利益相关者的投入，这应该会推动问题得到更好的解决。④ 新治理也应该加强不同利益相关者群体之间的共享学习。⑤ 长期存在的法律原理，或者相关领域之前没有受到管制，从而提出了新的挑战，在利用比较传统的治理机制具有挑战性的时候，新的治理结构可能尤其有益。⑥ 最终，商业组织和公民社会组织等传统对立的利益相关者之间的对话增加，无疑也增加了信任。⑦

---

① David M. Trubek & Louise G. Trubek, "New Governance and Legal Regulation: Complementarity, Rivalry, and Transformation," *Columbia Journal of European Law*, 2007 (13), pp. 539, 543.

② 见 Orly Lobel, "The Renew Deal: The Fall of Regulation and the Rise of Governance in Contemporary Legal Thought," Social Science Electronic Publishing, 2004, 89 (2), pp. 344-345。

③ 适应性是新治理理论的支柱。"由于治理模式的基本前提是变革的必然性和适应性，新的愿景对于不确定性和疑虑感到乐观。事实上，与传统的监管模式不同，治理将歧义视为机会，而不是需克服的负担。" id. at 539。

④ 见 David M. Trubek & Louise G. Trubek, "New Governance and Legal Regulation: Complementarity, Rivalry, and Transformation," *Columbia Journal of European Law*, 2007 (13), p. 542。

⑤ 见 Kenneth W. Abbott & Duncan Snidal, "Strengthening International Regulation Through Transnational New Governance: Overcoming the Orchestration Deficit," 42 VAND. J. TRANSNAT' L L. 501, 526 (2009)。

⑥ 另一方面，有人则认为利用多方利益主体的"新治理"模式是因为政治意愿力量不足以解决问题，而不是因为旧的治理模式无法有效解决问题。主要见 Thomas McInerney, "Putting Regulation Before Responsibility: Towards Binding Norms of Corporate Social Responsibility," *Counell International Law Journal*, 2007 (40), p. 171。

⑦ 关于信任的最后一点不是关于新治理的文献。在作者和经营多方利益相关者论坛的经验中，这种新的治理机制为利益相关者创造了一种强有力的手段，对意见有显着差异，从而提高对彼此观点的理解，为复杂问题提供更好的解决方案。

第四部分　资源与人权、原住民和社区治理主题

在新治理中，各国政府能够扮演各种角色。它们可以纯粹作为一个催化剂，利用立法或者说服力推动创建多方利益相关者倡议①或者促使私人行为主体参与规则制定过程，不过无法进一步参与全球标准的发展及其执行。② 它们可以创造这样一种局面，新治理机制和法律在不必互相依赖的情况下相互衔接运转，或者说共存。③ 最终，它们可以帮助发展互相依赖的体系，在这一体系下，新治理和传统法律不仅互补，而且融为一个单独的混合体系，在这一混合体系下，每一个部分都是相互依存的，一个失败就会导致另一个失败，以及整个事业的目标的失败。④

本文的重点是涉及多方利益相关者对话和规则制定的新治理结构。一经形成，它们通常被称作"多方利益相关者倡议"。此类多方利益相关者方法很有可能适用于解决全球化所造成的人权问题，本文考察了其有效性和局限性。

公平劳工协会（FLA）是应用此类多方利益相关者方法解决全球供应链问题的一个早期例子。⑤ 一些非政府组织发起了反对耐克、盖普及其他知名服装品牌的活动，指出其供应商的用工行为不可接受，包括使用童工。由于被控其供应链存在侵犯劳工权利的行为，一些学生游说自己的大学停止出售与这些公司

---

① 多方利益相关方的举措包括利益相关者团体，通常是非政府组织、公司、负责任的投资者、商业协会或政府的组合。企业社会责任领域存在数量。对他们进行更彻底的回顾，见 Michael A. Levine, "Corporate Social Responsibility Standards and Monitoring Programs," in Carole L. Basri, ed., *International Corporate Practice* 2009, pp. 819, 829 – 831。

② David M. Trubek & Louise G. Trubek, "New Governance and Legal Regulation: Complementarity, Rivalry, and Transformation," *Columbia Journal of European Law*, 2007 (13), p. 539（举例说明何时采用正式法律来授权新的治理方法）。

③ David M. Trubek & Louise G. Trubek, "New Governance and Legal Regulation: Complementarity, Rivalry, and Transformation," *Columbia Journal of European Law*, 2007 (13), p. 543。

④ 这里使用的术语是共同依赖，建立在 Trubek 和 Trubek 给出的转换定义上。

⑤ FLA 是为解决服装行业劳动条件而开发的多个利益相关者举措之一。其他包括 the Worldwide Responsible Apparel Production Principles/Program；Social Accountability International；and the Ethical Trading Initiative。Michael A. Levine, "Corporate Social Responsibility Standards and Monitoring Programs," in Carole L. Basri, ed., *International Corporate Practice* 2009, pp. 830 – 831。

相关的学校用品。① 非政府组织并不依赖对这些公司的法院诉讼，因为因果关系太弱了②，而是专注于攻击这些企业的声誉，对于企业来说，品牌十分重要。

美国政府并没有通过立法来解决问题，而是发挥了关键的催化作用，将企业、非政府组织和工会聚在一起，组成了公平劳工协会，提出了一个解决该问题的解决方案。1996年，克林顿总统在白宫召集了这些当事人，并且要求他们采取措施改善世界各地分支机构的工作环境。③ 尽管没有正式的文件说明美国政府为什么鼓励采用多方利益相关者方法，而非通过立法解决问题，但是似乎有许多因素表明需要使用新治理机制，下文会对此进行概述。不久之后美国政府不再在公平劳工协会中发挥任何重要作用，而是交由企业和非政府组织管理。

基于此，在公平劳工协会形成之前，20世纪90年代，当行动者首次试图解决全球供应链中的侵犯人权问题时，新治理机制被认为更可取而且被应用于各个方面。快速全球化导致错综复杂的供应链延伸到了环境和劳工标准薄弱或者未生效的国家。从20世纪90年代开始，非政府组织攻击著名品牌声誉的活动令许多企业觉得要想办法改善其供应链的条件。不过，这些企业通常没有足够的能力做这些，因为它们对于如何确定和解决由此导致的侵犯人权问题理解有限。国际法几乎没有为企业提供人权领域的指导，并没有足够详细的说明为特殊行业提供实施指导。④ 综上所述，假设当需要利用规则处理

---

① 参见例如 David Moore, "Speaking with a Unified Voice: Student Consumers Make Targeted Changes," HUM. RTS. DIALOGUE, Fall 2000, at 10. 本文还强调了另一个劳动监察计划，即由不认为 FLA 严格的学生组成的工人权利联盟。两者都继续存在。

② 了解这种情况所固有的挑战，见例如 Doe I v. Wal-Mart Stores, Inc., No. CV 05 - 7307 AG (MANx), 2007 WL 5975664 (C. D. Cal. Mar. 30, 2007); Kasky v. Nike, Inc., 45 P. 3d 243 (Cal. 2002)。

③ 更多关于美国政府在形成 FLA 方面的作用的信息，见 History, FAIR LABOR ASS'N, http://www.fairlabor.org/about_us_history_a1.html (last visited Nov. 20, 2010)。

④ 人权法条约处理国家而不是公司的人权义务。这些人权义务是由联合国条约机构制定的，但他们的陈述通常针对各国，而不是硬法。联合国商业与人权事务特别代表在2008年指出，社会期望公司应该尊重，例如不侵犯人权，并应建立管理制度来确保这一点，但这样的指导是最近的，具有约束力，并保持相当普遍。见 John Ruggie, "Protect, Respect and Remedy: A Framework for Business and Human Rights: Report of the Special Representative of the Secretary-General on the Issue of Human Rights and Transnational Corporations and Other Business Enterprises," U. N. Doc. A/HRC/8/5 (Apr. 7, 2008), p. 54。

新的或者快速发展的情况时，需要有在必要时改变规则的能力，则新治理是有利的。因此，在解决全球供应链及其对人权的影响问题时，新治理一直是一个特别有用的手段。

当需要利用众多利益相关者的见解和共享知识解决复杂的或者新确定的社会问题时，新的治理机制也应该有用，因为新治理倾向于促进对话。[1]旧政府通过复杂的命令与控制机制处理全球供应链的能力可能有限，因为监管者不一定有专门的知识制定适当的规则，也不一定有需要的资源在世界各地多个司法管辖区实施这些规则。着眼于这些劳工权利侵权的活动突出了公民社会组织日益强大的力量及其收集世界范围内人权问题信息的能力。简而言之，公民社会组织不仅凸显出了人权问题，也是能够帮助确定问题所在以及如何解决这些问题的关键数据的保管者。因此，需要通过多方利益相关者方法加强相互学习来解决全球供应链的劳工权益侵犯问题。

有相关说明表明，虽然理论家很少提及这一点，规则制定的多方利益相关者方法能够帮助产生有效解决问题所必须的信任。非政府组织对企业的不信任可能会导致非政府组织质疑企业自己所采取的措施。如公平劳工协会所证明的那样，多方利益相关者倡议能够帮助创建共同商定的标准和执行技术，公民社会组织能够对此提供支持，而行业能够实际执行这些标准和技术。[2]

最后，当政府不愿意参与传统的管理，而且法律原理不可能充分地解决问题时，通常会使用新的治理机制。新治理的使用不是因为其内在的好处，而是因为缺乏政治意愿。此外，当法律原理不可能推动其发展时，公民社会组织更可能接纳新的治理机制，尤其是多方利益相关者倡议。让最终用户，

---

[1] 一位作者指出，新的治理可能在"新的监管领域，即以前没有受到监管的问题或行业，或许是因为它们不存在的情况下"可能具有特殊的希望。Jason M. Solomon, "New Governance, Preemptive Self-Regulation, and the Blurring of Boundaries in Regulatory Theory and Practice," *Wisconsin Law Review*, 2010, pp. 591, 598。

[2] 进一步探索如何设计新的治理来提高其合法性，见 Benedict Kingsbury, "The Concept of 'Law' in Global Administrative Law," *European Journal of International Law*, 2009 (20), p. 23。

也就是在美国司法管辖区内的名牌企业，在法律上对于在其供应链上几个环节之外所发生的人权侵犯行为负责是非常具有挑战性的。① 我们的法律体系对企业实体的定义太过局限，无法充分地考虑到企业的全球性覆盖。② 因此，人权非政府组织利用诸如多方利益相关者倡议之类的新治理机制来解决与全球供应链相关的问题。

公平劳工协会在很多方面都很成功，而且表明多方利益相关者倡议解决全球供应链劳工权益侵权的潜力并不是纸上谈兵。③ 总之，各方参与灵活的规则制定，制定了可随时间改进和调整的工厂的详细劳工标准。它们互补的知识有助于形成有质量的标准。非政府组织让人了解到劳工权利以及工厂中实际存在的问题，而企业能够贡献其对供应链和可行的方法更为深入的理解。各方也通过授权所有人都同意并且信任的独立审计师为执行和互相担保提供了手段。④

这种新的治理形式也加强了互相学习和信任。有人可能会问，企业为什么不能发展自己的供应链尽职调查体系。第一，如前所述，多视角可能已经改进了这些体系。第二，即便当企业发展了恰当的供应链尽职调查体系，如果它们不理解该体系及其背后的基本原理，非政府组织可能仍然很关键。公平劳工协会在以前敌对的非政府组织和企业之间建立了关系。非政府组织继

---

① 原告试图在少数情况下企图对供应链中的劳工违法行为承担责任，但成效有限。有关案例的例子见第221页注⑥。

② 请注意，美国的法律理论上可以让公司对其供应商的业务发生的违规行为负责。但是，目前一般不这样做，因为它们是独立的公司实体。事实上，原告显示母公司对其子公司的行为负责，更不用说供应商，这是很困难的。原告普遍利用代理、协助和唆使等次要责任理论和公司法人人格否认，为子公司的行为确定母公司的责任。对于借鉴广泛的次要责任理论的案例，参见例如 Bowoto v. Chevron Texaco Corp., 312 F. Supp. 2d 1229 (N. D. Cal. 2004)。

③ 早期的 FLA 并没有引起争议。一些学生和工会认为它是由公司主导的，并组建了一个并行组织，称为"工人权益联盟"。见 Steven Greenhouse, "Students Urge Colleges to Join a New Anti-Sweatshop Group," http://www.nytimes.com/1999/10/20/us/students-urge-colleges-to-join-a-new-anti-sweatshop-group.html. 然而，一些著名的公民社会组织选择继续从事 FLA，并为其信誉做出了贡献。

④ FLA 宪章为独立的外部监督者制定了标准。主要见 FAIR LABOR ASS'N, CHARTER DOCUMENT (2009), http://www.fairlabor.org/images/AboutUs/flacharter_october2009.pdf.

续发挥着监督的作用，不过更有可能是与公平劳工协会成员讨论供应链问题，而不是直接转变成发起运动的模式。① 这导致信息共享，可以更快地解决问题，符合新治理的目标。参与公平劳工协会或者类似倡议的企业通常在将报告透明化的意愿方面远远超越其同行，可以说是因为其公民社会组织同仁促使它们如此，并且它们了解到在做法方面的透明能够通过加强信任带来利益。②

尽管公平劳工协会和其他服装相关的多方利益相关者倡议的影响可以说是积极的③，但多方利益相关者举措并不总是优于法定或者司法机制。然而，假设它们是以使其成员负责的方式构建的，则它们通过多种合作形式为解决跨越全球的供应链问题提供了一种潜在的有效手段。④

三、冲突钻石的新旧治理方法：互相依赖的方法

正如上文所讨论的，多方利益相关者倡议能够作为比较有效的方法解决全球供应链中的人权问题。当它们被用于解决冲突矿产问题时，迄今为止有

---

① 耐克公司参与 FLA 等审计计划，加上自己的内部监督机制，导致非政府组织在确定问题时与耐克进行对话。主要见 Aaron Bernstein, "Nike's New Game Plan for Sweatshops," http：//www.businessweek.com/magazine/content/04_38/b3900011_mz001.htm。

② 例如，从 2005 年开始，耐克公开报告了所有直接供应商的位置和地址，数量在数百个。主要见 "Campaigns: Stop Nike Sweatshops," http：//www.educatingforjustice.org/stopnikesweatshops.htm（last visited Nov. 6, 2010）。GAP，也是与其供应链中的劳工问题相关的声誉攻击的早期目标以及道德交易倡议成员，报告了违反其"供应商行为守则"的数量以及对于"供应商行为守则"中的 700 项要求中的每一项其发生的供应商工厂的地理位置。主要见 Supply Chain—Data, GAP INC., http：//www.gapinc.com/GapIncSubSites/csr/Goals/SupplyChain/SC_COVC_Violations_I_Data.shtml（last visited Nov. 20, 2010）。

③ FLA 成功地将先前的敌对利益相关者聚集在一起，共同致力于共同事业。有证据表明，这种多利益攸关方举措所要求的监测在劳动实践中产生了一些改善，尽管在这一领域需要更多的研究。主要见 Richard M. Locke, Fei Qin & Alberto Brause, "Does Monitoring Improve Labor Standards? Lessons from Nike," *Industrial and Labor Relations Review*, 2007 (61), p.3。

④ 对东道国政府劳动部门的支持可能会进一步改善劳动力状况。

限的经验表明政府要么倾向于，要么必须在此类倡议中发挥更为重要的作用。① 它们的作用不只是支持此类倡议形成的催化剂，而是帮助管理这些倡议，在规则制定中发挥关键作用。此外，此类倡议可能直接或间接涉及结合新旧治理功能，新旧治理功能有可能是互相依赖的，这意味着这两者都是成功所需要的。

政府的作用也以其他方式加强。在处理冲突矿产问题时，多方利益相关者倡议仍然有用，不过有可能其本身并不充分。当然，政府也需要在多方利益相关者倡议之外承担更多的传统角色，例如推动政治僵局的解决、提供发展援助、支持叛乱部队的解除武装和重返社会、处理与贸易法相关的关于冲突矿产贸易的争论等。总之，冲突局势可能不仅需要多方利益相关者方法，在这种情况下，新旧治理功能局限于互相依赖的作用，也需要政府在多方利益相关者领域之外，发挥其传统作用。治理层面的具体安排方式可能各种各样，不过在一般意义上，政府支持的多方利益相关者方法与发挥其传统作用的国家相结合，似乎最有可能能够有效解决冲突矿产及其助长的争端。

在考虑到冲突钻石情况时，这一点十分明显，随着残酷的因钻石而起的战争故事进入西方媒体的视野，20世纪90年代末，冲突钻石突然出现在了公众的视线之中。冲突或者"血腥"钻石是指叛军用来为冲突提供经费的未经琢磨的原钻。② 从某种程度上来说，反对冲突矿产的运动令人联想起20世纪90年代因服装企业高度复杂的供应链中存在侵犯劳工权益而开展的反对服装企业的运动。

寻求解决这些冲突的公民社会组织团体被迫寻找创新策略，因为那些直

---

① 联合国商业与人权问题特别代表建议，各国政府应采取步骤，解决国家企业在冲突地区的作用，认为采取这些措施可以作为国家人权义务的一部分获得法律依据。John Ruggie, "Protect, Respect and Remedy: A Framework for Business and Human Rights: Report of the Special Representative of the Secretary-General on the Issue of Human Rights and Transnational Corporations and Other Business Enterprises," U. N. Doc. A/HRC/8/5 (Apr. 7, 2008), p. 48。

② 金伯利进程认证计划将其定义为："反叛运动或其盟国用于为破坏合法政府而进行冲突筹资的毛坯钻石"。Kimberley Process Certification Scheme 3 (2000), http://www.kimberleyprocess.com/download/getfile/4 (last visited Nov. 20, 2010)。

接参与矿产掠夺和销售的团体通常既对声誉运动不敏感,也不在美国的司法权管制之下。那些参与冲突矿产开采的团体不一定是大型的西方跨国公司,而且可能对声誉攻击更不敏感。在其他的例子中,采矿是手工的,因此没有可以作为目标的参与采矿的正规公司。不管在哪一种情况下,提倡者很可能无法找到充足的司法理据,将企业或者个人告上美国法院。此外,那些涉嫌侵犯人权的团体很可能是反叛分子或军队,如果无法抓住他们,就很难起诉他们。① 因此,建议采取此类措施的倡导团体开始将目标瞄准对其声誉敏感的西方跨国企业,这些企业的供应链有可能包含来自包括塞拉利昂和安哥拉等国的冲突矿产。

从某种程度上来说,用来处理冲突钻石的解决方案类似于那些用来约束服装公司供应链中劳工权益侵犯行为的解决方案。目前可能推动创建多方利益相关者倡议的因素有:对于监管者来说,这是一个新领域;高度复杂;尽管有具备不同专业知识的多方利益相关者的投入,但是理解仍然有难度;不易通过法庭案件进行处理。不过,处理冲突矿产的方法往往更加复杂,而且肯定会在更大程度上利用政府的传统能力和协调权力。

政府以及公民社会组织、珠宝商和钻石加工商之间的问题导致产生了一个多方利益相关者倡议,被称作金伯利进程,专门用于处理冲突钻石问题。值得注意的是,联合国大会通过了一个解决方案,呼吁建立一个体系对未加工的钻石进行国际认证,从而帮助了这一"新治理"解决方案的发展,这意味着各国发挥着催化剂的作用。② 尽管和公平劳工协会一样,金伯利进程是一个多方利益相关者倡议,其结构十分不同于其他专注于合乎道德的供应链的多方利益相关者倡议,因为政府在金伯利进程中发挥着更大的作用。金伯利

---

① 例如,国际刑事法院于2005年向上帝抵抗军领袖约瑟夫·科尼发出逮捕令。Prosecutor v. Joseph Kony, Case No. ICC – 02/04 – 01/05, Warrant of Arrest, p. 48 (Sept. 27, 2005), available at http://www.icc-cpi.int/iccdocs/doc/doc97185.pdf. 尽管多个国家试图抓获他,他还没有被逮捕。

② 参见例如 G. A. Res. 57/302, U. N. Doc. A/RES/57/302 (Apr. 15, 2003); G. A. Res. 56/263, U. N. Doc. A/RES/56/263 (Mar. 13, 2002); G. A. Res. 55/56, U. N. Doc. A/RES/55/56 (Dec. 1, 2000). 关于该倡议的更多历史,见 Background, "Kimberley Process," http://www.kimberleyprocess.com/background/index_en.html (last visited Nov. 20, 2010)。

进程纳入非政府组织和行业协会作为观察者，但是正式的"参与者"包括49名成员，代表75个国家，欧洲共同体及其成员国作为一个单独的参与者。① 为什么政府要参与创建追踪和认证钻石的体系？它们为什么要在倡议中承担核心作用，它们必须这么做吗？

乍一看，似乎解决冲突矿产问题的方法类似于用于服装产业的方法，因为两者都牵涉到遍布全球的复杂供应链。换句话说，乍看之下，似乎非政府组织和企业能够参与由审计师支持的标准设定，政府的最小程度参与，类似于公平劳工协会。然而，这并不完全准确。

矿产供应链是一个更加开放的体系，在无监督的西非边界，相对比较容易出现非法运送。② 相比于其体积和重量，此类矿产通常具有极高的价值，因此易于走私。与冲突地区接壤的国家常常从冲突矿产的开采中受益，他们的国民会帮助采矿或者运输矿产资源。对于服装产业来说，这根本不是问题，在该产业中，服装会经过相当明确划定的供应链。③

这意味着必须使得与冲突地带接壤的国家确信，允许冲突地区的矿产在其边界走私是不符合其利益的。因此，外交和政治说服变得至关重要。冲突钻石不仅仅需要审计工厂，也需要政府做出政治决定，不允许与某些国家或者叛军集团进行贸易。举例来说，金伯利进程旨在通过使用政府运作的认证制度来封闭一个开放的交易系统。④ 任何未认证来源的钻石都应被禁止进入全

---

① 主要见"Kimberley Process," http://www.kimberleyprocess.com (last visited Nov. 20, 2010)。

② 参见例如 U. N. Group of Experts on the Democratic Republic of the Congo, Rep., transmitted by letter dated July 9, 2004 from the Coordinator of the Group of Experts on the Democratic Republic of the Congo addressed to the Chairman of the Security Council Committee established pursuant to resolution 1533 (2004), p. 38, U. N. Doc. S/2004/551 (July 15, 2004), available at http://www.securitycouncilreport.org/atf/cf/%7B65BFCF9B-6D27-4E9C-8CD3-CF6E4FF96FF9%7D/DRC S2004551.pdf（描述刚果民主共和国冲突矿物泄漏给乌干达和其他邻国）。

③ 如果试图考虑到供应链的最初阶段，服装供应链就更加复杂。追溯到棉花农场增加了一层复杂性，FLA 和类似组织最初没有解决，因为他们专注于工厂的血汗工厂劳动。

④ 世界贸易组织放弃了金伯利进程，否则这可能被视为贸易壁垒。主要见 Agreement Reached on WTO Waiver for "Conflict Diamonds," WTO NEWS, Feb. 26, 2003, http://www.wto.org/english/news_e/news03_e/goods_council_26fev03_e.htm。

球市场。原则上,只有能够阻止冲突钻石进入其供应链的国家才应该是金伯利进程的一部分,这意味着非参与者无权进入全球市场。① 有可能失去进入全球市场的权利为政府提供了阻止临近地区叛军走私的动机。理论上,之前容忍或者鼓励此类运输的政府应该相信,叛军集团现在正在破坏其国家经济。

金伯利进程利用新旧治理机制在多个层面上发挥作用。除了政府运作的认证程序之外,金伯利进程还包括一个自愿的产业计划,该计划由系统的保证条款构成,供应链的每一步都有相应的保证条款。② 虽然产业发展了保证计划体系,但是该计划仍在不断演变和改善,参与金伯利进程的非政府组织对其效力表示了担忧。③

冲突矿产的供应链存在于一个潜在"开放"的体系,控制该供应链不同于锁定其他产业的供应链作为目标,而且要求利用传统的政府功能。因此,在冲突钻石的案例中,旧治理并不是简单地潜伏着,而是在多方利益相关者倡议中发挥着关键作用。事实上,金伯利进程认证计划有赖于此。换句话说,成员国的海关部门应当确保认证制度的有效运作,创建一个覆盖全球范围的体系,因为产业本身无法做到这些。

金伯利进程无疑是一个互相依赖的体系的例证,该体系由旧的、新的和互相依赖的治理机制构成。解决供应链挑战时,其多层体系展现了多方利益相关者方法和互相学习的好处。认证计划是新治理的一个例证,依靠非政府组织、企业以及政府的参与和专业知识发展而成。那些利益相关者在金伯利进程会议上占有一席之地,并对倡议所开展的方向施加了相当大

---

① "Eliminating Conflict Diamonds," http://diamondfacts.org/conflict/eliminating_conflict_diamonds.html#kim (last visited Nov. 20, 2010).

② 同上。

③ 有关非政府组织对钻石行业计划的批评的更多信息以及随时间推移的一些变化,见"The Diamond Industry," http://www.globalwitness.org/pages/en/the_diamond_industry.html (last visited Nov. 20, 2010)。

的压力。① 此外，产业的保证体系是对政府认证计划的一个支持。尽管如此，政府所承担的积极作用，很可能是必要的，比美国在促成公平劳工协会的形成时所承担的作用大得多。除非政府利用其传统的国家政府职能，例如海关检查，否则冲突矿产问题得到无法解决。在无产业投入和非政府组织施加压力的情况下，认证计划的质量会摇摆不定，但是要是没有政府发挥其传统作用，该计划也不可能被执行。

尽管国家在金伯利进程中的强大作用是其成功的关键，但政府在金伯利进程中拥有大部分决策权的事实可能限制了该组织灵活有效地采取行动并应对新挑战的能力，而这些正是假定的新治理结构的好处。这是因为金伯利进程无疑过于政治化。公民社会组织经常批评政府没有制裁或未能有效管理走私的国家或者未能阻止未经认证的手工钻石进入其出入境港口的国家。② 毫不奇怪，政府相互批评相对缓慢，这是联合国系统一贯存在的问题。③ 此外，政府必须通过庞大的官僚机构做决定，从而减慢了它们的反应速度。

尽管金伯利进程并不完美，但是据称它将到达国际市场的冲突钻石的比

---

① 例如，全球见证呼吁在 2010 年 11 月通过谈判解决在津巴布韦开采钻石矿的决议。"Conflict Diamond Scheme Must Resolve Zimbabwe Impasse," http：//www.globalwitness.org/library/conflict-diamond-scheme-must-resolve-zimbabwe-impasse. 不久之后，金伯利进程和津巴布韦政府达成了一项协议，使津巴布韦的钻石出口取决于是否符合遵循全球见证建议的金伯利进程。"Crisis Averted by Last-Minute Deal on Zimbabwe Diamonds, but Campaigners Warn that Biggest Test Lies Ahead," http：//www.globalwitness.org/library/crisis-averted-last-minute-deal-zimbabwe-diamonds- campaigners-warn-biggest-test-lies-ahead.

② 参见例如 "Credibility of Kimberley Process on the Line, Say NGOs," http：//www.irinnews.org/Report.aspx? ReportId = 84949。

③ 主要见 "Ian Smillie, Rough Business：Diamonds and Conflict," http：//www.institutehrb.org/blogs/guest/rough_business_diamonds_and_conflict.html. 非政府组织还呼吁扩大金伯利进程的任务范围，以解决发生严重侵犯人权行为的军事区的矿产。见同上。具体来说，他们呼吁金伯利进程制裁津巴布韦，因为它的军队接管了马兰格钻石领域，据称在那里进行了大规模的侵犯人权行为。See James Melik, "Diamonds：Does the Kimberley Process Work？," http：//www.bbc.co.uk/news/10307046. 根据传统的金伯利进程定义，这些钻石不是"冲突钻石"，因为它们不被反叛团体利用，而是"合法"政府。金伯利进程反映了在没有强大的政府作用的情况下冲突矿产不能得到控制的困难事实，但政府也是自私自利和高度政治化的，这意味着作为联合决策者，他们可能会走向最低的共同点。

率从4%降到了1%。① 它为一致地利用政府的力量，即政治影响力和控制贸易体系的能力的集体行动提供了一个机制。此外，它也从非政府组织和企业的专业知识中获益。参与该进程的非政府组织所施加的压力也帮助标准不断发展进步，并确保它们得到遵守。

在处理冲突钻石问题时，政府扮演着另一个关键角色，此时，它们行使其传统的治理职能。它们针对国际罪行的犯罪者发布联合国制裁，冻结他们的资产以及禁止向其运输武器。② 它们创建了塞拉利昂特别法庭，裁决那些在此种冲突情况下的国际犯罪案件，这有助于将战犯关进监狱，避免他们的势力死灰复燃。③ 此外，政府利用外交手段强迫冲突的当事方达成政治解决方案。在减少冲突之后，世界各地的政府为西非被战争摧毁的国家的发展做出了贡献。总之，政府致力于其国际"旧治理"功能。

金伯利进程适于在更广泛的国际机制中作为一种有用且创新的方法，用于限制叛军的经费，但假设金伯利进程本身可以解决冲突是一个值得怀疑的设想。因此，解决冲突钻石问题的方法支持了冲突矿物需要两个层面的行动的前提，政府在这两个层面都发挥着重要作用。首先，需要多方利益相关者论坛设计创新的机制，以防止通过冲突矿物资助暴力，国家可能需要在此类多方利益相关者倡议中发挥更重要的作用。其次，政府必须扮演传统国际的角色，从而通过各种机制，例如外交、遣散士兵、经济发展以及为受冲突影响的国家的贸易和矿产制度改变提供支持，解决冲突的根本问题。

---

① "Conflict Diamonds," http://www.diamondfacts.org/conflict/ (last visited Nov. 20, 2010). 目前尚不清楚这一削减有多少是由于金伯利进程带来的，有多少是由于具体冲突的结束，例如塞拉利昂的冲突带来的。

② 关于在钻石资助的冲突期间针对塞拉利昂发出的联合国制裁清单，见"Security Council Resolutions Concerning the Situation in Sierra Leone pursuant to Resolution 1132 (1997)," http://www.un.org/sc/committees/1132/resolutions.shtml (last visited Nov. 20, 2010)。

③ 例如，塞拉利昂特别法庭起诉了利比里亚前总统查尔斯·泰勒，他被指为塞拉利昂的冲突负责。在他被捕之前已经流亡尼日利亚。更多信息见 The Prosecutor vs. Charles Ghankay Taylor, http://www.sc-sl.org/CASES/ProsecutorvsCharlesTaylor/tabid/107/Default.aspx (last visited Nov. 6, 2010)。有关泰勒被捕的政治影响的资料，见 Craig Timberg, Liberia's Taylor Found and Arrested, http://www.washingtonpost.com/wp-dyn/content/article/2006/03/29/AR2006032900879_pf.html。

四、来自刚果民主共和国的冲突矿产：不断演变的方法

用来解决冲突钻石问题的新旧治理机制互相补充，为全球处理出自刚果民主共和国的冲突矿产提供了潜在的经验教训。这一部分追溯了迄今为止与刚果民主共和国的冲突矿产相关的发展，考虑了新旧治理形式的作用，并强调了仍需采取的步骤。处理刚果民主共和国的冲突矿产的方法不可能与用于处理冲突钻石的方法一模一样，但是就当前那些方面能够做到更好给出了参照和提示。

至少从某种程度上来说，刚果民主共和国东部的冲突在于资源的控制。①内战的推动力在本质上是经济因素还是政治因素，还是两者皆有，这仍然存在争议，但是对于矿产的控制使得某些武装组织能够持续获得武器，这让它们有了经济上的理由拒绝交出它们的武器。②武装组织通过直接控制矿产和对其每日的生产征税、利用强迫劳工进行开采活动、沿着矿产贸易路线征税以及参与非法矿产出口，从矿产贸易中获利。这些武装力量一直与严重的人权侵犯关联在一起。③

在一个熟悉的模式里，寻找新的压力点解决冲突问题以及矿产在其中发挥的作用的公民社会组织团体，开始开展反对著名电子企业的活动，它们的供应链有可能包含来自刚果东部的矿产。④这些矿产的流通路径复杂，经由刚果民主共和国东部的中间商，经过卢旺达和乌干达的边境到达亚洲的冶炼厂，

---

① 为进一步讨论资源在国内冲突中的作用以及是否为冲突提供因果关系，主要见 Paul Collier & Anke Hoeffler, Greed and Grievance in Civil War, 56 OXF. ECON. PAP. 563（2004）。

② 关于资源在刚果民主共和国冲突中发挥关键作用的论点，见 Nadira Lalji, The Resource Curse Revised, HARV. INT'L REV., Fall 2007, at 37。

③ Global Witness, Faced With a Gun, What Can You Do?, http：//www.operationspaix.net/IMG/pdf/Golbal_Witness_War_Militarisation_of_Mining_E astern_Congo_2009 - 07 - 22_.pdf［hereinafter Faced with a Gun］。

④ 参见例如 The Enough Project's Eastern Congo 出版物，它们侧重于私营部门的作用。这些出版物的清单可以在这里找到 http：//www.enoughproject.org/publications/congo（last visited Nov. 6, 2010）。另见全球见证出版物，其重点是矿物在多个东部地区发挥作用。"Democratic Republic of Congo," http：//www.globalwitness.org/pages/en/democratic_republic_of_congo.html（last visited Nov. 20, 2010）。

第四部分 资源与人权、原住民和社区治理主题

据说,最终会进入美国和欧洲的大型电子企业。① 迄今为止,这些最终用户企业不同于进行冲突矿产贸易的武装组织,针对它们的法律诉讼获胜的几率很小。不过,它们极易受到声誉攻击的影响。

刚果民主共和国的冲突矿产问题似乎适用于同样的多方利益相关者,已经用于解决供应链中其他侵犯人权行为的新治理方法。令人惊讶的是,这种方法发展得非常慢。美国国会并没有利用行政机构将不同的实体聚集在一个多方利益相关者倡议中,而是转而进行监管。《多德-弗兰克华尔街改革和消费者保护法案》的冲突矿产部分②是对刚果民主共和国局势的严重性的重要认识,不过它本身不可能对刚果民主共和国东部的人权现状做出任何重大的改变。更确切地说,它被更好地理解为已经开始出现的协调全球行动的一个潜在催化剂,表明了对所有各方都有投入和认证或尽职调查的多利益相关者协议的需要。

该法案主要针对四种矿产:锡石(一种锡前体)、钽(也被称作钶钽铁矿)、黑钨矿(一种钨前体)和黄金。③ 法律要求企业向证券交易委员会(SEC)报告,报告要阐明企业包含这些矿产的产品是否含有冲突矿产。④ 更确切地说,它要求企业每年向证券交易委员会披露是否有潜在的源自刚果民主共和国或者邻近国家的冲突矿产,如果有,就要描述企业采取的尽职调查措施,从而期望企业会有效地开展尽职调查。⑤

---

① 主要见 Sasha Lezhnev & John Prendergast, "From Mine to Mobile Phone: the Conflict Minerals Supply Chain," http://www.enoughproject.org/files/publications/minetomobile.pdf。

② Dodd-Frank Wall Street Reform and Consumer Protection Act of 2010, Pub. L. No. 111 - 203, 124 Stat. 1376 (codified in scattered sections of 12 and 15 U. S. C.) § 1502 [hereinafter Dodd-Frank Act]。

③ 同上 Dodd Frank Act §1502 (e) (4),这些矿物质泛用于从汽车到飞机发动机到手机的产品。Ryan David, "Companies Still in the Dark on Conflict Minerals Law," LAW360, Aug. 4, 2010.

④ 请注意,该法案有些起草得不明确。评论人士指出,不清楚哪些公司必须报告。见 David, supra note 52。

⑤ 无冲突产品被定义为不含直接或间接资助或受益于刚果民主共和国或邻国的武装团体的矿物的产品。Dodd-Frank Act § 1502 (b) (amending 15 U. S. C. 78m by adding new subsection (p) (1) (A) (ii))。尽职调查必须包括公司认证的独立私营部门审计。Dodd-Frank Act § 1502 (b) (amending 15 U. S. C. 78m by adding new subsections (p) (1) (A) (i) and (p) (1) (B))。该报告还必须描述不冲突的产品,并且必须确定矿物的加工位置以及公司为确定原产地所在地所采取的努力。Dodd-Frank Act § 1502 (b) (amending 15 U. S. C. 78m by adding new subsection (p) (1) (A) (ii))。

法律对新治理进行了引申的注解，因为它没有告诉企业如何开展尽职调查。它只是表达了应该开展"可靠的"尽职调查的期望。① 这很可能反映了法律制定者的认识，那就是他们没有专业知识详细描绘冲突地区的有效尽职调查体系应该是什么样的。尽管这是一种合理的设计法律的方式，而且符合新治理的思想，但是它为企业创造了不确定性，因为如果总审计长觉得他们的尽职调查形式不可靠，那么他们的报告就是无效的。② 这一决定接着就会为他们招致非政府组织运动和其他声誉风险。迄今为止，非政府组织已经满足了产业的需求，抱有怀疑态度在刚果民主共和国的土地上建立了有效的可追踪和认证制度，这意味着其真正担心的是企业的尽职调查会被认为不可靠。③

冲突矿产法律要求企业或多或少独立去除其供应链中的冲突矿产，如果没有其它措施支持的话，这可能会导致在实际上禁止来自刚果民主共和国或者中非的所有矿产。④ 之所以会出现实际上的禁止，是因为对于企业来说，相比于证明它们没有冲突矿产，阻止来自中非的矿产进入其供应链要更加简单一些。这会造成重大的人道损失，因为这会导致刚果东部成千上万人失去工作，也会令那些目前生活在生计选择不多的地区的家属⑤失去收入来源。失业

---

① 立法试图解决尽职调查程序或独立审计可能无效或不可靠的担忧。该法规授权证券交易委员会确定独立审计或其他尽职调查流程是不可靠的，在这种情况下依赖于这些审计或尽职调查制度的报告不能满足立法要求。Dodd-Frank Act § 1502（b）（amending 15 U. S. C. 78m by adding new subsection (p) (1) (C)）.

② Dodd-Frank Act § 1502（b）（amending 15 U. S. C. 78m by adding new subsection (p) (1) (C)）.

③ 行业团体已经建立了一个认证体系，它将来自矿物的标签，并提供从原产地到冶炼厂的监管链。主要见 ITRI Tin Supply Chain Initiative, Discussion Paper, Version 2, http://www.itri.co.uk/SITE/UPLOAD/Document/iTSCi_Final_Version_2_English 2.10.09.pdf [hereinafter ITRI Discussion Paper]。这个认证体系受到一些不认为有可能有效的非政府组织的批评。见 Faced with a Gun, supra note 48, at 65 - 66.

④ 已知刚果民主共和国的冲突矿产是通过包括乌干达和卢旺达在内的邻国走私的。见上文第228页注释①。立法试图通过要求汇报邻国的矿物来解决这个问题。这也造成事实上禁止这些国家的风险。

⑤ 关于刚果民主共和国东部手工矿工人数的估计，见 Laura Seay, "Congo Mining Ban Hurt More than it Helped," http://www.csmonitor.com/World/Africa/Africa-Monitor/2010/1005。她指出，由于在刚果民主共和国东部临时禁止采矿，50000名手工采矿者失业。东部刚果民主共和国及其家属的矿工人数估计有所不同。

的矿工有可能会为了谋生加入武装组织,因此,重要的是,来自刚果民主共和国的合法矿产能够继续找到市场,并且确定有效的尽职调查方法。

不过,基于多种原因,创建一个有效的尽职调查体系解决冲突矿产问题尤其具有挑战性。哪些行为主体被认为是冲突行为主体仍不清楚。① 收集关于哪些行为主体控制特定区域的信息具有极大的挑战性,而且形势经常变化。② 在经常不稳定且危险的区域,有很多处理刚果民主共和国矿产的中间贸易商。这些矿产不一定是冲突矿产,这取决于中间商的身份以及矿产的来源,不过进行尽职调查具有挑战性而且有可能存在危险。

目前明显存在多种类型的因素导致其他多方利益相关者倡议的形成。刚果民主共和国的环境具有极大的挑战性而且不断变化,这要求有创新的灵活的方法对企业供应链进行尽职调查。信息很难获得,当公民社会组织、政府和商业机构将其情报来源结合起来时,信息很可能会更加可靠。多方利益相关者方法会提供一个学习论坛,在这个论坛上能够制定更好的标准,共享有关当前情况的信息,如果企业有良好的意愿的话,也能够默默地纠正错误。这可以避免企业因为声誉或者联合国制裁风险而彻底拒绝来自刚果民主共和国的矿产。

当事人之间缺乏信任一直阻碍着多方利益相关者学习和制定规则,而这是发展有效的冲突矿产尽职调查体系所需要的,另一个因素则指向多方利益相关者倡议可能会带来的好处。例如,国际锡研究协会(ITRI),即锡矿业协

---

① 虽然一些刚果部队正在采取行动保护该国不受叛乱集团的侵害,但刚果民主共和国部队的一些司令部被指控在刚果民主共和国东部严重违反人权行为,非政府组织也声称军方正在从冲突矿产贸易中受益。见 Faced with a Gun, 前又第232页注释③。立法要求美国政府制定一个冲突地图,确定哪些矿山由武装团体控制,这可能要求美国政府决定政府部队是否被视为"武装团体"Dodd-Frank Act § 1502(c). 立法的这一方面指出,公司有时需要政府在处理冲突地区时做出政治决定。

② 美国国务院的冲突地图指出:"编制更详细和最新的地图将需要更密切和持续地监测刚果民主共和国受影响地区的实地局势。然而,物理危险和资源和人员配置的限制……必然限制对实地局势的报道。"如果美国政府无法进入东部刚果民主共和国的关键地区,这表明公司在冲突地区或其附近进行有效尽职调查的能力是有问题的。United States Dept. of State Humanitarian Information Unit, "Democratic Republic of the Congo Mineral Exploitation by Armed Groups," http://hiu.state.gov/index.cfm? fuseaction = public. display&id = 02a66c45 - c38e - 4892 - a12e - ef45e1436cbe.

会,针对来自刚果民主共和国的矿产制定了一个可追踪的认证计划。① 一个著名的非政府组织一直坚持公开批评该体系,指出该体系无法及时执行,缺乏一个独立的监管机制,而且过多地依赖政府,因此不可能可靠。② 国际锡研究协会回应称,该计划已经按照进度表执行,包含有一个独立的监管机制,而且尽管存在疑问,但是政府是任何解决方案都不可缺少的一部分。③ 国际锡研究协会还指出,其已经邀请相关的非政府组织加入多方利益相关者团体,该团体的形成就是为了发展更为有效的方法进行冲突矿产尽职调查,而且最近一直在寻找非政府组织加入国际锡研究协会的计划。④ 这一系列的交流指出,多方利益相关者之间需要更大的信任和更多的合作,以便发展有效的可追踪和认证制度。

鉴于国际锡研究协会的计划尽管可能不完美,但本质上是目前唯一正在执行的可追踪和认证计划,如果有关多方利益相关者能够被聚集起来共同设计此类认证计划并解决其缺陷问题,这将会非常有用,不过这要求克服信任障碍。⑤ 刚果民主共和国的有效尽职调查要求有一个所有多方利益相关者都能支持的体系,尽管在世界上此类具有挑战性的地区实施的尽职调查很可能并不完美。正是因为环境的挑战以及尽职调查体系有可能并不总是完美运作,所以企业、公民社会组织和政府需要联合起来让体系尽可能良好地运作才如此重要。如果有一例冲突矿产流入其体系的情况就会导致遭遇非政府组织的

---

① 行业团体创建了一个可溯源性和认证体系,可以将矿物的来源标记起来,并从原产地提供冶炼厂的监管链。该系统正在分阶段实施。目前正处于第二阶段,这是一个追溯系统。阶段3将创建一个认证系统。主要见 ITRI Discussion Paper。

② 见 Faced with a Gun,pp. 65 – 66。

③ Letter from Kay Nimmo, Mg'r of Sustainability & Reg. Affairs ITRI, to Global Witness (Sept. 2010) (on file with author).

④ 同上。作者没有机会与非政府组织讨论不参与的原因。

⑤ 德国联邦地球科学与自然资源研究所(BGR)已经开发了一种钽指纹图谱的方法,该方法也可用于识别矿物的来源,尽管目前尚不清楚这样一个科学过程是多么昂贵。"Coltan Fingerprint":BGR Enables the Certification of Trading Chains, http://www.bgr.bund.de/nn_326194/EN/Themen/Min rohstoffe/Rohstoff forsch/LF__Herkunftrsnachweis COLTAN Newsletter01 – 2010.html(last visited Nov. 6, 2010)。

反对运动，企业就会因此害怕接收来自该地区的资源，尽管应该公开指认的是那些没有尽全力执行有效尽职调查的企业。需要有一个持续对话的论坛，在该论坛上，可以确定、互相理解以及有效解决与尽职调查体系相关的问题。

在其他缺乏信任以及要求供应链侵犯人权解决方案的情况中，政府发挥着催化剂的作用，以确保以前对立的参与方同心协力创建一个解决方案，例如，创建公平劳工协会。没有政府承担过这样的角色来解决冲突矿产问题。尽管缺乏这样的领导力，商业、非政府组织和政府也在付出努力，不过没有任何一种努力能提供长期的论坛进行讨论并解决问题。此类努力似乎有增长的势头，也许在一定程度上是对美国的法律所做出的回应，这使得企业更加迫切地需要一个确定的、有效的尽职调查体系。① 法律也可能会推动邻近的政府解决其允许刚果民主共和国冲突矿产渗入其体系的海关制度的缺陷，因为法律的一个潜在影响是实际禁止来自刚果民主共和国还有该地区的资源。

经济合作与发展组织（OECD）已经采取了建立明确的尽职调查体系的第一步措施，以解决有可能来自刚果民主共和国冲突地区的矿产问题。《经济合作与发展组织受冲突影响和高风险区域矿产负责任供应链尽职调查指南草案》（以下简称《矿产负责任供应链尽职调查指南》）于2010年中期发布。② 尽管经济合作与发展组织并不是多方利益相关者倡议，但是制定规则的程序类似于用于此类倡议的程序。经济合作与发展组织通过融合了一系列非政府组织、政府和企业不断投入的程序，制定了尽职调查标准。③ 尽职调查标准得到了详细说明，为供应链上游（从开采到冶炼厂）和下游（从冶炼厂到最终用户）

---

① 工业界表示希望美国证券交易委员会将根据美国的冲突矿产立法，将《经济合作与发展组织关于来自受冲突影响和高风险区域的矿石的负责任供应链尽职调查指南》，作为有效尽职调查的标准。该指南见 OECD "Standards Taken Up in Fight Against Conflict Minerals," http：//www.oecd.org/document/1/0, 3343, en_2649_34889_46130881_1_1_1_1, 00. html（last visited Nov. 6, 2010）。

② 更多信息见 "Due Diligence in the Mining and Minerals Sector," http：//www.oecd.org/document/36/0, 3343, en_2649_34889_44307940_1_1_1_1, 00. html（last visited Nov. 6, 2010）。

③ 例如，见参加最近一轮的咨询。ICGLR-OECD "Joint Consultation on Responsible Supply Chains of Minerals from Conflict-Affected and High-Risk Areas Sept. 29 – 30, 2010," http：//www.oecd.org/dataoecd/13/39/46082522. pdf。

部分提供了指导。那些参与者表达了自己的希望，该指导方针不仅会给美国证券交易委员会一个基本原则，因为它对美国的冲突矿产立法进行规则制定①，也要有助于给联合国专家小组一个基本原则，联合国专家小组一直负责确立刚果民主共和国产业资源尽职调查标准②。这会为企业创建协调的标准，这样的标准更加容易执行，而且对于公民社会组织来说，监管起来更加简单。如果证券交易委员会制定的规则同经济合作与发展组织的规则存在冲突，目前的情况也会导致标准相互冲突。

经济合作与发展组织提供的经由多个角度的专业知识发展而成的详细指南肯定是重要的第一步。然而，这会将阻止冲突矿产进入供应链的责任全都施加在企业身上。因此，企业承担了较重的负担，因为在没有其他部门支持，其中也包括政府支持的情况下，企业被认为能够全面了解不稳定地区的现状。很可能企业的尽职调查方法会要求在政府所发挥的作用显著提高的情况下才有效。例如，在不提高现有安全级别的情况下，企业尽职调查很难执行，而且不太可靠。

只要矿产不断通过邻近国家的海关制度渗漏，企业就会被紧逼着执行有效的尽职调查。为了避免走私和渗漏，正如金伯利进程所使用的方法一样，需要一个协调的区域性解决方案。大湖地区国际会议（ICGLR）迫切需要采用《经济合作与发展组织党冲突影响和高风险区域矿产负责任供应链尽职调查指南》确立相关的认证制度。大湖地区国际会议由刚果民主共和国及其10个相邻国家组成，所以如果大湖地区国际会议创建了一个认证制度，那么该体系也会包括刚果民主共和国的邻国，矿产正是经由这些国家渗漏出去。当然，在某些方面，该地区国家的海关体制需要加强，这样经过走私进入全球供应链的矿产会越来越少。

利用地区海关体制进行反走私活动，也许会通过大湖地区国际会议，而非诸如金伯利进程之类的多方利益相关者倡议产生，这应该会为我们提供机

---

① 见前文关于公司表达美国证券交易委员会将采用经合组织对尽职调查的定义的希望。
② S. C. Res. 1896, ¶7, U. N. Doc. S/RES/1896（Nov. 20, 2009）.

会来确定哪一种方法最有效。现在还不确定是否需要多方利益相关者结构，虽然显而易见的是，一个协调的方法和收紧海关制度是更好地在中非的国家边境上监管潜在的冲突矿产流动的必要条件。然而，为了改善解决问题的环境，加强任何尽职调查或认证制度的信任和合法性，采用多方利益相关者举措似乎是明智的选择。此外，鉴于政府在金伯利进程中针对其成员国执行规则时犹豫不决，非政府组织强大的监督作用似乎也非常关键，如果让大湖地区国际会议负责的话，也许会导致缺乏非政府组织的监督。

美国法律要求美国政府制定策略"处理侵犯人权、武装组织、冲突矿产的开采和商业产品之间的联系"[1]。该计划的一部分可能包含按照《矿产负责任供应链尽职调查指南》采用认证方法。如果公民社会组织和企业在发展此类认证制度中发挥作用，那么此类认证制度很有可能是最好的设计，能够获得最大的信任和支持。因此，美国和其他国家政府应该通过大湖地区国际会议或另一个论坛来推动建立这样一个认证制度，并且通过确保其经由真正的多方利益相关者程序创建，来促进此类认证制度尽可能稳健和可靠。

即使大湖地区国际会议或者另一个论坛创建了有效的认证制度，国家也仍然需要承担起其传统的治理角色。刚果民主共和国需要技术支持以及其他政府的资助来杜绝腐败，使尽职调查体系能够运作。此外，除了任何冲突矿产认证过程之外，还需要在该地区的海关制度上取得进步。刚果民主共和国的海关制度需要与其邻国统一，从刚果民主共和国邻国出口的海关费用要低得多是导致矿产走私的一个原因。[2] 提供传统法治支持和发展援助的"旧治理"组织将发挥关键作用。联合国与刚果民主共和国稳定特派团必须不断获得资助和加强。发展援助必须为矿工创建替代的生计方案，而且应该加强法律规定的矿业部门的监管能力。士兵必须通过正式方案重新融入社会。在确定一定程度的稳定性之前，企业进行有效的尽职调查，或是使刚果民主共和国海

---

[1] Dodd-Frank Act § 1502 (c) (1).

[2] John Prendergast & and Noel Atama, "Eastern Congo: An Action Plan to End the World's Deadliest War," http://www.enoughproject.org/publications/eastern-congo-action-plan-end-worlds-deadliest-war.

关制度得到有效的运作，将是非常具有挑战性的。这些变化全都依赖政府利用其政治本领和发展援助来解决这些问题。

总的来说，处理刚果民主共和国冲突矿产的方法一直以来比用于解决冲突钻石的方法更加零碎。金伯利进程提供了某种程度的多方利益相关者一站式采购。它将产业链的担保努力和要求国家海关体制改变的政府认证制度结合了起来。它继续为政府、商业和公民社会组织之间正在进行的关于解决新问题的最佳手段的讨论提供一个论坛，公民社会组织继续对政府施加压力，以制裁不符合规定的成员，从而使金伯利进程按预期方式发挥作用。

相比之下，美国法律和经济合作与发展组织的《矿产负责任供应链尽职调查指南》似乎让通过尽职调查确定冲突矿产变成了纯粹的企业职责。迄今为止，在有限协调的情况下，似乎任何认证制度都会单独发展，尽管它可能会借鉴经济合作与发展组织的《矿产负责任供应链尽职调查指南》。新治理理论认为，除非认证制度以某种方式创建一个进行此类互相交流的论坛，否则持续学习会减少，而诸如刚果民主共和国之类的区域无疑需要持续学习。包括美国政府在内的各国政府应该考虑支持一个持续的多方利益相关者论坛，在论坛上，尽职调查和认证的方法能够得到改进。

与此同时，从某种程度上来说，尽职调查和认证只能在人道局势严峻以及刚果民主共和国治理能力有限的情况下进行。重要的是，政府并不期望通过企业尽职调查来结束刚果民主共和国东部的冲突，因为这只是更加复杂的难题的一小部分。当然，需要利用新旧治理方法来进行协调一致的努力。美国应当帮助提供这样的协调作用。私营部门能够为刚果民主共和国的和平做出贡献，不过政府必须起领导作用。

五、结论

新治理机制，如多方利益相关者倡议已经被证明是解决供应链中人权侵权问题的合理且有效的机制。当在冲突矿产的情况下采用这些机制时，政府可能需要在此类多方利益相关者倡议中发挥更加重要的作用。参与多方利益相关者倡议的政府可能需要对其海关或者贸易制度进行改革，以防止冲突矿产从邻国泄露。此外，为了解决冲突矿产问题，各国政府不能仅依靠多方利益攸关方倡议和企业尽职调查和监督的效力，还要利用其外交、发展援助和维和行动等传统权力。

迄今为止，处理刚果民主共和国东部冲突的方法一直多少有点杂乱无章。应当对其多方利益相关者方面进行加强，以加强学习和信任以及改善决策。此外，政府不应该只对企业提要求，而应多承担一些责任。在该地区内，需要阻止冲突矿产跨边境流动，这需要该地区承承诺加强海关制度，也可能是得到多方利益相关者支持和投入的认证制度。此外，包括美国在内的各国政府应该加强在该地区的支持和协调作用。它们应当利用外交在刚果民主共和国和其邻国间创造解决这一冲突的政治意愿，并确保所开发的任何认证制度都是可行的。它们也应该为海关部门提供技术支持。此外，它们应该加强其对刚果民主共和国的法治和发展的经济和政治支持。

总之，新治理在国内和国际层面上有一席之地，但并不是灵丹妙药。传统形式的政府仍然可以发挥作用，特别是当涉及人权时。当冲突地区发生人权侵犯时，尤其如此。需要一种协调一致的方法，将最好的新治理与传统政治家政治的持续政治权力结合起来，并支持有效的内部治理。

关于本文版权的声明：Please note that the copyright in the *International Law Journal* is held by the President and Fellows of Harvard College, and that the copyright in the article is held by the author.

第五部分 | 资源与生态环境和气候变化治理主题

构建一个全球土壤制度[*]

[澳] 本·波尔　[澳] 伊恩·汉南[**]

20世纪60年代以来，全球社会越来越关注空气污染和水污染现象。最近，气候变化、生物多样性减少、荒漠化、干旱和土地退化等问题变得更加突出。虽然生物多样性的减少和气候变化已经引起人们的高度重视，但是土地退化和土壤的可持续发展问题并未得到国际论坛与各国政府的重视。在此，我们认为，土壤是一种关键的生物和文化资源，我们应该像重视生物多样性和气候变化那样关注土壤问题，并且应使其在国际法规和国家层面的立法中均得以体现。本文探讨了一些可以作为全球性土壤保护和可持续利用文件的编制依据的要素，阐述了国际社会对该文件的协商谈判与编纂提供支持的前提条件。本文所做出的上述探讨与阐述，依据了近期针对实现零净土地退化的联合国可持续发展目标中引入的一项条款展开的讨论、《世界土壤宪章》的修订以及联合国食物权特别报告员的工作等。此外，本文还初步探讨了有助于促进土壤可持续利用的其他补充机制。

---

[*] 原文载于 International Journal of Rural Law and Policy，2015年特刊第1期。

[**] 作者简介：本·波尔（Ben Boer），澳大利亚悉尼大学教授、武汉大学环境法研究所教授、中组部"千人计划"特聘教授。

一、引言

2015 为国际土壤年①，这一年，一种最基本的全球资源终于吸引了世界范围内政府和机构的高度关注。本文认为，这种日益加大的关注有必要转化为政治和法律行动。2014 年修订的《世界土壤宪章》提醒我们，"土壤是一种主要的使能资源，对于生态系统和人类健康不可或缺的许多商品和服务的创造至关重要。如果人类首要的对食物、水和能源安全的需求要得到满足，维持或改善全球土壤资源就是必要的"②。作为人类发展的陆地基础，土壤通过农业、牧业、林业和保持水资源等渠道支撑社会发展，同时也体现出了广泛的文化价值。

虽然我们对土壤的关注程度不及生物多样性减少、气候变化的影响和食物安全性降低问题③，但是土壤在上述三种重要现象中都扮演着重要角色，正如《2015 年土壤图集》中所确认的：

> 如果我们不保护土壤，我们就无法实现国际社会的三大目标：一是到 2020 年遏止生物多样性的减少，二是将全球变暖幅度限制在 2 摄氏度以内，三是保证每个人都获得足够的食物。倘若我们无法制定适当的政策来保护土壤和以更加可持续的方式利用土地，上述目标一个都实现不了。然而，全部 200 多项国际性条约、协定和议定书均没有涉及土壤保

---

① FAO, "Healthy Soils for Healthy Life (2015)," 2015 Year of Soils, http://www.fao.org/soils-2015/about/en.

② Global Soil Partnership and FAO, "Revised World Soil Charter 2014," http://www.fao.org/fileadmin/user_upload/GSP/docs/ITPS_Pillars/annexVII_WSC.pdf；联合国粮食及农业组织协商更新 1982 年《世界土壤宪章》，作为建立于 2013 年的全球土地合作伙伴关系的一部分，由广泛的政府、机构和非国家行为者组成：http://www.fao.org/globalsoilpartnership/partners/en。

③ 作为土地和土地退化状况较低的指标，我们看到在 1992 年《气候变化公约》和 1992 年《生物多样性公约》的序言中，气候变化和生物多样性被视为"人类共同关心的问题"，而 1994 年《防治荒漠化公约》作为唯一着重于土地退化的国际文书（当时仅在旱地），不包括这一短语。见 B. Boer, "Land Degradation as a Common Concern of Humankind", in F. Lenzerini, and A. Vrdoljak, eds., *International Law for Common Goods*, Hart, 2014。

护的内容，也没有设定具体目标。①

从科学角度来看，环境和社会经济变化对土壤的损害模式是有据可查的，这为分析从全球层面影响土壤总体稳定性的相互作用力提供了良好的基础。② 这还为全球性土壤文件的起草和针对减少土壤退化损害的立法准备提供了信息。

为了避免严重且广泛的土壤退化带来的灾难性后果，我们必须根据我们对可能影响土壤的技术问题、社会学问题、经济问题和生态问题的清晰理解，构建基于法律的可持续土地管理体制，促进土壤保护和可持续利用。人为的土壤退化是由不同技术在某些情况下由不同物质所驱动的过程和活动引起。这些行为威胁到了土壤的生态完整性，造成了土壤功能的丧失。

在制定合适的法律框架时，我们应将人权、人口动态、贫困、人类健康、食品安全、全球化进程、土地使用冲突、缓解和适应气候变化、保护生物多样性、水和林业资源的管理和总体上的自然资源治理等问题考虑在内。另一个需要考虑的问题是城市发展的直接影响。③

有待我们进一步解决的问题包括非自愿移民和因民族宗教冲突及其所引发的剥夺与暴力行为导致的民众和社区从膏腴之地迁移至生态贫瘠和经济落后的地区，以及新近出现的相对富裕的国家购买或租赁相对贫穷国家高产农地的现象。④ 这些问题都会损害可持续生计、经济发展以及社会群体和各个国家的生产

---

① The Soil Atlas, *Facts and Figures about Earth, Land and Fields* 2015, Heinrich Böll Foundation and Institute for Advanced Sustainability Studies, 2015（"The Soils Atlas 2015"）.

② C. J. Churchman and E. R. Landa, *The Soil Underfoot: Infinite Possibilities for a Finite Resource*, CRC Press, 2014.

③ 在这方面，2015年上半年的"土地图集"2015年第15期指出："目前，城镇占世界土地的1—2%。到2050年，它们将覆盖4%—5%，从250亿到4.2亿公顷。"

④ "主要投资者现在看到在国外的土地是一个有吸引力的资产。过去十年来，他们在农业、矿业、旅游和其他用途领域购买或租赁了大面积的，特别是在发展中国家。政府欢迎现金涌入，希望能刺激经济。但这些土地收购是有争议的；反对者说是'抢地'。The Soil Atlas 215；也见 Michel Durousseau, Quelle Stratégie pour la Diversité Biologique et la Protection Foncière des Espaces Naturels et Ruraux de la Planète?（Which Strategy for Biological Diversity and Natural and Rural Land Protection of the Planet?）Legal Instruments for the Implementation of Sustainable Development（Republique Française, 2012）239 ff。

能力。它们导致了土壤退化，降低了人们的幸福水平，且增加了土壤环境的脆弱性、损失性和不利条件。近年来，尤其是从食物安全的角度来看，通过保护土壤来提高人类幸福水平已成为一种道德要求和保障人权的一个重要方面。①

基于对这些问题的担忧，我们认为，国际社会迫切需要支持一个有关土壤保护和可持续利用条约的制定。上述许多事项已经成为制定联合国可持续发展目标（SDGs）所引发的争论的一部分。② 可持续发展目标很可能成为未来几十年制定全球环境政策的基础。我们认为现在急需一些大胆的尝试，而这些尝试应该着眼于可持续发展目标。环境法律师认为，如何保证可持续发展目标得到法律的保障是目前面临的一项挑战。我们简要查看了一些政策文件和多边环境协定，这些文件与协定的内容均涉及建立一个强大的国际和国内法律制度来保护全球土壤。接下来我们探讨一下建立这一制度的可能性。

二、可持续发展目标

2012年的"里约+20"峰会的一项主要提议就是制定可持续发展目标，从而取代联合国在本世纪初提出的千年发展目标（MDGs）。可持续发展目标旨在与2015年后的发展议程相衔接。③ 制定该目标的基础是"以制定出联合

---

① 见 UNCCD, "Human Rights and Desertification: Exploring the Complementarity of International Human Rights Law and the United Nations Convention to Combat Desertification: Desertification, Land Degradation and Drought（Issue Paper No. 1, Secretariat of the United Nations Convention to Combat Desertification in cooperation with the Swiss Agency for Development and Cooperation, Druck Center Meckenheim GmbH, 2008），" http://www.ohchr.org/Documents/Issues/ClimateChange/Submissions/UNCCD.pdf; see also UN "Special Rapporteur on the Right to Food," http://www.ohchr.org/EN/Issues/Food/Pages/FoodIndex.aspx。

② "Open Working Group Proposal for Sustainable Development Goals, A/68/970," https://sustainabledevelopment.un.org/content/documents/1579SDGs%20Proposal.pdf.

③ 见 "Preparing for the Development Agenda beyond 2015," UN Department of Economic and Social Affairs（DESA）, http://www.un.org/en/development/desa/policy/untaskteam_undf/index.shtml; "Millennium Development Goals and Post-2015 Development Agenda," UN ECOSOC, http://www.un.org/en/ecosoc/about/mdg.shtml。

国大会同意的全球可持续发展目标为目的,对所有利益相关者公开的,包容且透明的政府间谈判进程"[1]。"里约+20"峰会的成果性文件《我们期望的未来》[2]中已经包含了针对荒漠化、土壤退化和干旱问题的内容。这三块内容的编制背景之一是,事实上联合国防治荒漠化公约秘书处已经开展了相关研究且已经在可持续发展目标中准备好了就土地退化中立概念相关的政策简报[3]。

《我们期望的未来》第205段考察了与荒漠化、土壤退化和干旱相关的方面。这一段指出"良好的土地管理,包括土壤,具有经济和社会意义,特别是它对经济增长、生物多样性、可持续农业和食品安全、消除贫困、妇女赋权、应对气候变化和提高水资源的可得性的贡献"。它还呼吁"荒漠化、土地退化和干旱是全球层面的挑战,对所有国家的,尤其是发展中国家的,可持续发展构成了严重的挑战"。第206段指出"土地退化的趋势需要立即行动来扭转。有鉴于此,我们要在可持续发展的背景下,努力实现一个土地退化中立的世界"。第207段提出了国内行动、地区行动和国际行动的大框架,从而监控土地退化和逐步恢复那些在干旱、半干旱和半湿润地区已退化的土地。

拟议可持续发展目标的第15条体现了上述"里约+20"峰会文件中的有关内容,文件将荒漠化和土地退化问题置于陆地生态系统、森林管理和

---

[1] "Open Working Group, 17 Sustainable Development Goals, Sustainable Development," http://sustainabledevelopment.un.org/? menu = 1300.

[2] "The Future We Want," UN Doc A/66/L 56, http://www.un.org/ga/search/view_doc.asp? symbol = A/RES/66/288&Lang = E.

[3] 见 UNCCD, "Zero Net Land Degradation: A Sustainable Development Goal for Rio + 20: To Secure the Contribution of our Planet's Land and Soil to Sustainable Development, Including Food Security and Poverty Eradication" Secretariat Policy Brief, May 2012, http://www.unccd.int/Lists/SiteDocumentLibrary/Rio + 20/UNCCD_PolicyBrief_ZeroNetLand Degradation.pdf. This Policy Brief drew on a longer research report for the UNCCD: R. Lal, U. Safriel and B. Boer, "Zero Net Land Degradation: A New Sustainable Development Goal for Rio + 20," report prepared for the UNCCD Secretariat, May 2012, http://www.unccd.int/Lists/SiteDocumentLibrary/secretariat/2012/Zero% 20Net% 20Land% 20Degradation% 20Report% 20UNCCD% 20May% 202012% 20background.pdf.

生物多样性丧失这一更为广泛的大背景下进行讨论。① 目标的第 15 条表述如下：

> 保护、恢复和提升陆地生态系统的可持续利用，可持续性地管理森林资源，防治荒漠化，遏止并扭转土地退化的趋势，遏止生物多样性的丧失。

目标第 15 条的各个子段落重点介绍了特定的生态系统要素，从土地和土壤角度来看最为密切相关的是：

> 15.1：至 2020 年，根据国际协定项下的义务，确保陆地和内陆淡水生态系统及其服务的保护、恢复和可持续利用，尤其是在森林、湿地、山地和旱地。
>
> 15.2：至 2020 年，促进各类森林可持续管理的实施，停止森林采伐，恢复退化的森林，在全球范围内将造林和再造林面积提高 X%②。
>
> 15.3：至 2020 年，防治荒漠化并恢复已退化的土地和土壤，包括受荒漠化、干旱和洪涝影响的土地。同时努力构建一个土地退化中立的世界。③

我们接下来将讨论零净土地退化和土地退化中立的概念。

---

① 与土壤相关的其他目标包括 SDG 2，"终结饥饿，实现粮食安全和改善营养，促进可持续农业"，第 2.4 段，重点是可持续粮食生产系统，提高生产力和生产力的有弹性的农业做法；SDG 3 关于健康，第 3.9 段，重点是减少"危险化学品和空气，水和土壤污染和污染的死亡和疾病"；SDG 12 "确保可持续的消费和生产模式"，第 12.4 段，着重于根据商定的国际框架对化学品和所有废物进行无害环境的管理，并大大减少其释放到空气、水和土壤，以便尽量减少对人类健康和环境的不利影响。

② 确切的百分比尚未协商。

③ "Open Working Group Proposal for Sustainable Development Goals," Sustainable Knowledge Platform, https：//sustainabledevelopment.un.org/content/documents/1579SDGs%20Proposal.pdf.

三、零净土地退化

零净土地退化（ZNLD）概念在2012年"里约+20"峰会上首次提出，联合国防治荒漠化公约（UNCCD）一个政策简报中将其定义为："实现土地退化中立，即通过避免土地退化或土地复垦，补偿土地退化的部分。推动零净土地退化目标的实现能够保证目前可用的生产用地可以为我们这一代及我们的下一代所利用"。该政策简报指出，"当在全球或者特定的自然景观或陆地生态系统范围内，生产用地（从而可持续土地利用）面积保持稳定或者增长时"，这一定义中内在的土地退化中立概念就被达到了。[①] 该政策简报提出了一些能够被国际社会采取以确保实现零净土地退化目标进展的关键行动，这些行动包括：

（1）在"里约+20"峰会上为零净土地退化商定一个可持续发展目标。

（2）商定一个新的联合国防治荒漠化公约法律文件（如一个《零净土地退化议定书》）作为全球性政策和监控框架以集中力量，并使得国际社会能够采取必要的快速和大范围行动以应对这一关键问题。

联合国防治荒漠化公约秘书处认为，拟议的《零净土地退化议定书》（总体而言）有助于[②]：整合新兴经济手段；包括生态系统服务付费，例如碳封存；保护水资源以防止未退化的土地发生退化现象；支持退化土地复垦；协商并设定有助于实现零净土地退化的切实可行且可验证的目标。这些设想的目标包括：

- 至2030年，实现零净土地退化。
- 至2030年，实现零净森林退化。
- 至2020年，所有易旱地区和国家应实施抗旱政策和防旱措施。

---

① 见 UNCCD Policy Brief (2012)。

② 见 UNCCD Policy Brief (2012)；也见 UNCCD, "A Stronger UNCCD for a Land Degradation Neutral World," Secretariat Issue Brief, 2013。

自"里约+20"峰会以来,很多各种会议已经开始从法律层面讨论零净土地退化和土地退化中立。① 在本文中,我们的问题是如何在国际上和国内将这些强烈的愿望转化为在法律上可以执行的规定。在考虑这一问题之前,我们探究了一系列需要构建新的法律制度加以应对的相关问题,这些问题包括土壤退化与气候变化、贫困、人权和与食品安全间的联系。

四、气候变化、贫困与土壤

对于土地退化和土壤的可持续利用存在一个日益重要的问题,即气候变化的影响。人们不断向高暴露地区聚集,导致土壤稳定的风险不断增加。国家的社会保护体系、设施的充足性以及不同社区之间因争夺土地而发生的冲突,都会影响社区的适应能力。

最贫穷的人常常居住在土壤贫瘠的地区,如果要减少土壤对于环境和社会经济变化的脆弱性,就一定要解决贫困问题。② 不论是在家庭、社区还是国

---

① 例如 IISD Reporting Services,"First Global Soil Week:Soils for Life(November 2012)," http://www.iisd.ca/soil/gsw1/html/crsvol206num1e.html; UNCCD,"2nd Science Conference:Economic Assessment of Desertification, Sustainable Land Management and Resilience of Arid, Semi-Arid and Dry Sub-Humid Areas," Bonn, April 2013, http://2sc.unccd.int/home; UNCCD,"Consultative Meeting of Experts on a Sustainable Development Goal (SDG) on Land Degradation Neutral World (LDNW) and on the target of Zero Net Land Degradation (ZNLD)," 26–27 June 2013, http://www.unccd.int/en/programmes/RioConventions/RioPlus20/Pages/LDNW-Expert-Meeting.aspx; UNCCD, COP11 (Windhoek Namibia, September 2013);Second Global Soil Week in October 2013;"Global Soil Week 2013:Losing Ground?," 27–31 October 2013, IISD Reporting Services, http://www.iisd.ca/download/pdf/sd/crsvol206num2e.pdf; German Environment Agency International Legal Expert Workshop on Land Degradation (December 2014);"Third Global Soil Week (GSW) 2015-'Soil. The Substance of Transformation'," Berlin, 19–23 April 2015), IISD Reporting Services, http://www.iisd.ca/soil/gsw3。

② 据估计,这些8.54亿饥民中有50%生活在边缘,干旱和退化的土地上。因此,世界上一半的饥饿人口依赖于本身贫穷的土地的生存,由于多次干旱、气候变化和不可持续的土地利用的影响,土地可能变得不那么肥沃,生产力较低。UNCCD 2008, above n 8, 7;也见 International Bar Association Climate Change Justice and Human Rights Task Force Report,"Achieving Justice and Human Rights in an Era of Climate Disruption (2014)," http://www.ibanet.org/PresidentialTaskForceClimateChangeJustice2014Report.aspx。

家层面，土壤方面的法律一定要改善获得物质资产方面发挥更加有效的作用，以助于打破贫困、脆弱性和土壤退化形成的恶性循环。① 还有一个相关的权利问题是由气候变化的影响而产生的非自愿移民问题。②

五、人权、土地退化和土壤的可持续利用

《我们期望的未来》重申了我们必须以《联合国宪章》的目的和原则为引导且充分尊重国际法及其原则的要求。该文件强调了自由、和平与安全、尊重所有的人权（包括发展权和最低生活保障权，最低生活保障权中包括获得食物和水的权利）、法治、良治、性别平等、女性赋权和为发展而构建公平与民主的社会的总体承诺。该文件也再次强调了《世界人权宣言》及其他与人权和国际法相关的国际文件的重要性。③ 2015 年初，克劳斯·特普费尔（Klaus Töpfer）于全球土壤周在土壤方面强化了这些概念："土壤保护和土壤修复政策应建立在一个人权框架的基础上，这一框架主要关注于社会中边缘和弱势群体的土地权。"④

作为人权的进一步的方面，明确认识女性在农业和自然资源管理中的作用，并授权她们参与决策，将有助于实现公平与正义这一广泛认同的目标，且具有良好的经济、环境、文化和社会意义。因此，在农村地区实行的性别

---

① 见 H. Hurni and U. Weismann, eds., "Global Change and Sustainable Development: A Synthesis of Regional Experiences from Research Partnerships-Perspectives of the Swiss NCCR North-South," *Geographica Bernesia*, 2010, 5。

② 这个问题在这里没有进一步的探究，但见 J. McAdam, *Climate Change, Forced Migration, and International Law*, Oxford University Press, 2012; and S. Gruber, "Human Displacement and Climate Change in the Asia Pacific," in B. Boer, ed., *Environmental Law Dimensions of Human Rights*, Oxford University Press, 2015。

③ The Future We Want.

④ K. Töpfer, "Transformation is Needed-Transformation is Possible," Chairman's Conclusions, Global Soil Week, April 2015, http://globalsoilweek.org/wp-content/uploads/2015/04/150422_Chairman_Conclusions.pdf.

敏感减贫计划应成为解决土壤可持续问题战略的核心内容。① 此外，更多接受教育的机会对提高个人能力必不可少，且能够根本性地促进代际公平。

六、食品安全和土壤

1966 年的《国际经济、社会和文化权利公约》第 11 条②对于粮食安全和消除饥饿做了明确的阐释。总的来说，该公约指出每个人都拥有为他们和他们的家庭获得足够水准的生活的权利，包括足够的食物、衣物和住房以及生活条件的持续改善，各缔约国均应采取适当的步骤确保这一权利的实现。该公约承认人人都有不挨饿的基本权利，并责成各国改进食物生产、保存和配送的方式。

近年来食品安全问题已经越来越引起政策制定者的关注。该问题也是关系到我们享有一个安全、洁净、健康和可持续的环境的权利的一系列更加广泛的问题的一部分。③ 食品安全意味着一系列与人口增长、对土地及其他资源需求的增长、过度消费、农业产量下降、可用优质农业用地缺乏、水供应的不协调、食物供应和分配不公、从农牧业活动向工业和服务业的转变等相关的复杂的问题。数十年来，联合国着重强调的是食物权。作为人权文件的补充，千年发展目标的第一条就强调要减少饥饿。2000 年，联合国通过了第一个减少饥饿的决议。④ 同年，联合国安排了第一位食物权特别报告员，在

---

① 性别平等和赋予妇女权力已成为 SDG 辩论的固有方面；见 para 11, Open Working Group Proposal; and SDG 5 "Achieve gender equality and empower all women and girls"。

② 《国际经济、社会和文化权利公约》是一系列人权文书的一部分，统称为《国际人权宪章》，其中包括这一公约，1966 年《公民权利和政治权利国际公约》和 1948 年《世界人权宣言》。《世界人权宣言》在第 25 条承认了食物权。

③ 这是 2012 年任命的联合国人权与环境问题特别报告员约翰·诺克斯的调查对象。见 Office of the Commissioner on Human Rights "Special Rapporteur on Human Rights and the Environment" (former "Independent Expert on Human Rights and the Environment"), http://www.ohchr.org/EN/Issues/Environment/SREnvironment/Pages/SREnvironmentIndex.aspx。

④ 请参阅关于食物权的连续决议："Overview of the Mandate," Office of the High Commissioner for Human Rights, http://www.ohchr.org/EN/Issues/Food/Pages/Overview.aspx。

2008、2014 年又委派了继任者。① 食物权定义如下：

> 食物权是消费者有权根据自己的文化传统经常、长期和无限制地直接获得或以金融手段购买适当质量和足够数量的食物，确保能够在身体和精神方面单独或集体地过上符合需要和免于恐惧的有尊严的生活。②

很明显，粮食安全应作为出台一个有关世界土壤可持续利用的国际文件的一个强烈动机。

七、一种起草法律的生态系统方法

根据蓝色星球奖金获得者吉恩·莱肯斯（Gene Likens）所说："生态系统方法，它拥抱而不是回避复杂性和包容性，为识别、描述和解决多方面的环境问题提供了一个重要的生态工具。"③ 因为人类社会的福祉，一些情况下甚至是其生存，都可能取决于为减缓自然资源开发和生物多样性减少的速率而进行的自觉的努力，所以需要一种生态系统方法作为起草法律和政策的基础。④ 在当

---

① 前两名报告员是让·齐格勒（Jean Ziegler）和奥利维尔·德·舒特（Olivier De Schutter），其次是现任报告人希拉尔·埃尔弗（Hilal Elver）。见 Office of the High Commissioner for Human Rights, "Special Rapporteur on the Right to Food," http://www.ohchr.org/EN/Issues/Food/Pages/FoodIndex.aspx。

② 同上。

③ G. E. Likens, "The Ecosystem Approach for Understanding and Resolving Environmental Problems," in R. Watson, ed., *Environment and Development Challenges: The Imperative to Act*, University of Tokyo Press, 2014, p. 103.

④ 见 F. M. Platjouw, "The Need to Recognise a Coherent Legal System as an Important Element of the Ecosystem Approach," in C. Voigt, ed., *Rule of Law for Nature: New Dimensions and Ideas in Environmental Law*, Cambridge, 2013, p. 158。

前的辩论中,这涉及"环境法治"的考虑。① 这就意味着,构建强大的法律机制至少能够使得一个生态系统为基础的方法被应用于土壤保护的方方面面。生态系统方法考虑了作为一个生物生态群落的土体与更广范围的环境和景观背景间的关系。从而促进土壤可持续性的有效的环境法治,将取决于选择适当的生态概念和构建具有实施这些概念的正确要素的法律结构。②

考虑到这些问题,我们认为,为了创造可持续利用土壤的条件,治理计划必须从地方层面到全球层面,跨越一系列部门,并在相当长的时间内整合,以实现有效的土壤政策制定。土壤立法的起草应与环境和自然资源管理的其他方面充分交会,促进大范围的环境能力建设和教育计划,这对于增加人类的福祉至关重要。继续强调国家和地方社区层面的可持续土壤管理,对于提高适应与可持续利用土地及其土壤有关的环境变化的能力至关重要。《世界土壤宪章》在其"行动指南"中指出,"所有各方的总体目标是增加可持续利用土壤管理的面积和修复或恢复的土壤的面积"③。

八、全球土壤法律的来源④

国际上关于气候变化、生物多样性、荒漠化、危险废物贸易、濒危物种、臭氧层和湿地方面的环境条约都以这样或那样的方式与土地和其土壤的使用

---

① 见 United National Environment Programme, "Environmental Rule of Law," http://www.unep.org/delc/worldcongress/Home/tabid/55710/Default.aspx; and, United National Environment Programme, "Advancing Justice, Governance and Law for Environmental Sustainability, Proceedings of the Governing Council/Global Ministerial Environment Forum at its First Universal Session (UNEP/GC27/17, 12 March 2013)"。

② I. Hannam and B. Boer, "Legal and Institutional Frameworks for Sustainable Soils: A Preliminary Report," IUCN, Gland, Switzerland and Cambridge, UK, 2002, http://iucn.org/webfiles/doc/library/EPLP-045.pdf.

③ Revised World Soil Charter 2014.

④ 以下关于全球土壤法的要素的讨论,已经引用了世界自然保护联盟世界环境法委员会,可持续土地和农业专家组(以前的土地和荒漠化专家小组可持续利用)编写的各种材料,土壤可持续利用的国际文书。

相联系。① 虽然包括《生物多样性公约》、《气候变化公约》和《防治荒漠化公约》在内的多边环境条约，都包含了有助于实现土壤可持续利用的因素，但是单凭它们自身的权利，都不足为以技术附件议定书的方式，来满足与土壤有关的国际环境法制度的要求提供基础。

在地区层面，一些文件包含了关于土壤及能够支持可持续利用土壤的具体条款。②《土壤保护领域实施 1991 年阿尔卑斯保护公约议定书》③ 是专门针对土壤保护的唯一具有法律约束力的文件。在没有其他法定先例的情况下，《议定书》为改善全球和国家土壤法提供了基础。2002 年完成的一项综合性调查研究了国内和国际土壤环境法的可能性，以此引导土壤法律框架的构建和加强。④

在国家层面，研究显示各国已经采取了各种方式来形成国内土壤立法框架，以应对具体的土壤保护和土地管理问题。已经形成的全球图景，再加上自此引入的一些新的国家土壤法，表明各国在保护土壤的法律机制的选择上具有相当的创新性。⑤ 这些前期的研究促使了起草国家性土壤可持续利用法律的通用指南的制订。⑥

---

① 怀亚特证实了这一点，他指出："许多国际环境法律文书，全球和区域性，具有约束力和无约束力，在一定程度上触及土壤及其功能的保护。A. Wyatt, "The Dirt on International Environmental Law Regarding Soils: Is the Existing Regime Adequate?," *Duke Environmental Law & Policy Forum*, 2008 (19), pp. 165, 166.

② Hannam and Boer (2002).

③ 欧洲理事会 2006 年 6 月 27 日第 2006/516/EC 号决定，代表欧洲共同体批准了《土壤保护议定书》。决定第六条规定：《土壤保护议定书》的主要目标之一是保护基于可持续发展观的土壤多功能作用。必须确保土壤的自然生态能力，作为自然和文化史的档案，以保证其对农林水利、城市和旅游、其他经济利用、交通运输和基础设施的使用以及作为原料的来源材料。

④ Hannam and Boer (2002), above n 34.

⑤ 例如 People's Republic of China Water and Soil Conservation Law 1991, revised, commenced March 2011; Soil Protection and Desertification Prevention Law 2012, Mongolia; Islamic Republic of Afghanistan Rangeland Law 2010; Soil Fertility Law 2012, Kyrgyzstan。

⑥ I. Hannam and B. Boer," Drafting Legislation for Sustainable Soils: A Guide, "IUCN, 2004, http://app.iucn.org/dbtwwpd/edocs/EPLP - 052. pdf. Parts of this Guide are drawn on in subsequent paragraphs.

一些软法文件和其他文件也可以作为指导。比如1992年形成的《21世纪议程》就包含了三章关于脆弱的生态系统的内容，其中都涉及土壤。这些内容着眼于沙漠、半干旱地区、山地、湿地、岛屿和某些沿海地区。[1]

此外，《世界土壤宪章修正案（2014）》[2] 在其任务中为起草法律提供了一些启示。该修正案督促考虑与土壤污染及其环境后果、适应和减缓气候变化影响以及城市蔓延对土壤可用性和土壤功能的影响方面有关的新学科知识[3]。关于政府的行动，《宪章》敦促"将可持续土壤管理方面的原则和实践纳入各级政府的政策指导和立法中去，理想情况下会促使国家土壤政策制定"[4]。此外，关于国际组织的行动，宪章敦促国际组织协助政府，"一经请求，协助建立适当的法律、机构和程序，使其能组织发起、实施和监管适当的可持续土壤管理实践"[5]。宪章通过之后，我们可以注意到，虽然《世界土壤宪章修正案》为优先事项、挑战和现行概念都提供了指引，但还可以用更有力的语言和具体的法律规定来支撑。

另外，不具有法律约束力的《环境与发展国际盟约（草案）》也包含了一些指导意见。第24条写道：

> 各方应采取适当的措施来确保土壤保护和必要时采取有效措施为生物系统进行土壤再生，以防止大规模转化与土壤退化和流失，防治荒漠化，保护有机质分解过程和促进土壤拥有持续的肥力。[6]

我们建议，在可持续发展目标最终确定之后，其中的第15条和其他相关

---

① UN Agenda 21 1992, Chs 12, 13 and 17.
② Revised World Soil Charter 2014.
③ Revised World Soil Charter 2014, Introduction to the Charter.
④ Revised World Soil Charter 2014, principle 3 (v).
⑤ Revised World Soil Charter 2014.
⑥ IUCN and International Council of Environmental Law, "Draft International Covenant on Environment and Development (2010)," https://portals.iucn.org/library/efiles/documents/EPLP - 031 - rev3.pdf. 该公约正在2015年修订，新版本考虑到新出现的可持续发展目标。

目标①也可以作为起草国际性的土壤文件的基础。

九、起草全球土壤文件的几个选择

过去十年间,环境律师和土壤科学家进行非正式谈判和会议,探讨了一些想法,并就适当的国际土壤文件寻求反馈②。这些选项包括③:

- 一个具体和全面的条约,其中包含促进土壤保护和可持续利用的所有基本法律要素,并实现零净土地退化;
- 一个框架条约,该条约为土壤可持续利用和保护设置基本原则和机制,后附一个详细制定的议定书,以具体化制度机制和设定目标以实现零净土地退化;
- 在《联合国防治荒漠化公约》下的一个议定书④或技术性的附件⑤,聚焦于设定目标以实现零净土地退化⑥;
- 现有条约下的一个专门促进土壤可持续利用和保护的议定书。鉴于从生物多样性的角度,土壤非常重要,该议定书可以在《生物多样性公约》之下,而鉴于土壤碳汇的重要意义,也可以在《气候变化框架公约》之下。

---

① 他提出的 SDGs 与促进土壤保护和可持续利用有关:贫困;饥饿,粮食安全,改善营养和可持续农业;健康与福祉;教育;性别平等和赋权;水;弹性基础设施;减少不平等;城市和人类住区;可持续消费和生产模式;气候变化;促进和平与包容的社会促进可持续发展;加强实施手段,振兴全球可持续发展伙伴关系。

② 自然保护联盟世界环境法委员会成员编写了关于国家和国际土地立法方面的 60 多份论文和出版物。

③ 最初出现在 Hannam and Boer (2002)。

④ 与其他许多环境条约不同,《防治荒漠化公约》并没有为制订议定书提供专门的规定,尽管如此,通过根据第 30 条修改《公约》可以增加这样一个议定书。

⑤ 根据第 31 条,《防治荒漠化公约》专门编制技术附件,其中增加了六个附件,重点是区域执行《公约》。可以增加一个非区域技术附件,例如实现零净土地退化的一个。

⑥ 上一节中提到的《防治荒漠化公约》的一般附件也可以包括作为实施土地退化中立世界发展规划纲要的实际途径的规定,鼓励各国通过国家立法和有关政策来推动这一目标。

十、全球土壤文件的要素

不论选择哪一种，更重要的法律要素都可包含在土壤保护和可持续利用文件中。这些要素如下①：

1. 序言段落

这些段落会提出关于实现可持续土壤利用和零净土地退化的关键考虑因素。

2. 目标

为了强调整体性的生态系统方法，国际文件的目标应承认土体是陆地生态系统的组成部分和它们在保持地球生物多样性方面的关键作用。该目标也应包括对土壤的碳汇功能的说明。这也受到了诸如《世界土壤宪章修正案（2014）》之类的文件的支持。该修正案提到："细致的土壤管理不仅保障农业可持续发展，也为调节气候提供了有价值的杠杆，为保护生态系统服务提供了途径。"②

3. 管辖范围

考虑到可能给土壤的生态完整性和人类健康带来的风险，全球性土壤文件应该以任何方式和为任何可能影响土壤保护的目的应用于全球土壤资源的安全和土壤的利用。该文件应该在国家管辖范围内考虑土壤的生物多样性，无论效果出现在什么地方，在其国家管辖区域内或者超出其管辖的限制范围，

---

① 自2000年以来，自然保护联盟世界可持续土地和农业环境法专家组世界委员会编写的各种可能的文书草案中有许多这些内容出现，例如《针对土地的安全和可持续利用并实现零净土地退化的对联合国防治荒漠化公约议定书和评论》（与作者存档）。

② Revised Soil Charter 2014, Preamble；也见 Wyatt，观察到"土壤在调节全球气候方面的作用是巨大的，而且相当复杂"。

就过程和活动而言,均应在国家管辖权或控制之内进行。① 关于单个缔约国国家管辖范围以外的地区,全球土壤文件应鼓励各方就跨界土壤资源管理达成双边、区域和多边协定和安排。这些安排应符合文件的目标,并且这些关于土壤利用的规定不会导致对土壤资源的保护水平低于全球文件规定的水平。这些规定可以作为缔约方进一步扩大和整合其各自区域内土壤可持续利用概念的基础。这些规定也应促进双边和地区性土壤管理文件与安排的拟定。一体化可持续发展的概念以此种方式包含在《防治沙漠化公约(1994)》《联合国气候变化框架公约(1992)》《生物多样性公约(1992)》以及其他相关文件的目标里面。②

4. 关键定义

最重要的一个术语是"土壤安全",它包含了土壤肥力的保护,土壤退化的遏制和通过改善人类的生计与福祉来减少干旱所带来的后果。③ "可持续利用土壤"的概念是指以土壤形成和土壤退化过程之间平衡的方式利用土壤,同时保持生态功能,保护和支持土壤的能力,从而保持其满足当代人和后代人的需要和愿望的潜力。④ 零净土地退化和土地退化中立的概念也应加以定义。⑤

5. 原则

全球土壤文件应包含一条类似于《生物多样性公约》第 3 条那样的原则,

---

① 基于 Convention on Biological Diversity 1992, art 4

② Appendix VII of Hannam and Boer (2004), provides a list of multilateral and regional environmental law instruments and strategies relevant to sustainable use of soil.

③ G. Kalbermatten et al, "Securitizing the Ground, Grounding Security," UNCCD Secretariat, 2009, http://www.unccd.int/Lists/SiteDocumentLibrary/Publications/dldd_eng.pdf;"这得到了 2014 年经修订的《世界土地宪章》的支持,它承认"土壤是全球生物多样性的重要水库,其范围从微生物到植物和动物。这种生物多样性在支持土壤功能以及因此与土壤相关的生态系统产品和服务方面发挥了重要作用。所以有必要保持土壤生物多样性来维护这些功能;也见 UNCCD (2008)。

④ Hannam and Boer (2002).

⑤ 例如,前面讨论过的来自 UNCCD (2012) 的定义。

例如：

> 依照联合国宪章和国际法原则，各国具有按照其环境政策开发其资源的主权权利，同时亦负有责任，确保在它管辖或控制范围内的活动，不致对其他国家的环境或国家管辖范围以外地区的环境造成损害。

这一规定也反映了上述管辖范围的问题。

6. 一个国际土壤可持续利用小组

全球土壤文件应规定成立一个高级别的小组来评估同行的研究成果，并发布有关土壤退化科学知识的权威评估报告。① 一些多边环境协定已经要求采取类似的行动。② 虽然在2013年全球土壤伙伴计划第一次全会上成立了政府间土壤问题技术小组③，但必须承认的是，如果能按正式法律文件成立，那么这个小组会更有效率。国际小组的动机和概念化应强调文件所涉及义务的全球化属性，尤其对于现阶段缺少从事科研和技术开发的人力物力的发展中国家的利益而言。这个小组能够促进有关土壤利用的科学、技术、环境、法律信息和经验的交流并帮助各方实施一个全球文件。④ 该小组会确保关于土地生态状况的信息可得⑤，并提供利用其他有关土地资源利用的国际信息交流机制的途径。

---

① 见 UNCCD（2012），sec 5.2 at 53；H. Hurni and K. Meyer, "A World Soils Agenda, Discussing International Actions for the Sustainable Use of Soils," Centre for Development and Environment, 2002, p.46。

② 见例如 art 4（1）（g）and（h）of the Climate Change Convention 1992; art 200 of UNCLOS 1982 and arts 7 and 8 of the Convention on Long-Range Transboundary Air Pollution 1979。

③ 见 Global Soil Partnership, "Intergovernmental Technical Panel on Soils," http://www.fao.org/globalsoilpartnership/intergovernmental-technical-panel-on-soils/en。

④ Cf art 5 Climate Change Convention 1992 on research and systematic observation; art 7 WCED Legal Principles 1986, http://www.un-documents.net/ocf-a1.htm; principles 9 and 12 Stockholm Declaration 1972; and principle 9 Rio Declaration 1992。

⑤ 见 paras 34.15, 34.16 and 34.17 of Agenda 21, 1992。

7. 能力建设、教育和信息

全球土壤文件应包含一套程序，使各方能在发展和加强有关土壤利用的人力资源、机构能力和科研能力方面开展合作。这一要素也将试图提升公众关于土壤的认识。①

8. 公众参与

全球土壤文件中关于知情权和土壤决策中公众参与决策的规定可以引用《在环境问题上获得信息、公众参与决策和诉诸法律的公约（1998）》中的相关规定。② 这类规定也应有助于提升公众对于土壤利用的认识、教育和参与水平。

9. 土壤可持续利用的国内立法

全球土壤文件应鼓励各方颁布综合性的国内土壤法，联邦制的国家则可以在次国家一级立法。这些法律应包含关于充分的人力资源和机构支持体系的规定。各国可以基于国际自然保护联盟（IUCN）编制的国内可持续土壤立法起草指南③来确定、发展和强化有关土壤的法律和制度体系。此外，近年来在很多辖区形成了法律和制度框架。这些框架也可以用来说明国家环境法律改革以及法律和制度框架设计的各种方案。根据这些立法，也可以形成国家土壤战略和设立国家权力机构。

10. 国家土壤战略

要实现全球土壤文件总目标，各方均应有义务制定一个国家土壤战略以

---

① 见 art 6 of the Declaration of Environmental Policies and Procedures Relating to Economic Development 1990。

② Convention on Access to Information, Public Participation in Decision-Making and Access to Justice in Environmental Matters 1998 ("Aarhus Convention")。

③ Hannam and Boer (2004)。

实现土壤的可持续利用①。各方应把实现土壤可持续利用的措施纳入相关部门或者跨部门的计划、项目和政策中②。它应该具体概述土地当局如何运作,并表明将实现土壤的可持续利用作为一个主要国家环境目标的承诺和义务。国家土壤战略也能为一个缔约方的国家土壤保护成就报告提供基础。

11. 设立国家权力机构

为土壤可持续利用设立一个独立的权力机构,通过一个单一的专家组织承担保护土壤的责任和职能,将是一个较好的选项,但管理土壤的责任也可以在行政上分散到不同的政府机构和部门中。设立该机构的目的就是要给予各方关注和承诺实现土壤可持续利用的义务。国家土壤权力机构应被赋予广泛的职能,包括对于保护土壤环境有决定、裁定、控制的权利和管理职责。③

12. 其他实施工具

其他实施工具包括制定国家级和次国家级的土壤政策、获得土壤安全信息、土壤评价和规划、土壤管理计划、土壤可持续利用的实务守则、土壤可持续利用的研究和土壤利用的监管。④

13. 识别和管理现有或潜在威胁过程

正如前文引言中提到的那样,全球性土壤文件应该鼓励各方设立流程来识别和管理土壤可持续利用方面现有或者潜在威胁过程。这类规定能促进防

---

① 见 principles 7 and 16 of World Charter for Nature 1982。

② 见 principle 9 of World Charter for Nature 1982。

③ 见 I Hannam and Song Y., "Report and Recommendations on Revising the 1991 Water and Soil Conservation Law of the People's Republic of China," Technical Assistance to the People's Republic of China for the Implementation of the National Strategy for Soil and Water Conservation 4404, Asian Development Bank, 2006。

④ Hurni and Meyer (2012)。

范、管理现有和潜在威胁过程的流程的改进以及为防止因为破坏性技术、物质、进程和活动而导致的环境风险所采取的必要的类型的行动。① 这将要求对上述因素的识别和评价并授权采取措施，防止对土壤的重大环境损害。

14. 弱势群体和社区

这一要素将承认，特定的经济福利水平是实现土壤可持续利用的先决条件，对于解决与土壤退化有关的人权问题至关重要。② 这将确认土壤可持续利用和经济发展存在根本联系③，同时促进对那些从某种角度被视为弱势的易受损害的人群的识别④。它将会处理大量直接或间接影响土壤可持续利用的社会现象及活动。⑤ 按照这一定义，"弱势群体"包括：以传统方式生活和耕作的人们、依赖土地生活的土著居民⑥、社会经济上弱势的人们⑦以及耕种和管理土地的女性。

因此，各国应在准备土壤立法的过程中考虑足够广泛的目标，以应对弱势群体和社区所面临的变化极大的环境。⑧

---

① 参见例如 arts 7（c）and 8（b）of the Convention on Biological Diversity 1992, and arts 5, 6, 10, 18.1 – 2 of Desertification Convention 1994。

② UNCCD（2008）。

③ 参见1995年《防治荒漠化公约》序言，缔约方认识到，"意识到可持续经济增长、社会发展和消除贫穷是受影响发展中国家的优先事项"。

④ 见 Hannam and Boer（2004），sec V。

⑤ 参见例如 Draft International Covenant on Environment and Development, Part VI "Obligations Relating to Global Issues," in particular art 27 on "Eradication of Poverty"。

⑥ 见 J. A. Cohan, "Environmental Rights of Indigenous Peoples under the Alien Tort Claims Act, the Public Trust Doctrine and Corporate Ethics, and Environmental Dispute Resolution," *UCLA Journal of Environmental Law and Policy* 2002, 20: 133; L. Waters, "Indigenous Peoples and the Environment: Convergence from a Nordic Perspective," 20 *UCLA Journal of Environmental Law* 2002, 20: 237。

⑦ 见 principles 8 – 14 of the Stockholm Declaration 1972 and principle 5 of the Rio Declaration 1992。

⑧ 参见例如 Republic of South Africa, Extension of Security of Tenure Act 1997; D. A. Posey, "Traditional Resource Rights, International Instruments for Protection and Compensation for Indigenous Peoples and Local Communities,"（IUCN, 1996）。

15. 妇女权益

全球土壤文件应保证女性在土壤可持续利用的过程中的作用得到适当的法律承认,这应体现在国家土壤立法中。① 具体来说,该文件应认可女性在传统法和习惯法中所履行的职责范围,以及她们获得管理土壤环境的信息、教育和技术支持方面的专门协助项目的需要。另外,文件还应包括女性自有土地权或合法占有权、签定土壤利用法律协议的权利、参与规划和决策的程序以及获得融资和贷款担保的权利。

16. 国家行动计划

许多国家已经通过协商程序拟定了针对土地退化的国家行动计划(NAPs)。作为实施联合国《防治荒漠化公约》目标的具体工具,国家行动计划对于实施可持续土地战略至关重要,因为它们有利于反映国家一级的土地退化的跨部门性质(跨越经济部门、行政边界和识别当地热点)。国家行动计划进程会为土壤可持续利用战略提供准备②,也应列入全球土壤文件中。

十一、实现土壤可持续利用的其他机制

(一)《加强公约实施的十年战略规划和框架(2008—2018)》

该战略在 2007 年 9 月的联合国防治荒漠化公约多方会议上获得通过。③

---

① 见 the Convention on the Elimination of All Forms of Discrimination against Women adopted in 1979 by the UN General Assembly, and has been referred to as an international bill of rights for women。Consisting of a preamble and 30 arts, it defines what constitutes discrimination against women and sets up an agenda for national action to end such discrimination, http://www.un.org/womenwatch/daw/cedaw/text/econvention.htm#intro; T. Corral, 'Women's Sustainable Development Agenda' (2002) 26 Natural Resources Forum 249。

② Pak Low, ed., "Economic and Social Impacts of Desertification, Land Degradation and Drought," White Paper I, UNCCD 2nd Scientific Conference, 2013, sec 4, Policies and Strategies.

③ Report, 8th session, Conference of the Parties, Madrid 3 – 14 September 2007, ICCD/COP (8) /16/Add 1, 23 October 2007.

由于这些"战略性目标"从 2008 年至 2018 年间都会作为联合国防治荒漠化公约利益相关方的行动指南,它们为实施战略以实现可持续土壤利用提供了一个框架。这些战略目标可被用于制定国家改善受影响人群的生活水平和受影响生态系统的状况的方法。这些战略性目标得到了该战略的"工作目标"的支持,可为联合国防治荒漠化公约利益相关方实现土壤战略目标提供指导。

(二)《生物多样性战略计划(2011—2020)》

2010 年《生物多样性公约》第 10 次缔约方大会通过了《生物多样性战略计划》(SPB),并为公约利益相关方采取行动提供了框架。[①] 生物多样性战略计划附有 20 个生物多样性目标(称为"爱知目标"),其中土壤健康或生物多样性是交叉性的议题,包含于可持续农业(目标 7)、减少污染(目标 8)与恢复和维护生态系统服务(目标 14)以及增强生态系统弹性和健康度,包括碳储存和恢复 15% 的已退化生态系统。[②] 生物多样性可以为可持续利用土壤带来许多好处。作为一种交叉性的途径,爱知目标无疑可以用来设定土地可持续利用和实现零净土地退化的具体目标。

(三)联合国 2015 年后森林论坛

联合国森林论坛的发展情况也值得注意,该论坛最近发布了部长级宣言:《我们憧憬的 2015 年后国际森林安排》。[③] 该宣言显然与本文表达的关于保护和可持续利用土壤的愿望是一致的。它确认了对各类森林可持续管理的坚定

[①] 缔约方会议 2010 年 10 月 18 日至 29 日第 10 次会议通过了经修订和更新的"2011—2020 年生物多样性战略计划",其中包括爱知生物多样性目标。

[②] 第十一次缔约方会议(COP11)呼吁在生态系统恢复方面做出重大的全球努力,包括恢复农业系统中的土壤就当前退化面积而言是主要机遇,解决社会、经济和环境效益,并实现多重目标。

[③] Draft ministerial declaration of the high-level segment of the 11th session of the United Nations Forum on Forests, New York, 4 – 15 May 2015 Agenda item 8.

承诺，以应对各种重大挑战。该宣言已识别的许多挑战都与土壤面临的挑战一致，且确认这两种环境媒介是总体相关的。这些已识别的挑战是：

> 消除贫困、增长经济和可持续生计、食物安全和营养、性别平等、文化和精神价值、健康、水、能源生产、缓解和适应气候变化、防治荒漠化、减少沙尘暴、保护生物多样性、可持续的土壤和土地管理、流域保护和防灾减灾。①

该宣言也表达了对许多地区持续砍伐森林和森林退化（也是土壤退化的主要原因之一）的关切，同时也表示需要扭转这种趋势。② 在进一步发展国际和国家土壤法律和政策框架方面，显然需要考虑到森林和土壤之间的相互作用，以解决两者的可持续性。

（四）依据《联合国气候变化框架公约》采取的国内适当减缓行动

国内适当减缓行动（NAMA）的概念出现于2007年，位于《联合国气候变化框架公约》巴厘行动计划的框架下③，该行动需要"各发展中国家缔约方在可持续发展的背景下，在技术、融资和能力建设的支持下，以可度量、可报告、可证实的方式实施国内适当减缓行动"。《联合国气候变化框架公约》进程（自巴厘会议以来缔约方大会定义）根据和实现土壤可持续利用相关的国内适当减缓行动的类型提供不同的引导，包括让发展中国家从事综合性的土地管理减缓行动。这些都将会成为国家性的适当行动，即根据各国的

---

① Draft ministerial declaration of the high-level segment of the 11th session of the United Nations Forum on Forests, New York, 4 – 15 May 2015 Agenda item 8, p. 4.

② 同上，p. 5。

③ Report of the Conference of the Parties on its thirteenth session, held in Bali from 3 to 15 December 2007, Addendum, Part Two: Action taken by the Conference of the Parties at its thirteenth session, 1/CP. 13 Bali Action Plan, para 1 (b) (2).

国情和在《联合国气候变化框架公约》共同但有区别的责任的原则下进行。它们将在可持续发展的背景下进行，这意味着它们将被纳入国家更广泛的可持续发展战略之中，并且在这个程度上可以包括实现可持续利用土壤的目标。①

十二、结论

通过对现今国际环境法和国家法律框架的审视，显而易见，虽然有一些孤立的有效法律案例存在，但是关于土壤保护和可持续利用的法律制度在世界范围内总的来说还不够。②虽然近些年我们已经加强了关于全球土壤文件的讨论，但是仍需要对宣传土壤的基础地位和在保证食物安全、保护生物多样性以及减缓气候变化的情况下实现零净土地退化给予更多的关注。本文指出，现存的全球和地区法律文件以及软法中有许多规定，可以依之制定专门的土壤文件。我们需要的是制定土壤文件的政治意愿，来将土壤问题置于与生物多样性和气候变化同样重要的层面。

如果要如"2015年全球土壤周"所倡导的那样，使得保护土壤变成"2015年后发展计划坚定的一环"③，那么现在已经到了我们好好考虑一下国际、地区和国家层面的综合性法律制度，以便将近些年提出的科学性和政策

---

① 见 I Hannam, "Legal and Policy Framework to Support a Livestock/Grassland National Appropriate Mitigation Action in Mongolia," ADB R-CDTA 7534: Strengthening Carbon Financing for Regional Grassland Management in Northeast Asia, Asian Development Bank, 2012。

② Hannam and Boer (2002); 也见 B. Boer and I. Hannam, "Legal Aspects of Sustainable Soils: International and National," Review of European, Comparative and International Environmental Law, 2003, 12 (2): 149; and B. Boer and I. Hannam, "A Draft Soil Convention, Rio + 20: What Ambition for the Environment?" Third Worldwide Conference of Environmental Law NGO and Lawyers, Limoges, 29 September – 1 October 2011, https://portals.iucn.org/2012forum//files/paper-soil-protocol-cidce-limoges-rio-20-symposium-final-25-august-2011 – 1. pdf >. sites/2012forum/files/paper-soil-protocol-cidce-limoges-rio-20-symposium-final-25-august-2011 – 1. pdf。

③ Thomas Silberhorn, "Keynote Speech," Global Soil Week Bulletin, 2015, 206 (4), http://www.iisd.ca/soil/gsw3/html/crsvol206num3e.html.

性方案转化为切实可行的、能够执行的监管框架的时候了。然而，为了能推动这一倡议，社区、政府和立法层面都需要进行态度转变，从根本上提高对土壤全球性的至关重要性的关注。

后　记

全球资源治理涉及广阔领域，文献浩如烟海。本书是在大量研读的基础上选取具一定代表性、能较好反映全球资源治理某一方面或某一问题的文献进行编译而成。

本书受国土资源部信息中心"资源全球治理动态跟踪与研究"课题资助。同时，本书能够成书，还得益于国土资源部科技与国际合作司与调控和监测司的长期业务指导和支持，也得益于中央编译局的指导。国土资源部张洪涛、李裕伟、韩海清、张新安等专家对全球资源治理框架研究的真知灼见为我们编译本书提供了指引。国土资源部信息中心蒋文彪主任、施朝忠书记、李晓波副主任、魏铁军副主任和曹新元副主任对我们全球资源治理研究工作给予很多指导。中央编译局陈家刚研究员和陈雪莲研究员提供了指导，并委托在国外访问的同事协助进行了文献搜集。国土资源部信息中心学术委员会各位专家对文献筛选标准、版权和内容表述等方面提出了许多建设性意见建议。国土资源部信息中心办公室、信管处和财务处的各位同事从不同方面为本书的编辑和出版提供了支持和帮助。国土资源部信息中心"资源全球治理动态跟踪与研究"课题团队由具有经济学、法学、地质学、地理学、信息科学、土地科学等多学科背景的专家组成，他们基于多学科视角的意见和建议为本书编译提供了很多帮助。中央编译出版社的朱瑞雪女士为本书出版做了大量细致、专业和高效的工作。本书还获得了一项至关重要的支持，那就是本书各文作者慷慨免费授权本书使用他们的文章。在此我们对以上所有这些指导、支持和帮助表示衷心的感谢。

  本书的出版仅是我们对全球资源治理研究的开始，我们还将从中国如何更好地参与全球资源治理这一角度出发，继续对全球资源治理领域的重点、热点问题进行跟踪研究，希望有更多的专家学者关注和投入该领域，共同推进全球资源治理向公平公正的方向发展。

编　者
于 2017 年 12 月 20 日